Hamburger Rechtsstudien

herausgegeben von Mitgliedern der Rechtswissenschaftlichen

Fakultät der Universität Hamburg

Heft 59

Haftungsbegrenzung im anglo-amerikanischen Negligence-Recht

von

DR. CLAUS J. DRESTLER

Hamburg
Cram, de Gruyter & Co.
1967

Diese Arbeit hat der Rechtswissenschaftlichen Fakultät
der Universität Hamburg im Jahre 1966 als Dissertation
vorgelegen.
Gedruckt mit Unterstützung
der Stiftung Volkswagenwerk

Gesamtherstellung: Graph. Betrieb Gebr. Rasch & Co., Bramsche/Osnabrück.
Printed in Germany.

VORWORT

Mein Dank gebührt Herrn Professor Dr. Konrad Zweigert, der mein Interesse an der Rechtsvergleichung geweckt und die vorliegende Arbeit wohlwollend gefördert hat. Den Zugang zu den Problemen des Law of Torts hat mir Herr Professor Wex S. Malone von der Louisiana State University in besonderem Maße ermöglicht; auch ihm sage ich Dank.

Hamburg, im April 1967 Claus J. Drestler

INHALTSVERZEICHNIS

ABKÜRZUNGEN

A.	Auflage
A.	Atlantic Reporter, National Reporter System
A.2d	Atlantic Reporter, Second Series
a.A.	anderer Ansicht
aaO	am angeführten Ort
Abs.	Absatz
A.C.	Appeal Cases, Law Reports
aff'd	affirmed
Ala.	Alabama Reports
A.L.J.	Australian Law Journal
All E.R.	All England Law Reports
All E.R.Rep.	All England Law Reports Reprint
Am.Dec.	American Decisions
Am.L.Reg.	American Law Register
Am.L.Rev.	American Law Review
Anm.	Anmerkung
App. Div.	New York Supreme Court, Appellate Division Reports
Ark.	Arkansas Reports
Ariz.	Arizona Reports
B.	Baron
BGB	Bürgerliches Gesetzbuch
BGH	Bundesgerichtshof
BGHZ	Entscheidungen des Bundesgerichtshofs in Zivilsachen
Bing.	Bingham Cases
Buff.L.Rev.	Buffalo Law Review
c.	chapter
Cal.	California Reports
Cal.2d	California Reports, Second Series
Cal.App.2d	California Appellate Reports, Second Series
Calif.L.Rev.	California Law Review
Cal.Rptr.	California Reporter
Canad.B.Rev.	Canadian Bar Review
C.B.	Chief Baron
Cent.L.J.	Central Law Journal
Ch.	Chancery Reports
Cincin.L.Rev.	University of Cincinnati Law Review
Cir.	Circuit
C.J.	Chief Justice
C.L.J.	Cambridge Law Journal
Col.L.Rev.	Columbia Law Review
Colo.	Colorado

Conn.	Connecticut Reports
Corn.L.Q.	Cornell Law Quarterly
Curr.L.Pr.	Current Legal Problems
D.C.	District of Columbia
Del.	Delaware Reports
De Paul L.Rev.	De Paul Law Review
ders.	derselbe
diss.op.	dissenting opinion
ed.	edition
E.R.	English Reports
Exch.	Exchequer Reports
F.	Federal Reporter
F.2d	Federal Reporter, Second Series
ff.	folgende
Fla.	Florida
Fla.St.B.Ass'n L.J.	Florida State Bar Association Law Journal
F.Supp.	Federal Supplement
Ga.	Georgia Reports
Ga. App.	Georgia Appeal Reports
Harv.L.Rev.	Harvard Law Review
H. & C.	Hurlstone & Coltman, Exchequer Reports
Idaho	Idaho Reports
Ill.	Illinois Reports
Ill.App.	Illinois Appellate Court Report
Ill.App.2d	Illinois Appellate Court Reports, Second Series
Ill.L.Rev.	Illinois Law Review
I.L.T.	Irish Law Times
Ind.	Indiana Reports
Ind. App.	Indiana Appellate Court Reports
Ind.L.J.	Indiana Law Journal
insbes.	insbesondere
Ins.L.J.	Insurance Law Journal
Iowa	Iowa Reports
Iowa L.Rev.	Iowa Law Review
J.	Judge, Justice
J.B.L.	Journal of Business Law
J.Leg.Ed.	Journal of Legal Education
J.Soc.P.T.L.	Journal of the Society of Public Teachers of Law
Jur.Rev.	Juridical Review
Kan.	Kansas Reports
K.B.	King's Bench, Law Reports
Ky.	Kentucky Reports
Ky.L.J.	Kentucky Law Journal
La.	Louisiana Reports
La.L.Rev.	Louisiana Law Review
La. App.	Louisiana Court of Appeal Reports
L.J.	Lord Justice
L.J.	Law Journal
L.J.C.P.	Law Journal Reports, Common Pleas
L.J.Exch.	Law Journal Reports, Exchequer
L.J.K.B.	Law Journal Reports, King's Bench
L.J.P.C.	Law Journal Reports, Privy Council

L.J.Q.B.	Law Journal Reports, Queen's Bench
L. & Cont.Pr.	Law and Contemporary Problems
Loyola L.Rev.	Loyola Law Review
L.Q.R.	Law Quarterly Review
Ll.L.R.	Lloyd's List Law Reports
L.R.	Law Reports
L.T.	Law Times
Mass.	Massachusetts Reports
Md.	Maryland Reports
Me.	Maine Reports
Melb.U.L.Rev.	University of Melbourne Law Review
Mich.	Michigan Reports
Mich.L.Rev.	Michigan Law Review
Miami L.Q.	Miami Law Quarterly
Minn.	Minnesota Reports
Minn.L.Rev.	Minnesota Law Review
Miss.	Mississippi Reports
M.L.R.	Modern Law Review
Mo.	Missouri Reports
Mo.L.Rev.	Missouri Law Review
M.R.	Master of the Rolls
M. & W.	Meeson & Welsby's Reports
N.C.	North Carolina Reports
N.C.L.Rev.	North Carolina Law Review
N.D.	North Dacota Reports
N.E.	North Eastern Reporter
N.E.2d	North Eastern Reporter, Second Series
Neb.	Nebraska Reports
Neb.L.Rev.	Nebraska Law Review
N.H.	New Hampshire Reports
N.J.	New Jersey
N.J.Eq.	New Jersey Equity Reports
N.J.L.	New Jersey Law Reports
N.W.	North Western Reporter
N.W.2d	North Western Reporter, Second Series
N.W.U.L. Rev.	Northwestern University Law Review
N.Y.	New York Reports
N.Y.S.	New York Supplement
N.Y.S.2d	New York Supplement, Second Series
N.Y.U.L.Rev.	New York University Law Review
N.Y.U.L.Q.Rev.	New York University Law Quarterly Review
N.Z.L.J.	New Zealand Law Journal
N.Z.L.R.	New Zealand Law Reports
Ohio St.	Ohio State Reports
Okla.	Oklahoma Reports
Okla.L.Rev.	Oklahoma Law Review
Osgoode Hall L.J.	Osgoode Hall L.J.
Or.	Oregon Reports
P.	Probate Division, Law Reports
P.	Pacific Reporter
P.2d	Pacific Reporter, Second Series
Pa.	Pennsylvania Reports

Pa.B.Ass'n Q.	Pennsylvania Bar Association Quarterly
Pa.Super.	Pennsylvania Superior Court Reports
P.C.	Privy Council
P.J.	Presiding Judge
Q.B.	Queen's Bench Reports
Q.B.D.	Queen's Bench Division, Law Reports
RabelsZ	Rabels Zeitschrift
Rev.Int.Dr.Comp.	Revue internationale de droit comparé
R.I.	Rhode Island Reports
R.R.	Revised Reports
R.R.	Rail Road
Rutgers L.Rev.	Rutgers Law Review
Ry.	Railway
S.	Seite
s.	section
S.A.L.J.	South African Law Journal
S.C.	South Carolina Reports
Scots L.T. News	Scots Law Times News
S.E.	South Eastern Reporter
S.E.2d	South Eastern Reporter, Second Series
S.J.	Solicitor's Journal
SJZ	Süddeutsche Juristenzeitung
S.L.T.	Scottish Law Times
s.o.	siehe oben
So.	Southern Reporter
So.2d	Southern Reporter, Second Series
So.Cal.L.Rev.	Southern California Law Review
Stan.L.Rev.	Stanford Law Review
St.John's L.Rev.	St. John's Law Review
s.u.	siehe unten
supp.	supplement
S.W.	South Western Reporter
S.W.2d	South Western Reporter, Second Series
Sw.L.J.	Southwestern Law Journal
StGB	Strafgesetzbuch
Strobh.	Strobhart's South Carolina Law Reports
Sydney L.Rev.	Sydney Law Review
Tenn.	Tennessee Reports
Texas	Texas Reports
Texas L.Rev.	Texas Law Review
T.L.R.	Times Law Reports
Tor.L.J.	Toronto Law Journal
Tul.L.Rev.	Tulane Law Review
U.Chi.L.Rev.	University of Chicago Law Review
U.Cincin.L.Rev.	University of Cincinnati Law Review
U.C.L.A.L.Rev.	University of California at Los Angeles Law Review
U.Ill.L.Forum	University of Illinois Law Forum
U.Malaya L.Rev.	University of Malaya Law Review
U.Miami L.Q.	University of Miami Law Quarterly
U.Pa.L.Rev.	University of Pennsylvania Law Review
U.Pa.L.Rev.(O.S.)	University of Pennsylvania Law Review, Old Series
U.S.	United States Reports

USCA	United States Code Annotated
U.Tor.L.J.	University of Toronto Law Journal
Utah	Utah Reports
Utah L.Rev.	Utah Law Review
Va.L.Rev.	Virginia Law Review
Va.	Virginia Reports
Vand.L.Rev.	Vanderbilt Law Review
VersR	Versicherungsrecht
vgl.	vergleiche
vor.Anm.	vorige Anmerkung
Vt.	Vermont Reports
Wall.(U.S.)	Wallace, United States Supreme Court Reports
Wash.	Washington Reports
Wis.	Wisconsin Reports
Wis.L.Rev.	Wisconsin Law Review
Wm.Bl.	William Blackstone, King's Bench Reports
W.Va.	West Virginia Reports
W.Va.L.Rev.	West Virginia Law Review
Yale L.J.	Yale Law Journal
Z.Str.W.	Zeitschrift für die gesamte Strafrechtswissenschaft

EINLEITUNG

Ernst Rabel hat in den dreißiger Jahren die unzähligen amerikanischen Gerichtsentscheidungen auf dem Gebiete der zivilrechtlichen Haftungsbegrenzung als ›undurchdringliches Dickicht‹ bezeichnet[1]). Diese Kennzeichnung ist heute aktueller denn je und gilt auch für die Beiträge der Lehre zu diesem Thema, deren Zahl ein solches Ausmaß erreicht hat, daß jeder weitere Versuch einer Erörterung ›like throwing another bucket of water into Lake Michigan‹ erscheinen mag[2]).

Das englische Haftungsrecht scheint demgegenüber überschaubarer zu sein. Das ist nicht so sehr auf die geringere Anzahl Entscheidungen und Veröffentlichungen als vielmehr auf den Eindruck der Gefestigtheit zurückzuführen, den ein formelmäßig festgelegtes Recht macht[3]). Der Glaube des englischen Juristen an die Kraft von Regeln und Begriffen ist bezeichnend für das Recht Englands. Diese Betonung der Wichtigkeit von Regeln ist zugleich Grundlage der Erkenntnis, daß sich englisches und amerikanisches Recht heute weitgehend auseinandergelebt haben[4]).

Eine Arbeit über Fragen der Haftungsbegrenzung kann nicht mehr das Common Law als solches zum Gegenstand haben. Die Zeiten, in denen sich zwischen zwei so hervorragenden Juristen wie Sir Frederick Pollock aus England und Justice Holmes aus den Vereinigten Staaten eine lebenslange Freundschaft aus der beiderseitigen Beschäftigung mit dem Common Law entwickeln konnte[5]), gehören der Vergangenheit an[6]). Andererseits kann auf eine Berücksichtigung des englischen Rechts zum besseren Verständnis der Rechtsentwicklung und der gegenseitigen Beeinflussung nicht verzichtet werden.

Das amerikanische Haftungsrecht hat eine lange Entwicklung durchgemacht. Der Bogen spannt sich von den Pioniertagen, in denen Schadensersatz für Verletzung oder Tod eines Menschen als ›Blutgeld‹ angesehen wurde[7]),

---

1) 1 Rabel, Warenkauf 480 (1936). Ebenso: Green, Rationale VI (1927).

2) L. P. Wilson, 2 Okla.L.Rev. 275,279 (1949).

3) Vgl. Roberts, 50 Corn.L.Q. 191,210 (1965).

4) Das geht so weit, daß in einer amerikanischen Studie über Verkehrsunfallrecht England in einem Länderbericht (Kapitel 11: Harry Street, Automobile Injury Reparation in England) auf gleicher Ebene mit Schweden, Frankreich und Deutschland (Bearb.: Herbert Bernstein) dargestellt wird: Conard, Morgan, Pratt, Jr., Voltz & Bombough, Accident Costs 419–437 (1964).

5) Holmes–Pollock, The Correspondence of Mr. Justice Holmes and Sir Frederick Pollock, 1874–1932 (2. Aufl. 1961).

6) Lord Wright, Essays XXVII (1939), bedauert diese Entwicklung mit bewegten Worten.

7) Green, 64 W.Va.L.Rev. 1,12 (1961).

bis hin zu unseren Tagen, wo sich die Gerichte in der Höhe der zugesprochenen Schadensersatzsummen förmlich überschlagen. Gerade im Hinblick auf diese Entwicklung ist die Bedeutung von Haftungsbegrenzungsfragen gewachsen. Das ›Zeitalter umfassender und allgemeiner Haftpflichtversicherungsmöglichkeiten‹[8]) ist zwar auch in den Vereinigten Staaten angebrochen, hat aber im juristischen Alltag erst in so geringem Umfang seinen Niederschlag gefunden, daß davon das Gewicht, das dem Gebiet der Haftungsbegrenzung beigemessen wird, in absehbarer Zeit nicht vermindert werden dürfte.

Bei Fragen der Haftungsbegrenzung handelt es sich stets um Möglichkeiten des Schädigers, seine Haftung gegenüber dem Geschädigten auszuschließen oder zu begrenzen.

In der vorliegenden Arbeit wird die Erörterung des wirksamsten Verteidigungsarguments, das dem Beklagten in einem Schadensersatzverfahren zur Verfügung steht, ausgeklammert: Es ist dies der Einwand, es liege mitwirkendes Verschulden (contributory negligence) oder – was dem sehr nahekommt – Handeln auf eigene Gefahr (assumption of risk) auf seiten des Klägers vor[9]). Damit kommt der Beklagte nicht nur in den Genuß aller jener ›prozessualen Kniffe‹, die dem Kläger zur Verfügung stehen (negligence per se, prima facie negligence, Bejahung als Rechtsfrage etc.), sondern im Erfolgsfalle erreicht er den völligen Ausschluß seiner Haftung[10]).

Es geht in dieser Untersuchung vielmehr allein um die Betrachtung der Gesichtspunkte, die ein Gericht dazu veranlassen können, die Haftung eines oder mehrerer Schädiger zu verneinen, obgleich der Schaden nur auf das Schädiger-Verhalten zurückgeführt werden kann[11]). Die Aufgabe der Gerichte stellt sich dar als ›an appraisal of individual and social values in order to reach a judgment that will satisfactorily reconcile the conflicting aims of compensating those who have suffered injury and at the same time not overburdening even culpable defendants‹[12]). Im deutschen Recht arbeitet man in diesem Zusammenhang mit der Adäquanz- oder auch mit der Schutzzwecktheorie.

Das anglo-amerikanische Haftungsrecht ist schon seit längerer Zeit in einem tiefgreifenden Umwandlungsprozeß begriffen, in dem es nicht zuletzt auch um die Frage der richtigen Haftungsbegrenzung geht[13]). Im deutschen Haftungsrecht ist ebenfalls ein Meinungsstreit zu verzeichnen, der zu einer großen Zahl von Veröffentlichungen geführt hat. Die darin häufig enthaltenen rechtsvergleichenden Ausblicke zeugen von dem Interesse, das an dem anglo-amerikanischen Haftungsrecht genommen wird. Die vorliegende Arbeit

---

[8]) Reimer Schmidt, Karlsruher Forum 1960, 13,17.

[9]) Green, Traffic Victims 70 (1958).

[10]) Eine Abstufung der Schädigerhaftung nach dem Verschuldensgrad auf seiten des Klägers gibt es im amerikanischen Recht nur auf dem Gebiete des Seerechts und – für das allgemeine Recht – in den Bundesstaaten, die besondere Gesetze erlassen haben.

[11]) Hierbei bleibt jede Art von summenmäßiger Haftungsbeschränkung außer Betracht.

[12]) Mansfield, 17 Vand.L.Rev. 487, 519, 522 (1964).

[13]) Rassman, 16 Sw.L.J. 244 (1962).

stellt einen Versuch dar, das amerikanische Recht im Rahmen des gestellten Themas zu erschließen und der deutschen Rechtsvergleichung nutzbar zu machen, für die es weitgehend noch ›terra incognita‹ ist[14]).

[14]) Rabel, 16 RabelsZ 340,353 (1951).

1. Teil

SYSTEMATISCHE GRUNDLAGEN

I. Law of Torts

(1) Allgemeines

§ 1. Begriff und Funktion

Das anglo-amerikanische Law of Torts[1]) entspricht nach seiner Aufgabenstellung in groben Zügen dem deutschen Recht der unerlaubten Handlungen.

Das Wort ›tort‹ ist ein rechtstechnischer Begriff[2]), der nicht zum Wortschatz des Durchschnittsamerikaners gehört[3]). Es handelt sich dabei um das alte französische Wort für ›wrong‹, für ›Unrecht‹ also[4]). Das bedeutet aber nicht, daß der Anwendungsbereich des Law of Torts auf unerlaubte und rechtswidrige Schädigungshandlungen beschränkt ist; vielmehr fallen – nicht anders als im deutschen Recht – auch die Fälle der Gefährdungshaftung darunter[5]).

Das Law of Torts – nicht ohne Grund als ›Chamäleon‹[6]) und als ›amorphe Masse‹[7]) gekennzeichnet – ist jeder Art von Systematik besonders schwer zugänglich. Die Ansicht, dem torts-Recht unterliege ein umfassendes Haftungsprinzip, so daß man richtig von einem Law of ›Tort‹ sprechen müßte[8]), begegnet namentlich in den Vereinigten Staaten schwerer Kritik[9]). Trotzdem wird man auch nicht sagen können, Torts Law bestehe nur aus solchen

[1]) In Ursprung und Zielrichtung sind englisches und amerikanisches Recht hier gleich. Unter amerikanischem torts-Recht ist die Rechtsprechung (Gesetze gibt es auf dem hier interessierenden Gebiet nicht) in den 50 Bundesstaaten-Jurisdiktionen und im Bund zu verstehen.

[2]) Der Begriff »delict« ist nur in den vom Civil Law beeinflußten Jurisdiktionen gebräuchlich; vgl. McKerron, The Law of Delict (5.A. 1959, Cape Town); Macintosh & Norman-Scoble, Negligence in Delict (4.A. 1958, Cape Town).

[3]) Vgl. den Sprachgebrauch im Deutschen: »jemandem einen Tort antun«.

[4]) Vgl. Bérindoague 96 (1923); Goodhart, English Law 94 (1953). Das französische Wort »le tort« leitet sich ab von dem lateinischen Verb »torqueo, torsi, tortum« (= drehen, verdrehen).

[5]) Seavey, 45 Harv.L.Rev. 209,211 (1931).

[6]) P.S. James, (1961) J.B.L. 252,256.

[7]) Gregory, 37 Va.L.Rev. 359,360 (1951).

[8]) Vgl. Winfield on Tort (7.A. 1963); ders., The Province of the Law of Tort (1931).

[9]) Ward, 42 Corn.L.Q. 28 (1956); vgl. auch Lord Wright, 14 M.L.R. 393,401 (1951).

Rechtsgebieten, die sich auch beim besten Willen nicht bei einer anderen Rechtsdisziplin einordnen lassen[10]).

Das vereinende Band muß in der Funktion gesehen werden, die das Law of Torts erfüllt: ›The Law of Torts should be regarded as a body of rules which provide compensation for harm caused by another‹[11]). Was den inneren Aufbau des Law of Torts angeht, so soll an dieser Stelle nur auf die Zweigleisigkeit verwiesen werden, die das hervorstechendste Merkmal ist. Dieses Rechtsgebiet zerfällt in Vorsatz- und Fahrlässigkeitsdelikte. Erstere sind genau nach Rechtsgut und Begehungsform eingeteilt: battery (tätliche Beleidigung), assault (Bedrohung), false imprisonment (Freiheitsberaubung), defamation (Beleidigung, durch Schrift: libel, durch Wort: slander) u. a. Für die Fälle der Negligence (Fahrlässigkeitstaten) gibt es keine weitere Unterteilung.

§ 2. Bedeutung

Die Bedeutung des Law of Torts in den Vereinigten Staaten ist bei weitem größer als die des Rechts der unerlaubten Handlungen in Deutschland. In den Law Schools stellt der Kursus über Torts einen Grundpfeiler der juristischen Ausbildung dar. Die Gerichte sind zu über 70% mit Torts-Klagen beschäftigt[12]). Jahr für Jahr ergehen mehrere Tausend Berufungsgerichtsentscheidungen auf dem Gebiete der Torts, die in ihrer überwiegenden Anzahl veröffentlicht werden[13]).

Der Grund hierfür liegt darin, daß das Law of Torts als das Kernstück des Common Law anzusehen ist. Es gab ursprünglich kaum einen Bereich des menschlichen Lebens, der nicht mit Hilfe des Torts-Rechts kontrolliert werden konnte. So wurde erst verhältnismäßig spät das Arbeitsrecht aus dem Law of Torts herausgelöst und durch besondere Gesetze geregelt[14]).

Namentlich auch die gesetzliche Unfallversicherung der Arbeitnehmer (Workmen's Compensation) wurde neugeschaffen und einer Sonderregelung unterstellt[15]). Diese sieht vor, daß Arbeitnehmer bei Arbeitsunfällen stets auf Grund einer Gefährdungshaftung der Arbeitgeber Ersatz ihres Verdienstausfalls und ihrer Heilungskosten erlangen können, wenn dieser Schadensersatz auch der Höhe nach beschränkt ist[16]); eine darüber hinaus angestrengte Negligence-Klage ist nicht zulässig[17]). In den meisten Bundesstaaten sind für

---

[10]) Seavey, 67 L.Q.R. 466,467 (1951).
[11]) Seavey, Cogitations 6 (1954); vgl. auch Probert, 49 Iowa L.Rev. 277,294 (1964).
[12]) Parker, Privatrecht 168 (1960).
[13]) Pedrick, 2 J.Soc.Publ.T.Law 2 (1961).
[14]) Green, 38 Texas L.Rev. 257,262 (1960); Peck, 48 Minn.L.Rev. 265,292 (1963).
[15]) Alle Bundesstaaten und der Bund haben Workmen's Compensation Acts erlassen.
[16]) Harper & James 731 (2. Bd. 1956).
[17]) Vgl. 58 Am.Jur., Workmen's Compensation, § 20. In England stehen dem Verletzten nach dem National Insurance (Industrial Injuries) Act, 1946, beide Wege offen; vgl. Clerk & Lindsell 783 (12.A. 1961). Aus amerikanischer Sicht hierzu: Rob. Keeton, 72 Harv. L. Rev. 401,422 (1959).

diese Unfallklagen nicht die ordentlichen, sondern besondere Schiedsgerichte[18]) zuständig.

Daneben bestehen traditionelle Einrichtungen unverändert fort. So wird Besitzschutz bei Grundstücken auf dem Umweg über eine Torts-Klage erlangt. Sobald jemand ohne Berechtigung ein fremdes Grundstück betritt, kann ihn der Besitzer wegen ›trespass on the land‹ auf Schadensersatz verklagen; dabei braucht er weder Verschulden auf seiten des Beklagten noch einen Schaden auf seiner Seite nachzuweisen[19]). Das Gericht spricht ihm dann nominellen Schadensersatz in Höhe von zumeist 1 $ zu; das Urteil hat die Wirkung eines Feststellungsurteils.

Das Law of Torts hat eine nahezu unermeßliche Bedeutungssteigerung durch das moderne Unfallrecht, namentlich das Verkehrsunfallrecht, erfahren. ›During World War II, there were more casualties among Americans from accidents on the home front than there were deaths and wounds inflicted on the battlefields‹[20]). Wenn auch nicht mehr als 2–3% aller Unfälle zu einer Gerichtsverhandlung führen[21]), so ist das bei einer geschätzten jährlichen Gesamtschadenshöhe von fast 4 Milliarden $ ausreichend, um die Gerichte mit Schadensersatzklagen zu überschwemmen[22]).

(2) Abgrenzung

§ 3. Torts und Strafrecht

Das zivilrechtliche Haftungsrecht hat sich aus dem Strafrecht entwickelt[23]); die Loslösung muß als grundsätzlich vollzogen angesehen werden[24]). Die Unterscheidung wird in erster Linie nach der verschiedenen Zielrichtung vorgenommen: Das Law of Torts dient mit seiner Ausgleichsfunktion[25]) dem Interesse des einzelnen[26]), während das Strafrecht mit der Repressionsfunktion auf den Schutz der Öffentlichkeit ausgerichtet ist[27]). Natürlich kann es Überschneidungen im Bereich der Nebenfunktionen geben. So kann eine Strafvorschrift den Schutz des einzelnen mitbezwecken; es ist dann als Schutzgesetz anzusehen und führt zur zivilrechtlichen Haftung. Auf der anderen Seite erfüllt das Deliktsrecht durchaus auch eine Präventionsfunktion, im Rahmen derer aktiv in das soziale Geschehen eingegriffen wird[28]).

---

[18]) Harper & James 732 (Bd. 2, 1956).
[19]) Lawson, English Law 131 (1951).
[20]) Harper & James 729 (Bd. 2, 1956).
[21]) Rob. Keeton, 75 Harv.L.Rev. 463,469 (1962).
[22]) Conard & Voltz, 39 Mich.S.B.J. 32 (1960), zit. bei Rassman, 16 Sw. L.J. 244 (1962).
[23]) F.F. Stone, 2 Stanf.L.Rev. 259,261 (1950); Th.A:Street 1 (1. Bd: 1906):
[24]) Für die geschichtliche Entwicklung vgl. § 6.
[25]) Lord Wright, 14 M.L.R. 393,402 (1951); Bohlen, 50 Harv.L.Rev. 725 (1937).
[26]) Seavey, 56 Harv.L.Rev. 72,73 (1942).
[27]) Seavey, 67 L.Q.R. 466,469 (1951).
[28]) Malone, 25 So.Cal.L.Rev. 14 (1951); Fleming, 1 Syd. L.Rev. 282 (1953); Green, 34 Texas L.Rev. 1,4 (1955).

Trotz dieser als gesichert zu bezeichnenden Erkenntnisse sind sich das Law of Torts und das Strafrecht im Bereiche des Common Law doch näher als die entsprechenden Rechtsgebiete in Deutschland. Ein Indiz mag hierfür sein, daß Universitätsprofessoren mit dem Spezialgebiet ›Torts‹ häufig auch Strafrecht lesen[29].

Weiter ist hier die Einrichtung des exemplarischen Schadensersatzes (exemplary oder punitive damages) zu nennen, durch die der Zivilrichter bei besonders schwerwiegenden Schadenszufügungen (niemals bei bloßer Negligence) praktisch eine an den Geschädigten zu zahlende Strafe verhängen kann[30]. Allerdings steht die Anwendbarkeit dieses Rechtsinstituts, das als ›anomaly‹ erkannt wird, neuerdings im Kreuzfeuer der Kritik[31].

§ 4. Torts und Vertrag

Die Unterscheidung zwischen Torts- und Vertragshaftung wird verhältnismäßig sorgfältig durchgeführt[32], wie schon die Umschreibung des Begriffs ›Torts‹ als ›außerkontraktliche Rechtswidrigkeiten‹ zeigt[33]. ›Torts‹ und ›Contracts‹ sind in den Law Schools voneinander völlig unabhängige Kurse und werden auch in verschiedenen Lehrbüchern behandelt. Der Begriff des ›Obligationenrechts‹ ist dem Common Law fremd[34], wenn auch hin und wieder Bestrebungen unter dem Motto ›Contracts and Torts Should be Merged‹ zu verzeichnen sind[35]. Die Aussichten solcher Vorstöße sind wenig erfolgversprechend, da diese Unterscheidung schon zu tief in das Rechtsdenken des anglo-amerikanischen Juristen eingedrungen ist[36].

Wieder ist die Unterscheidung nach der Zielrichtung vorzunehmen. Der Ausgleichsfunktion des Law of Torts steht der Zweck des Vertragsrechts, ›to require the performance of promises‹[37], gegenüber. Um Schadensersatz nach dem Recht der unerlaubten Handlungen zu erlangen, muß eine von der Rechtsordnung der Allgemeinheit zwangsweise auferlegte Verpflichtung verletzt worden sein[38]; im Vertragsrecht handelt es sich um die Verletzung einer freiwillig eingegangenen Verpflichtung[39]. Da der Vertragsabschluß als Garantieversprechen aufgefaßt wird, haftet die vertragsbrüchige Partei auch ohne

---

29) Beispielsweise hat der englische Schadensersatzrechtler Gl. Williams das führende Strafrechtslehrbuch geschrieben (2.A. 1961); der Kriminalist Stallybrass hat das Torts-Lehrbuch von Salmond bearbeitet.

30) Vgl. Morris, 44 Harv.L.Rev. 1173 (1931); Grossfeld 36 (1961).

31) Vgl. insbes. das dogmatisch gesicherte Votum Lord Devlins in Rookes v. Barnard, (1964) 1 All E.R. 367,407,411.

32) Prosser, Selected Topics 380 (1953).

33) Vgl. den Titel des Lehrbuchs von Cooley: A Treatise on the Law of Torts or the Wrongs which Arise independently of Contract (4.A. 1932).

34) Catala-Weir, 37 Tulane L.Rev. 573,578 (1963).

35) Titel eines Aufsatzes von Cowan, 7 J.Leg.Ed. 377 (1955).

36) Verschiedene Kostenfolge: s. 47, County Court Act 34.

37) Seavey, Cogitations 6 (1954).

38) Th. A. Street, Foundation XXVII (Bd. 1 1906).

39) Bohlen, Studies 1,3 (1926); Wilson & Slade, 15 M.L.R. 458,470 (1952).

Verschulden auf ihrer Seite[40]). Für die Torts-Klage ist dagegen grundsätzlich der Nachweis des Verschuldens erforderlich. Trotz dieses sehr gravierenden Unterschiedes gibt es nicht wenige Fälle, wo ein und dieselbe Handlung schadensersatzpflichtig sowohl aus Vertrag als auch aus unerlaubter Handlung macht[41]).

§ 5. Torts und Restitution; Zusammenfassung

Unerlaubte Handlungen und ungerechtfertigte Bereicherung werden ebenfalls in aller Regel auseinandergehalten. Mit der Restitution-Klage kann ›the return to the plaintiff of something of which he has been unjustly deprived‹[42]) verlangt werden, während es eben im Falle der Torts-Klage um einen Schadensausgleich geht. Auch hier gibt es Fälle, wo eine Torts- und eine Restitution-Klage nebeneinander möglich sind; solche Konstellationen ergeben sich namentlich bei der Torts-Klage ›Conversion‹.

In den vorstehenden Ausführungen ist zwar wiederholt darauf hingewiesen worden, daß Überschneidungen möglich sind; trotzdem muß an dieser Stelle noch einmal ausdrücklich betont werden, daß in der Praxis die Grenzen sehr viel flüssiger sind, als es auf gedrängtem Raum dargestellt werden kann. Namentlich ist mißlich, daß die Gerichte bei der Anwendbarkeit zweier Rechtsgebiete vielfach nicht erklären, welches sie zur Anwendung bringen.

(3) Geschichtliche Entwicklung

§ 6. Ursprung

Die Ursprünge des Law of Torts reichen bis ins 12. Jahrhundert zurück[43]). Ein Geschädigter konnte gegen den Schädiger mit der Begründung auf Bestrafung und/oder Schadensersatz klagen, die schädigende Handlung sei ›contra pacem Domini Regis‹ und ›vi et armis‹ gewesen[44]). Diese Klagemöglichkeit wegen unmittelbarer Gewalteinwirkung auf Land, Fahrnis oder Person des Geschädigten[45]) wurde ihm ursprünglich nur gewährt, um den durch ein Ausweichen des Geschädigten in die unerlaubte Selbsthilfe bedrohten Rechtsfrieden zu bewahren[46]). Der Geschädigte sollte dadurch zu dem Verzicht auf Rache veranlaßt werden, die die primitivste Reaktion des Menschen auf eine ihm zugefügte Schädigung ist und gerade zu Zeiten des Barons' War (1263–1267) die Sicherheit des Königreiches beeinträchtigen konnte[47]). Es

---

[40]) Keßler, 74 Yale L.J. 262,272 (1964).
[41]) Beispiel: Ein Arbeitgeber verklagt seinen Arbeitnehmer oder umgekehrt.
[42]) Seavey, Cogitations 7 (1954).
[43]) Stone, 2 Stanf.L.Rev. 259,261 (1950).
[44]) Heymann 337 (1914).
[45]) Goodhart & Winfield, 49 L.Q.R. 359 (1933).
[46]) Levitt, Proximate Cause, 90 Centr.L.J. 188,197 (1920).
[47]) Jenks, History 1912 (S. 53).

sollten also weder künftige Schädigungen verhindert noch gerechte Ergebnisse erzielt werden. Zweck war vielmehr, das Weiterschwelen von Streitigkeiten, etwa in Form von Familienfehden, zu verhindern[48]).

§ 7. Klageformen

Hervorstechendes Merkmal des mittelalterlichen und bis in die Neuzeit hineinreichenden Rechts ist das System der königlichen brevia, writs oder forms of action (Klageformen), mit Hilfe derer die Könige die Prozesse vor ihre Gerichte zogen und so eine frühzeitige Zentralisierung der Rechtsprechung erreichten[49]). Der Kläger mußte sich, um die Hilfe der Gerichte zu erreichen, von der königlichen Kanzlei ein writ beschaffen, das sich als Befehl des Königs in Formularform an einen Gerichtsherrn darstellte. Der Kläger bekam das writ aber nur, wenn seine Behauptungen die formularmäßig feststehenden Voraussetzungen des writ erfüllten.

Ursprünglich gab es für das gesamte Rechtsgebiet, das heute Law of Torts heißt, nur die action of trespass (breve de transgressione). Voraussetzung für ihre Erlangung war, daß eine unmittelbare Einwirkung auf Land, Gut oder Person des Klägers mittels Gewalt und Waffen (vi et armis) stattgefunden hatte, die den Königsfrieden störte. Aus dieser Trespass-Klage haben sich dann alle weiteren Klagen entwickelt; sie ist deshalb als ›fertile mother of actions‹[50]) bezeichnet worden. Durch das 2. Westminsterstatut von 1285 wurde es dem Kanzleigerichtshof ermöglicht, das writ of trespass auch ›in consimili casu‹ zu gewähren, wenn also die Voraussetzungen der Trespass-Klage nicht vorlagen. Die neuen in das Register eingetragenen Writs wurden ›action of trespass on the case‹ oder kurz ›case‹ genannt.

Mit der Case-Klage sollten die Fälle erfaßt werden, in denen das Merkmal der unmittelbaren Gewalteinwirkung nicht gegeben war und die Trespass-Klage daher nicht zur Verfügung stand. Für den Kläger kam es damit in erster Linie darauf an, die richtige Klageform zu wählen. Unterlief ihm in formaler Hinsicht der kleinste Fehler, so wurde über seinen Anspruch gar nicht erst verhandelt. Auf diese Weise wurde das materielle Recht von den technischen Verfahrensvoraussetzungen völlig überdeckt[51]).

Diese für die Entwicklung des materiellen Rechts nachteilige Wirkung der Klageformen wurde noch verstärkt durch ein gigantisches Unternehmen, das gegen Ende des 18. Jahrhunderts durchgeführt wurde: Sir William Blackstone unternahm es zum erstenmal in der Geschichte des Common Law – von dem 5 Jahrhunderte vorher tätig gewesenen Bracton einmal abgesehen[52]) –, das Recht Englands zu ordnen. Er war es, der als erster in Oxford Recht

---

[48]) Williams, 4 Curr.L.Pr. 137,138 (1951).
[49]) Peter 18,26 (1957).
[50]) Maitland, Equity 342 (1920).
[51]) Walton, 49 L.Q.R. 70,73 (1933).
[52]) Bracton schrieb im 13. Jahrhundert »The Treatise on the Laws of England«.

lehrte und das Common Law in einem fünfbändigen Werk[53], das als die ›judicial bible‹ seiner Zeit bezeichnet worden ist[54]), darstellte. Sein Wirken stand unter dem Motto zweier Worte: Ordnung und System[55]). Um sein Ziel zu erreichen, überführte er das Common Law aus dem Zustand des Chaos, in dem es sich nach Jahrhunderten der Systemlosigkeit befunden hatte, in eine Reihe fester Formeln, die sich allesamt durch eine einfache Mechanik auszeichneten und erfolgreich an den ›primitive instict of word magic‹[56]) appellierten. Als Beispiel hierfür ist Blackstones berühmtes Votum zu nennen, in dem er dem Unmittelbarkeitsmerkmal Ausschließlichkeitswirkung zuspricht[57]).

Zur Beseitigung dieser und anderer Mißstände griff im 19. Jahrhundert der Gesetzgeber ein. Das Erfordernis der Klageformen wurde im amerikanischen Bundesstaat New York durch die Gesetzgebung von 1848 abgeschafft[58]); in England wurde dieser Schritt durch s. 3 des Common Law Procedure Act, 1852, getan. Fortan brauchte die entsprechende Klageform in keiner Klageschrift mehr erwähnt zu werden, der Kläger hatte nur noch die Tatsachen darzulegen[59]). Trotzdem gilt – jedenfalls für das englische Recht – der schon zum geflügelten Wort gewordene Ausspruch Maitlands: ›The forms of action we have buried, but they still rule us from their graves‹[60]).

§ 8. Verschuldensprinzip

Es herrscht Streit darüber, ob das alte Trespass-Recht auf dem Verschuldensprinzip beruhte oder nicht. Nach der Ansicht zahlreicher Autoren geht das Recht davon aus, daß der Mensch grundsätzlich den ihn treffenden Schaden selbst tragen müsse und sich nur ausnahmsweise Ersatz verschaffen könne[61]). Daher sei ein Recht, das – wie das frühe Trespass-Recht – jedem Geschädigten einen Anspruch auf Schadensersatz gewähre, wenn nur bestimmte technische Voraussetzungen erfüllt seien[62]), in weit höherem Maße moralisch als das gegenwärtige Recht, das für jeden Einzelfall Vorwerfbarkeit verlange[63]). Demgegenüber hält die herrschende Meinung daran fest, daß das alte Recht unmoralisch war und daß von einer Vorherrschaft des Verschuldensgrundsatzes insofern keine Rede sein kann[64]). Allerdings wird man die Einschrän-

---

53) Commentaries on the Laws of England, Buch I-V (London 1794).
54) Joiner, Civil Justice and the Jury 54 (1962), zit. bei Summers, 39 Tulane L. Rev. 3, 6 (1964).
55) 12 Holdsworth 718 (1938).
56) Bohlen, 83 U. Pa. L. Rev. 305, 311 (1935).
57) Scott v. Shepherd, 2 Wm.Bl. 892,894, 96 Engl.Rep. 525 (1773).
58) Vgl. Stone, 2 Stan.L.Rev. 259,276 (1950). Die anderen Bundesstaaten folgten New York nach.
59) Williams, 23 M.L.R. 233,255 (1960).
60) Maitland, Equity 296 (1920).
61) Holmes 76 (1963).
62) Alb. A. Ehrenzweig, 8 U.Chi.L.Rev. 729,735 (1941).
63) Green, 47 N.W.U.L.Rev. 751,752 (1953).
64) Ames, Selected Essays 1 (1924); Isaacs, Sel. Essays 235 (1924); Learned Hand, Cir.J., in Sinram v. Pennsylvania R.R., 61 F.2d 767,770 (2d Cir. 1932).

kung machen müssen, daß zu allen Zeiten eine Berufung auf ›höhere Gewalt‹ möglich war[65]).

Auszugehen ist also von einem Recht mit Erfolgshaftung, bei dem der Blick allein auf den beim Geschädigten eingetretenen Schaden gerichtet war[66]). Gegen Ende des 18. Jahrhunderts machten veränderte Moralauffassungen auch Veränderungen im Haftungsrecht notwendig. Das Interesse des Schädigers an seiner Handlungsfreiheit wurde zum erstenmal als schutzwürdig anerkannt. Der Schädiger sollte nur dann ersatzpflichtig sein, wenn er ein ihm persönlich vorwerfbares Verhalten an den Tag gelegt hatte.

Wenn man danach fragt, aus welchem Grunde sich zu dieser Zeit der Verschuldensgrundsatz entwickelte, so hört man meist, es sei zum Schutze der aufkommenden Industrie geschehen[67]). Diese Erklärung überzeugt nicht. Stattdessen wird man die allgemeinen Moralvorstellungen der Zeit zur Grundlage machen müssen, die in dem Schlagwort von der Laissez-faire-Politik zum Ausdruck kommen[68]).

Erst im Laufe des 19. Jahrhunderts bildeten sich allgemeine Haftungsgrundsätze heraus[69]), deren wichtigster die Aufspaltung des Law of Torts in Vorsatz- und Fahrlässigkeitshaftung war. Dieser Grundpfeiler des Haftungsrechts ist zwar schon in früheren Äußerungen spürbar[70]); wirklich bewußt geworden ist er dem Common Lawyer aber erst zu dieser Zeit.

§ 9. Trespass und Negligence

Wenn man die Bedeutung, die dem Verschuldensprinzip zumindest im vorigen Jahrhundert beigemessen worden ist, vor Augen hat, möchte man meinen, das gesamte Haftungsrecht sei von diesem Grundsatz regiert worden; für das Gebiet der Fahrlässigkeitshaftung würde man erwarten, daß allein die Negligence-Klage maßgebend sein würde. Es überrascht daher, wenn man feststellen muß, daß bis in die jüngste Zeit daneben auch die alte Trespass-Klage anzutreffen ist. Ihr Anwendungsbereich ist nach wie vor auf die Fälle unmittelbarer Gewalteinwirkung beschränkt, worunter in aller Regel die Schußwaffen-(Fire-Arm)Fälle fallen.

Bereits im Jahre 1850 hat Chief Justice Shaw vom obersten Gericht des Bundesstaates Massachusetts festgestellt, daß der Kläger auch in solchen Fällen, die ehemals unter die Trespass-Klage gefallen seien, Verschulden auf seiten des Beklagten nachweisen müsse[71]). Der Entscheidung lag folgender

---

[65]) Winfield, 42 L.Q.R. 37,46 (1926); 8 Holdsworth 449 (1926); Dias (1962) C.L.J. 178,191.
[66]) Green, Traffic Victims 13 (1958).
[67]) Gregory, 37 Va.L.Rev. 359,365 (1951); Fl. James, 8 Buff.L.Rev. 315,316 (1959).
[68]) Roberts, 50 Corn.L.Q. 191,205 (1965).
[69]) Probert, 49 Ky.L.J. 114,115 (1960); Pound, Vorwort, Selected Essays (1924).
[70]) Vgl. Nares, J., in Scott v. Shepherd, 2 Wm.Bl. 892,893, 96 Engl. Rep. 525 (1773).
[71]) Brown v. Kendall, 60 Mass. (6 Cush.) 292,295 (1850).

Sachverhalt zugrunde: Kläger und Beklagter waren die Eigentümer zweier miteinander kämpfender Hunde gewesen. Um die Tiere zu trennen, hatte der Beklagte einen Stock aufgehoben und dabei den hinter ihm stehenden Kläger schwer am Auge verletzt. Wäre der Fall nach Trespass-Grundsätzen zu entscheiden gewesen, so hätte der Beklagte das Vorliegen höherer Gewalt oder ›inevitable accident‹ nachweisen müssen. Gerade dieses Vorgehen lehnte Chief Justice Shaw aber ab. Da der Kläger dem Beklagten weder Vorsatz noch Fahrlässigkeit nachweisen konnte, wurde er mit seiner Klage abgewiesen.

Theoretisch hat damit die Trespass-Klage im amerikanischen Haftungsrecht ihre Daseinsberechtigung schon im Jahre 1850 verloren. In der Praxis sieht es anders aus. So führte der New Yorker Court of Appeals noch im Jahre 1900 aus, daß für Trespass auch ohne Verschulden gehaftet werde[72]). Besonders instruktiv ist aber die Entscheidung des Supreme Court of California in Sachen Jensen v. Minard[73]). Hier hatte der Beklagte von seiner Veranda aus zwei Kinder auf der Landstraße gehen sehen. Als sie aus seinem Blickfeld verschwunden waren, hatte er mit seiner Flinte auf Vögel in seinem Erdbeerfeld geschossen. Ein Querschläger hatte ein Kind auf der Straße tödlich getroffen.

Ein Sachverständiger erklärte, daß die Chance, mit einem Querschläger ein Kind zu treffen, eins zu 10 Millionen gewesen sei. In erster Instanz wurde der Vater des getöteten Kindes mit seiner Klage abgewiesen. Der Supreme Court gab der Berufung des Klägers statt. Nach Ansicht der Mehrheit der Richter hatte der Kläger der ihm obliegenden Beweislast genügt und Negligence auf seiten des Beklagten nachgewiesen; an die Sorgfaltspflicht des Beklagten wurden extrem hohe Anforderungen gestellt[74]). Bis hierher bewegte sich das Gericht durchaus noch in den Bahnen, die von der Negligence-Lehre vorgezeichnet sind.

In seiner concurring opinion löste Carter, J., den Fall jedoch eindeutig nach Trespass-Grundsätzen. Nach seiner Ansicht liegt in Schußwaffenfällen dem Beklagten die Beweislast dafür ob, daß er ›utterly without fault‹ gehandelt hat[75]). Damit löst noch im Jahre 1955 ein Richter eines der angesehensten amerikanischen Supreme Courts einen Fall so, wie ihn sein Kollege im 17. Jahrhundert gelöst hätte. Der Grund ist darin zu sehen, daß hier die Voraussetzungen der Trespass-Klage vorliegen: unmittelbare Gewalteinwirkung[76]).

In England dauerte es sogar bis zum Jahre 1959, daß ein Gericht einmal auch in einer Trespass-Klage ein vom Kläger nachzuweisendes Verschulden verlangte[77]): Der Kläger war auf einem Schützenfest vom Beklagten ange-

---

72) Sullivan v. Dunham, 161 N.Y. 290, 55 N.E. 923, 926 (1900).

73) 44 Cal.2d 325, 282 P.2d 7 (1955).

74) »Under the circumstances of this case there is no material difference between definig ordinary care in the use of fire-arms in terms of extreme caution or in terms of being absolutely without fault.« Traynor, J., aaO S. 328.

75) aaO S. 330. Nach Ansicht dieses Richters liegt die Beweislast auf seiten des Beklagten, der sich zu entlasten hat; vgl. Payne, 18 M.L.R. 43,47 (1955).

76) Green, Malone, Pedrick & Rahl 73 (1957).

77) Fowler v. Lanning, (1959) 1 Q.B. 426, (1959) 1 All E.R. 290.

schossen worden und hatte dabei ein Auge verloren. Er hatte seine Klage auf ›trespass to the person‹ gestützt und lediglich vorgetragen, daß ›the defendant shot the plaintiff‹. Diplock, J., erklärte, der Kläger habe dem Beklagten keine Fahrlässigkeit nachzuweisen vermocht, und wies die Klage aus diesem Grunde ab.

Hiernach ist auch in England die Trespass-Klage zu Grabe getragen. Es fragt sich sehr, ob das von Dauer ist; schließlich war doch der Gedanke, mit ihrer Hilfe die Beweislast dem Beklagten aufzubürden, recht populär[78]).

II. Negligence

§ 10. Methodische Vorbemerkung

Das Wort ›Negligence‹ wird in drei verschiedenen Bedeutungen gebraucht. Im allgemeinen Sprachgebrauch versteht man darunter ›Nachlässigkeit‹ und ›Unvorsichtigkeit‹. Es ist anerkannt, daß ein Verhalten mit dieser Kennzeichnung nicht zu einer Schadensersatzpflicht führt[79]); gewissen Gefahren darf jeder ausgesetzt werden[80]). Rechtlich ist Negligence in diesem Zuschnitt also unerheblich. Sodann kennzeichnet der Begriff ›Negligence‹ den objektiven Haftungstatbestand der Fahrlässigkeitshaftung im anglo-amerikanischen Law of Torts, der in der Praxis von überragender Bedeutung ist.

Dieser Haftungstatbestand setzt sich – nach dem üblichen Aufbau[81] – aus vier Gliedern zusammen: Sorgfaltspflicht (duty to take reasonable care), Verletzung dieser Pflicht (breach), Kausalzusammenhang zwischen Handlung und Schaden (causation) sowie die Frage des Schadens selbst (damage)[82]). Der Punkt ›Pflichtverletzung‹ wird schließlich ebenfalls als Negligence bezeichnet.

Wenn dieses Kapitel mit ›Negligence‹ überschrieben ist, so ist damit der Haftungstatbestand gemeint, der im folgenden in seine Bestandteile aufgelöst wird. Die einzelnen Tatbestandsmerkmale werden der Reihe nach erörtert, wobei aus systematischen Gründen der Verletzungstatbestand den Anfang macht. Vorweg wird eine Entscheidung dargestellt, die sich dadurch auszeichnet, daß in ihr – solche Fälle sind selten – alle vier Merkmale vertreten sind.

---

[78]) Vgl. insbes. Goodhart & Winfield, 49 L.Q.R. 359 (1933); zweifelnd: Roberts, 50 Corn.L.Q. 191,207 (1965).
[79]) Fleming, 31 Canad.B.Rev. 471,486 (1953); ders., 26 Austr.L.J. 122, 127 (1952).
[80]) Salmond, Jurisprudence 424 (11. A. 1957).
[81]) Vgl. etwa Green, 61 Col. L. Rev. 1401 (1961).
[82]) Hierbei handelt es sich zumeist um die Schadensbemessung. Dieser Punkt bleibt hier außer Betracht.

§ 11. *Einführender Fall*

Im Tullgren-Fall[83]) war die Ehefrau des Klägers bei der Beklagten angestellt gewesen. Während der Arbeitszeit war ihr schlecht geworden. Der Vorarbeiter hatte sie deswegen von einem Angestellten im Auto nach Hause fahren lassen. Da die Landstraße etwa 220 m vor dem Hause der erkrankten Angestellten überflutet gewesen war, hatte der Fahrer die Frau den Rest zu Fuß gehen lassen. Die Frau war sehr bald nach Erreichen des Hauses verstorben. Als unmittelbareTodesursache wurde vom Arzt Erschöpfung angegeben.

Die Frage der Sorgfaltspflicht wurde vom Gericht unbefriedigend behandelt und mit der anderen Frage, ob die Beklagte für ihren Fahrer überhaupt einzustehen habe, vermengt[84]). Insofern wären hier folgende Überlegungen anzustellen gewesen: Die Verpflichtung der Beklagten zur Hilfeleistung ergab sich aus dem Arbeitsverhältnis. Selbst wenn man der Ansicht wäre, daß die Beklagte aus irgendeinem Grunde gehandelt hat, ohne dazu verpflichtet zu sein, so würde sie infolge des freiwilligen Eintretens unter der Verpflichtung gestanden haben, die Situation der Frau jedenfalls nicht zu verschlechtern.

Die Beklagte verteidigte sich im wesentlichen damit, daß ihr Fahrer sich nicht fahrlässig verhalten habe, daß also keine Sorgfaltspflicht verletzt worden sei. Fahrlässigkeit setze eine vorhersehbare Schadensgefahr voraus; der Fahrer habe aber keinen Schaden vorhersehen können, als er die Angestellte den letzten Rest des Weges zu Fuß habe zurücklegen lassen. Dieses Argument wies das Gericht berechtigterweise zurück[85]). Es erklärte, der Fahrer hätte den Schadenseintritt durchaus als möglich und wahrscheinlich einkalkulieren können; sein Verhalten sei fahrlässig gewesen.

Problem Nummer drei war die Kausalitätsfrage: Die Angestellte war eine kranke Frau gewesen, die möglicherweise auch ohne das Verhalten des Fahrers gestorben wäre. Frage war also, ob das Fehlverhalten ihren Tod beschleunigt hatte. Mit dieser Frage nach der Kausalität erstaunlich eng verknüpft ist schließlich die Festsetzung der Schadensersatzsumme[86]). Die zu bewilligende Summe würde in ihrer Höhe davon abhängen, ob und wann die Frau auch ohne das schädigende Verhalten gestorben wäre. Das Gericht verwies den Fall zur Neuverhandlung an die Tatsacheninstanz zurück.

(1) Negligence als Tatbestandsmerkmal

§ 12. *Inhaltsbestimmung*

›Negligence is the omission to do something which a reasonable man, guided upon those considerations which ordinarily regulate the conduct of human

---

[83]) Tullgren v. Amoskeag Mfg. Co., 82 N.H. 268, 133 A. 4 (1926).

[84]) Problematisch war insbesondere, ob ›fellow servants‹ einander ersatzfähigen Schaden zufügen können. Diese Frage ist heute nicht mehr umstritten, wie überhaupt der gesamte vorliegende Fall heute nach Workmen's-Compensations-Recht ohne Schwierigkeit und unter Ausschluß des Torts-Rechts zu lösen wäre.

[85]) 82 N.H. 268,273 (1926).

[86]) Hierzu eingehend: Malone, 9 Stan.L.Rev. 60,80 (1956).

affairs, would do, or doing something which a prudent and reasonable man would not to‹[87]). Diese berühmte Formulierung Baron Aldersons vom englischen Court of Exchequer hat sehr bald die ausdrückliche Zustimmung des Supreme Court der Vereinigten Staaten gefunden[88]).

Nach heute überwiegender Auffassung handelt es sich bei Negligence nicht um einen Willensfehler (mental theory), sondern um ein unvernünftiges Verhalten (conduct theory)[89]). Die Willenseinstellung des Handelnden ist also unerheblich[90]). Dieser Erkenntnis ist eine gewisse praktische Bedeutung nicht abzusprechen. Den geschädigten Klägern wird die Beweisführung ganz entscheidend erleichtert, wenn sie statt eines subjektiven Tatbestandsmerkmals (state of mind) ein bestimmt geartetes Verhalten zu beweisen haben[91]). Außerdem wirkt es schadensverhütend, wenn bestimmte Verhaltensweisen mit einer Ersatzpflicht belegt werden, während umgekehrt der subjektive Test nicht nur dieser Präventivfunktion ermangeln würde, sondern darüber hinaus auch nützliches Verhalten zurückdrängen würde, sobald dem Handelnden ein Vorwurf in moralischer Hinsicht gemacht werden könnte.

§ 13. Objektiver Maßstab

Der Negligence-Begriff ist objektiv[92]); der Sorgfaltsmaßstab bestimmt sich also nicht nach den Fähigkeiten des einzelnen Schädigers: Selbst Kinder und Geistesschwache können mit der Erwachsenen-Haftung belegt werden[93]). Andererseits braucht auch nicht immer die größtmögliche Sorgfalt aufgewandt zu werden[94]). Es gilt der Maßstab des ›reasonable and prudent man‹[95]), der im Laufe der Zeit Objekt immer phantasievollerer Umschreibungen geworden ist; so kennzeichnete ihn Greer, L. J., als ». . .›the man in the street‹, or ›the man in the Clapham omnibus‹, or, as I recently read in an American author, ›the man who takes the magazines at home, and in the evening pushes the lawn mower in his shirt sleeves‹.«[96]) Hierfür gilt eine wichtige Einschränkung: Es ist heute anerkannten Rechts[97]), daß die übliche Sorgfalt nicht genügt; eingerissene Verkehrsunsitten (›Schlendrian‹) bleiben also außer Betracht[98]).

---

[87]) Blyth v. Birmingham Waterworks Co., (1856) 11 Exch. 781, 105 R.R. 791,794.
[88]) Parrot v. Wells Fargo & Co., 15 Wall (U.S.) 524, 536 (1872).
[89]) So namentlich Terry, 29 Harv. L. Rev. 40 (1915); vgl. auch die Formulierung in § 282 des Restatement on Torts (1934).
[90]) 2 Harper & James 896 (1956).
[91]) Fl. James, 3 Utah L.Rev. 275,278 (1953).
[92]) Seavey, 41 Harv. L. Rev. 1 (1927).
[93]) Andrews, J., in Palsgraf v. Long Island R.R., 248 N.Y. 339,348, 162 N.E. 99, 102 (1928); Dellwo v. Pearson, 259 Minn. 452, 107 N.W.2d 859,863 (1961).
[94]) Steward v. Kroger Grocery, 198 Miss. 371, 21 So.2d 912,913 (1945).
[95]) Vaughan v. Menlove, 43 R.R. 711,717 (1837).
[96]) Hall v. Brooklands Auto Racing Club, (1933) 1 K.B. 205,224, 101 L.J.K.B. 678,679.
[97]) A.A. wohl noch Riezler, 5 RabelsZ 567,611 (1931).
[98]) The T.J. Hooper, 60 F.2d 737,740 (2d Cir. 1932); Markland v. Manchester Corp., (1934) 1 K.B. 566, 103 L.J.K.B. 265,269.

Die so skizzierte hypothetische Person mit dem Prädikat ›reasonable man‹ dient als gedankliche Hilfsfigur bei der Bestimmung der Frage, ob ein bestimmtes Verhalten als fahrlässig bezeichnet werden soll. Wenn sich der ›reasonable man‹ nicht anders als der Schädiger verhalten hätte, kommt das Gericht zur Haftungsverneinung.

§ 14. Interessenabwägung

Die Bestimmung der ›Reasonableness‹ eines Verhaltens oder eine Gefährdung (risk), die dieses Verhalten bewirkt, stellt nach heute überwiegender Ansicht ein ›Balancing of interests‹ dar[99]). Im einzelnen stehen sich folgende Interessen gegenüber:

Zunächst ist das Interesse des Schädigers zu nennen, dann nicht haftbar gemacht zu werden, wenn er im Zeitpunkt der Schädigungshandlung keine Kenntnis von der Gefahr hatte[100]), wenn er also keinen Schaden vorhersehen konnte[101]). Die Bandbreite reicht hier von der bloßen Möglichkeit eines Schadenseintritts bis hin zur starken Wahrscheinlichkeit; bei Gewißheit ist Vorsatz anzunehmen. Welcher Wahrscheinlichkeitsgrad verlangt wird, hängt von den anderen zu berücksichtigenden Faktoren ab[102]). Entscheidend ist weiter der Wert des vorhersehbar gefährdeten Interesse des Geschädigten[103]). Einem Gast Salz statt Zucker in den Kaffee zu schütten, würde kein rechtlich geschützes Interesse des Gastes verletzen[104]).

Der Schädiger kann auch Berücksichtigung seines Interesses an seiner Handlungsfreiheit verlangen; es ist denkbar, daß ihm das Opfer, die gefährliche Handlung zu unterlassen oder abwehrgeeignete Maßnahmen zu ergreifen, nicht zuzumuten ist[105]).

Eng verwandt mit dem letzteren Interesse des Schädigers ist schließlich die Berücksichtigung des Interesses der Allgemeinheit an seiner Handlung. Gerade der sozialethische Handlungszweck kann zur Verneinung der ›Unreasonableness‹ führen[106]). Hier tritt offen ein rechtspolitisches Moment zutage, das sich nicht nahtlos in die Reihe der anderen Faktoren einfügt; da diese Frage im vorliegenden Zusammenhang praktisch nie vertieft wird – meist

[99]) Pound, 28 Harv.L.Rev. 343,344 (1915); Osborne v. Montgomery, 203 Wis. 223, 234 N.W. 372,376 (1931).

[100]) Fl. James, 16 Mo. L. Rev. 1, 5 (1951).

[101]) »The standard of foresight of the reasonable man is in one sense an impersonal test. It eliminates the personal equation and is independent of the idiosyncrasies of the particular person whose conduct is in question. Some persons are by nature unduly timorous and imagine every path beset with lions, others of more robust temperament fail to foresee or nonchalantly disregard even the most obvious dangers.« Lord Macmillan in Glasgow Corp. v. Muir, (1943) A.C. 448, (1943) 2 All E.R. 44,48.

[102]) Vgl. Foster-Grant-Green, 32 Nebr.L.Rev. 72,81 (1953).

[103]) Vgl. Seavey, 41 Harv.L.Rev. 1,7 (1927).

[104]) Fl. James, 3 Utah L.Rev. 275,282 (1953).

[105]) W. A. Wilson, (1962) Scots L.T. News 1,2.

[106]) Seavey, Cogitations 27 (1954); Terry, 29 Harv.L.Rev. 40,42 (1915).

wird nur schlagwortartig von ›utility‹ gesprochen[107]) –, erfolgt eine Erörterung dieses Problems an anderer Stelle[108]).

Die hier genannten Faktoren und Interessen werden gegeneinander abgewogen. Beispielsweise kann das Interesse der Allgemeinheit an einem bestimmten Verhalten unter gewissen Umständen so groß sein, daß eine Haftung des Schädigers mit der Begründung verneint wird, sein Verhalten sei nicht unreasonable und damit nicht fahrlässig[109]). Auch ein berechtigtes Interesse des Schädigers an einem bestimmten Verhalten kann zur Verneinung der Negligence führen[110]). Der Vielfalt der möglichen Konstellationen ist keine Grenze gesetzt.

(2) Sorgfaltspflicht

§ 15. Inhalt

Unter einer duty to take reasonable care wird die Verpflichtung verstanden, die im Verkehr erforderliche Sorgfalt walten zu lassen[111]). Wenn man mit der herrschenden Meinung Negligence als die Verletzung dieser Verpflichtung durch ein Verhalten definiert, das diesem Sorgfaltsmaßstab nicht entspricht, so bewegt man sich im Kreise[112]). Danach bestünde an dem besonderen Tatbestandsmerkmal der Duty kein Bedürfnis.

Das Vorliegen einer Sorgfaltspflicht wird immer wieder mit Hilfe des Vorhersehbarkeitstests zu bestimmen versucht: Die Verpflichtung, Sorgfalt zu üben, soll entstehen, sobald Person oder Eigentum eines Dritten vorhersehbar gefährdet ist[113]). Auch dieser Gesichtspunkt ist bei der Bestimmung der Unreasonableness schon genannt worden[114]).

Es überrascht bei dieser Sachlage nicht, daß das Duty-Erfordernis wiederholt als überflüssig bezeichnet worden ist[115]). Bei aller Ablehnung wird aber nicht verkannt, daß dieses Merkmal fester Bestandteil des Common Law geworden ist[116]).

---

107) Rob. Keeton, 75 Harv.L.Rev. 463,498 (1962); Winfield, 13 N.Y.U.L.Q.Rev. 1,10 (1935).
108) Vgl. unten 4. Teil.
109) Bohlen, Studies 33,62 (1926); ders., 80 U.Pa.L.Rev. 781,793 (1932).
110) Mansfield, 17 Vand.L.Rev. 487,520 (1964).
111) Diese Formulierung wird hier untechnisch gebraucht.
112) So schon Terry, 29 Harv. L. Rev. 40 (1915).
113) Heaven v. Pender, (1883) L.R. 11 Q.B.D. 503; Donoghue v. Stevenson, (1932) A.C. 562. Vgl. hierzu im einzelnen unten § 67.
114) S.o. § 14. Vgl. weiter: Payne v. City of New York, 277 N.Y. 393, 14 N.E. 2d 449,450 (1938); Texas v. Pecora, 208 Md. 281, 118 A. 2d 377,383 (1955).
115) Buckland, 51 L.Q.R. 637,639 (1935) (»fifth wheel on the coach«); Price, 66 S.A.L.J. 171 (1949); ders., (1959) Acta Juridica 120; Harari 87 (1962); Winfield, 34 Col.L.Rev. 41,66 (1934).
116) Winfield (vor. Anm.); McKerron, 69 S.A.L.J. 189,193 (1953); Als Fürsprecher: Lawson, 22 Tulane L.Rev. 111,130 (1947); ders., Negligence 34 (150).

§ 16. *Unterlassen*

Die Unterscheidung zwischen positivem Handeln und Unterlassen wird für den Bereich des Common Law noch stärker betont als im deutschen Recht[117]). Aus dem bloßen Untätig-Bleiben eines Menschen resultiert grundsätzlich keine Haftung[118]). Ein solches Verhalten führt nur in den Fällen zur Haftung, wo zwischen den Parteien ein besonderes Verhältnis gegeben war[119]); hinzukommen muß eine Vorwerfbarkeit im Sinne von Negligence. Wenn also gesagt wird, die Bedeutung der Duty to take reasonable care zeige sich in den Unterlassensfällen besonders deutlich, so ist das nicht richtig.

Zunächst muß überhaupt eine Handlungspflicht bestanden haben, um das Verhalten desjenigen, der – z. B. – nicht zur Rettung geeilt ist, in die Sphäre des rechtlich Erheblichen anzuheben. Eine Verletzung dieser Pflicht hat mit Negligence nichts zu tun; vielmehr setzt jedes ›wrong‹ eine Pflichtverletzung voraus[120]). Erst wenn diese Pflichtverletzung vorliegt, wird der Negligence-Maßstab angelegt. Nun wird – wenn man so will – erneut die Frage der Pflicht geprüft, diesmal aber die Sorgfaltspflicht.

§ 17. *Ergebnis*

Trotz der weitgehenden inhaltlichen Identität der Tatbestandsmerkmale ›Sorgfaltspflicht‹ und ›Reasonableness‹ kann nicht davon die Rede sein, daß das Duty-Merkmal überflüssig ist. Der Begriff der Reasonableness ist in der dargestellten Form so überladen[121]), daß es namentlich in komplizierteren Fällen unerläßlich erscheint, einen Teil der darin enthaltenen Faktoren unter dem Punkt ›Duty‹ zu behandeln. Dieser Lösungsweg erhält besonderes Gewicht durch eine Besonderheit des anglo-amerikanischen Zivilverfahrens: Es entscheidet nicht allein der Richter, sondern es werden auch Zivilgeschworene (jury) tätig. Hierin ist einer der Gründe zu sehen, weshalb die vertiefende Erörterung der Duty erst später erfolgen kann.

(3) Kausalität

§ 18. *Vorbemerkung*

Bis in das 20. Jahrhundert hinein wurden Kausalität und Proximate Cause für den Bereich des Common Law als identisch angesehen. Bei der Lehre von

---

117) Bohlen, 53 U.Pa.L.Rev. (O.S.) 209, 273, 337 (1905); ders:, 56 U.Pa.L.Rev. (O.S.) 217,219 (1908).

118) Vgl. hierzu im einzelnen unten § 80.

119) Vgl. oben den Beispielsfall § 11. Wie sich aus dem folgenden ergibt, gehört der Fall, streng genommen, nicht dahin.

120) Terry, 29 Harv. L. Rev. 40 (1915).

121) Bohlen, 80 U. Pa. L. Rev. 781, 793 (1932).

der Proximate Cause handelt es sich um eine besondere juristische Kausalität, die sich als Sammelbecken für Überlegungen der verschiedensten Art besonders eignet. Nur die eigentlichen Kausalbetrachtungen kommen dabei meistens zu kurz, was zum guten Teil auf die ablehnende Haltung des common lawyer gegenüber philosophischen Gedankengängen zurückzuführen ist[122]). Aus einer Beschneidung des Aufgabenbereiches der Proximate-Cause-Regel ergab sich eine Rückbesinnung auf das reine Kausalitätsmerkmal; hier soll insofern von ›tatsächlicher Kausalität‹ gesprochen werden.

(a) Tatsächliche Kausalität

§ 19. Allgemeines

Für jeden Kläger stellt sich als erstes die Aufgabe nachzuweisen, daß der von ihm benannte Beklagte mit dem eingetretenen Schaden überhaupt ›etwas zu tun hatte‹[123]). Gelingt ihm dieser Nachweis nicht, muß seiner Klage der Erfolg versagt bleiben, ohne daß das Gericht tätig wird[124]). Hier tauchen häufig Beweisschwierigkeiten auf, deren Umfang vom Fortschritt der Naturwissenschaft abhängt: Als Beispiele sind die Haftung für vorgeburtliche Schädigungen und die für Nervenschockschäden zu nennen[125]). Ein besonders aktueller Fall ist der des Zigarettenrauchers, der den Zigarettenhersteller auf Ersatz seines Lungenkrebs-Schadens verklagt[126]). Auch hier geht es um die Frage, ob die Erkrankung etwas mit dem Rauchen ›zu tun‹ hat[127]).

Bei der tatsächlichen Kausalität wird stets gefragt, ob ein Schadenserfolg auf eine bestimmte Handlung zurückgeführt werden kann; die Bestimmung wird aus der Rückschau getroffen[128]). Es steht hier allein das auf dem Gebiete des Tatsächlichen liegende Verhältnis von Ursache und Wirkung zur Debatte, es gilt das Kausalgesetz der klassischen Mechanik[129]). Als Hilfsmittel zur Bestimmung der tatsächlichen Kausalität werden zwei Theorien angeboten: but-for test und substantial factor rule[130]).

§ 20. But-for Test

Mit dem But-for Test werden die Ursachen ausgeschlossen, die hinweggedacht werden können, ohne daß der Erfolg entfiele; jede Haftung setzt also

---

[122]) Paton, 23 A.L.J. 158,163 (1949).
[123]) Malone, 9 Stan.L.Rev. 60,66 (1956).
[124]) Mosko v. Walton, 358 P.2d 49,52 (1960); Hansen v. Phagan. 361 P.2d 977, 979 (1961).
[125]) Morris, 101 U.Pa.L.Rev. 189,213 (1952).
[126]) Pritchard v. Ligget & Myers Tabacco Co., 295 F.2d 292 (3d Cir. 1961). Der Fall wurde an die Tatsacheninstanz zurückverwiesen.
[127]) Green, 60 Mich.L.Rev. 543,549 (1962); Cole, 52 Calif.L.Rev. 459,482 (1964).
[128]) Green, 28 Texas L.Rev. 471,476 (1950).
[129]) Eldredge, 86 U. Pa. L. Rev. 121 (1937).
[130]) Restatement/Torts § 432 (1934).

voraus, daß der eingetretene Schaden durch die zum Ersatz verpflichtende Handlung bedingt ist[131]). »If a fact E would not have occurred but for the occurrence of an antecedent fact C, the C is said to be a cause of E, and E is said to be the effect of C.«[132])

Die vorliegende Theorie wird von der überwiegenden Mehrheit der Autoren als Ausschlußregel (rule of exclusion) aufgefaßt[133]): Eine Handlung ist dann nicht Schadensursache, wenn der Schaden auch ohne diese Handlung eingetreten wäre[134]). Folge in einem solchen Fall ist die Haftungsverneinung, wie eine Entscheidung des Supreme Court of Wisconsin zeigt[135]): Hier war ein Holzfäller-Camp durch Feuer vernichtet worden. Das Feuer hatte sich von zwei verschiedenen Brandherden an das Lager herangefressen, und, bevor das Lager erreicht war, hatten sich die beiden Feuer vereinigt. Das eine Feuer rührte von fahrlässigem Verhalten der beklagten Eisenbahngesellschaft her, das andere war unbekannten Ursprungs. Das Gericht wies die Klage unter Berufung auf obigen Test ab, weil der Schaden eben auch durch das Feuer eingetreten wäre, das nicht von der Beklagten verursacht worden war[136]).

Es besteht Einigkeit darüber, daß ein solches Ergebnis untragbar ist. Namentlich zwei Wege werden zur Behebung dieses Mißstandes vorgeschlagen. Carpenter will den But-for Test nicht als Ausschlußregel aufgefaßt wissen: Nur dann sei die Handlung des Schädigers Schadensursache, wenn der Schaden ohne sie nicht entstanden wäre; daher könne ein Beklagter durchaus auch in dem Falle haftbar sein, wenn der Schaden auch ohne sein Zutun aufgetreten wäre[137]). Dieser Weg führt nicht zu einer Lösung des Problems; denn es wird nicht gesagt, in welchen Fällen der Beklagte trotz konkurrierender Kausalreihe haftbar sein soll. Demgegenüber ist es besser, mit der herrschenden Meinung für diese Fallgruppe Zuflucht bei einem anderen Test zu suchen.

§ 21. Substantial Factor Rule

Die Substantial Factor Rule tritt in den Fällen an die Stelle des But-for Test, in denen der Schaden das Ergebnis mehrerer, voneinander unabhängiger Ursachen ist, von denen jede allein den Schaden hätte herbeiführen können[138]). Der neue Test wurde erstmalig im Jahre 1920 vom Supreme Court of Minnesota in einem Fall angewandt, der tatbestandlich mit dem Cook-Case

---

131) Rabel, Grundzüge 23 (1932).
132) Williams, Joint Torts 239 f. (1951).
133) Prosser, 21 Minn.L.Rev. 19,23 (1936); Burke, 15 Calif.L.Rev. 1,4 (1926).
134) Peaslee, 47 Harv.L.Rev. 1127,1141 (1934); Jer.Smith, Essays 649,655 (1924).
135) Cook v. Minneapolis, St.P. & S.S.M.Ry., 98 Wis. 624, 74 N.W. 561,564 (1898).
136) War beiden Brandstiftern Negligence nachzuweisen, hafteten beide: Corey v. Havener, 182 Mass. 250, 65 N.E. 69 (1902).
137) Carpenter, 83 U.Pa.L.Rev. 941,946 (1935).
138) Bohlen, 80 U.Pa.L.Rev. 781,791 (1932); Myers, 5 Miami L.Q. 238 (1951); Prosser, 38 Calif.L.Rev. 369,378 (1950).

übereinstimmte[139]). Das Gericht bejahte die Haftung der beklagten Eisenbahngesellschaft mit der Begründung, das von ihr verursachte Feuer sei ein substantial factor bei der Schadensentstehung gewesen. Eine positive Feststellung dahingehend, daß das Verhalten der Beklagten wirklich Ursache des Schadens war, traf das Gericht nicht.

Der Begriff ›substantial factor‹ ist von Judge Smith geprägt worden, der damit einen flexiblen Test für die Bestimmung der juristischen Kausalität schaffen wollte[140]). Die Theorie ist einer Erfassung oder gar Definition kaum zugänglich; allenfalls könnte man eine besondere Art der Lehre von der wirksamsten Bedingung in ihr sehen. Damit eignet sich dieses dehnbare Merkmal bei weitem besser für die Beantwortung von Wertungsfragen, wie sie bei der juristischen Kausalität vorkommen, als bei Problemen, die im Bereich des Tatsächlichen angesiedelt sind [141]). Selbst die Redaktoren des Restatement sind ursprünglich der Versuchung erlegen und haben im Rahmen dieses Tests als Factual-Cause-Regel Wertungsfragen erörtert wissen wollen; erst in dem Nachtrag von 1948 ist die entsprechende Vorschrift gestrichen worden[142]).

§ 22. Würdigung

Man fragt sich, ob es überhaupt möglich ist, Kausalitätsfragen von jeglicher Wertung freizuhalten[143]). Es hat sich gezeigt, daß man schon im Zusammenhang mit Beweisfragen nicht ohne eine wertende Betrachtungsweise auskommt, obwohl man sich dabei noch im Wirkungsbereich des mechanischen But-for Test bewegt. Noch deutlicher treten die Wertungsgesichtspunkte bei der Substantial Factor Rule hervor, die mit dem erkenntnis-theoretischen Ursachenbegriff nichts mehr zu tun hat und im Grunde eine besondere juristische Kausalitätstheorie darstellt. Im Hinblick auf diese Theorie ist der Satz, ›selbstverständliches Erfordernis jeder Schadenshaftung‹[144]) sei das Vorliegen eines tatsächlichen Kausalzusammenhanges, nicht für alle Fälle zwingend. Eine Haftung kann hiernach durchaus einmal bejaht werden, obgleich ›in some abstract sense, causal connection in fact may be lacking‹[145]).

Weiter trägt zur Verwässerung des Tatbestandsmerkmals der tatsächlichen Kausalität eine Übung bei, die sich immer mehr durchsetzt: Was im deutschen Recht als Rechtswidrigkeitszusammenhang bezeichnet wird, segelt in den Ver-

---

[139]) Anderson v. Minneapolis, St.P. & S.S.M.Ry., 146 Minn. 430, 179 N.W. 45 (1920).

[140]) Jer. Smith, 25 Harv. L. Rev. 103, 223, 303 (1911–12).

[141]) Anders: Green, 29 Ill.L.Rev. 582,605 (1935); dazu muß man aber wissen, daß Green eine besondere juristische Kausalität überhaupt ablehnt.

[142]) Vgl. § 433 (b) Restatement/Torts (1934) mit § 433 (b) Supplement 1948.

[143]) Das Verdienst, auf diesem Gebiete Pionierarbeit geleistet zu haben, gebührt Malone, 9 Stan.L.Rev.60 (1956): von Green, 60 Mich.L.Rev. 543,544 (1962), ›barrier-Breaking article‹ genannt.

[145]) Morris, 101 U.Pa.L.Rev. 189,212 (1952); ders., 39 Col.L.Rev. 1087,1092 (1939).

einigten Staaten unter der Flagge ›causation in a cause-in-fact sense‹[146]). Gefragt wird, ob zwischen dem Aspekt der Schädigerhandlung, der die Fahrlässigkeits-Kennzeichnung trägt, und dem eingetretenen Schaden Kausalzusammenhang besteht[147]). Eine Fallgruppe sei hier als Beispiel genannt: Jemand fährt mit seinem Fahrzeug zu schnell und erfaßt einen Passanten[148]). In allen diesen Fällen besteht am Kausalzusammenhang zwischen dem Verhalten des Schädigers und dem Schaden kein Zweifel; ob die Negligence des Schädigers etwas mit dem Schaden zu tun hat, ist eine andere Frage[149]).

Trotz dieser auftauchenden Problematik kann vernünftigerweise nicht vorgeschlagen werden, das Erfordernis des tatsächlichen Kausalzusammenhangs aufzugeben oder es wieder in die Erörterung der juristischen Kausalität einzubeziehen. Grundsätzlich muß schon deswegen an dem But-for Test festgehalten werden, um die Gerichte nicht über Gebühr mit völlig aus der Luft gegriffenen Ansprüchen zu beschäftigen. Überdies ist jede Möglichkeit zu begrüßen, aus der Monstrosität ›Proximate Cause‹ einzelne Punkte herauszubrechen.

(b) Proximate Cause

§ 23. Bedeutung

Eine uferlose zivilrechtliche Haftung ist mit den Gerechtigkeitsvorstellungen unserer Zeit unvereinbar[150]). Eine Möglichkeit, die in vielen Fällen notwendige Begrenzung der Haftung für ein menschliches Verhalten zu erreichen, bietet das für diesen Zweck geschaffene Institut einer besonderen juristischen Kausalität[151]). Dafür werden aus der Vielzahl der Ursachen im tatsächlichen Sinne die juristisch erheblichen Ursachen ausgewählt[152]). Die Auswahl wird letztlich auf Grund von ›mixed considerations of logic, common sense, justice, policy, and precedent‹[153]) getroffen[154]). Die Frage, wann im Einzelfall das

[146]) Rob. Keeton, Legal Cause 13 (1963). Vgl. dazu das Befremden (›this thesis catches us unprepared‹) bei Honoré, 77 Harv.L.Rev. 595,596 (1964), obwohl dieser englische Autor dasselbe Vorgehen auch bei einem Landsmann hätte feststellen können: Williams, (1961) C.L.J. 62,70; ders., Joint Torts 373 (1951).

[147]) James & Perry, 60 Yale L.J. 761,789 (1951).

[148]) Berry v. Sugar Notch Borough, 191 Pa. 345, 43 A. 240 (1899); Oster v. Chicago & A. Ry., 256 S.W. 826, 828 (1923); Draxton v. Katzmarek, 203 Minn. 161, 280 N.W. 288,289 (1938); vgl. auch Koetting v. Conroy, 223 Wis. 550, 270 N.W. 625,628 (1936).

[149]) Richtig: Green, 61 Col.L.Rev. 1401,1417 (1961); ders., 60 Mich.L.Rev. 543,549 (1962), wo er sich selber der gelegentlichen sprachlichen Laxheit beschuldigt; Fleming, 31 Canad.B.Rev. 471,478 (1953); Hart & Honoré 113 (1959); Mansfield, 17 Vand.L.Rev. 487,519 (1964).

[150]) Green, Traffic Victims 59 (1958); Goodhart, 2 Tor. L.J. 1,5 (1937); Aquarius, 58 S.A.L.J. 232,237 (1941); Glos, 79 S.A.L.J. 56 (1962).

[151]) Burke, 15 Calif.L.Rev. 1,5 (1926); Cole, 52 Calif.L.Rev. 459,473 (1964).

[152]) Atlantic Coast Line Ry. v. Wildman, 29 Ga.App. 745, 116 S.E. 858,860 (1923); Schultz v. Brogan, 251 Wis. 390, 29 N.W.2d 719,721 (1947).

[153]) 1 Th. A. Street, Foundation 110 (1906).

Vorliegen einer Ursache im juristischen Sinn zu bejahen ist, ist anerkanntermaßen ›as delicate a question as exists in the law‹[155]).

In den Vereinigten Staaten versteht man unter juristischer Kausalität – wenn nicht unter dem gesamten Haftungsrecht – nichts anderes als die Lehre von der Proximate Cause. Die Gerichte sind mit dieser Theorie gewissermaßen verheiratet: ›The wife may be uncertain, unpredictable, and at times incomprehensible, but they are used to her‹[156]). Die Gewalt, die diese Lehre über viele amerikanische Juristen hat, erinnert an die Kraft von Zauberformeln; Kritiker gebrauchen dementsprechend in diesem Zusammenhang mit Vorliebe das Wort ›abracadabra‹[157]), und auch ein Vergleich mit ›Aladdin's lamp‹ wird nicht gescheut[158]).

Im täglichen Sprachgebrauch bedeutet ›proximate cause‹ ›nahe‹ oder ›nächste Ursache‹[159]); den Gegensatz dazu stellt der Ausdruck ›remote cause‹ dar, unter dem wörtlich ›entfernte Ursache‹ zu verstehen ist. Damit wird offensichtlich auf die Entfernung zwischen Ursache und Wirkung in örtlicher und zeitlicher Hinsicht abgestellt[160]). Es herrscht aber Übereinstimmung darüber, daß eine derartige mechanische Betrachtungsweise nicht Platz greifen darf[161]). »Proximate Cause means in law no more than a cause which is not so remote in efficiency as to be dismissed from consideration by the court«[162]). Die Wortinterpretation hilft also nicht weiter, wie überhaupt jeder Versuch einer Definition zum Scheitern verurteilt ist[163]).

In dieser Unbestimmbarkeit des Begriffs ›Proximate Cause‹ liegt zugleich seine Stärke. Die Gerichte erhalten freie Hand für die Entscheidungen, die sie treffen wollen[164]). So greifen sie zu dieser Allzweckregel, die im Grunde gar keine Regel ist, bei Fragen aus dem Strafrecht[165]) ebenso wie bei Problemen

---

154) Gregory, 6 U.Chi.L.Rev. 36,42 (1938). Gebilligt: Pease v. Sinclair Refining Co., 104 F.2d 183,185 (2d Cir. 1939).

155) Katzenbach, J., in Migliaccio v. Public Service Ry., 102 N.J.L. 442, 130 A. 9,10 (1925).

156) Foster-Grant-Green, 32 Neb.L.Rev. 72,102 (1952).

157) L.P. Wilson, 2 Okla.L.Rev. 275,278 (1949); Foster-Grant-Green, 32 Neb.L.Rev. 72,85 (1953); Seavey; Cogitations 36 (1954).

158) Green, 28 Texas L.Rev. 471,472 (1950).

159) Texas & Pac. Ry. v. Bigham, 90 Texas 223,225 (1896).

160) Seavey, Cogitations 29 (1954); auch der Umstand, daß die Urheberschaft an dem Begriff ›proximate‹ dem englischen Philosophen und Staatsmann Lord Francis Bacon (1561–1626) zugeschrieben wird, deutet auf eine mechanische Regel hin, wenn Lord Bacon überhaupt die Frage der Haftungsbegrenzung behandeln wollte. Zweifel bei Beale, 9 Harv.L.Rev. 80,81 (1895).

161) Reese, 7 Corn.L.Q. 95, 102 (1922); Hart & Honoré 82 (1959); Seavey, Cogitations 31 (1954).

162) 1 Th. Sedgwick, Damages § 111 b (9. A. 1912).

163) »... the word ›proximate‹ which has been defined nearly to death.« Note, 16 Minn. L. Rev. 829, 848 (1932); O'Neill v. City of Port Jervis, 253 N.Y. 423, 171 N.E. 694, 697 (1930).

164) Gregory, 6 U. Chi. L. Rev. 36, 37 (1938).

165) Vgl. Potter v. State, 162 Ind. 213, 70 N.E. 129, 130 (1904); Peaple v. Townsend, 214 Mich. 267, 183 N.W. 177, 179 (1921); State v. Whaley, 132 S.E. 6, 8 (1926).

des mitwirkenden Verschuldens[166]), um nur zwei Beispiele zu nennen. Überhaupt eignet sich diese Formel vorzüglich dazu, Verwirrung zu stiften[167]), wo dies einer zweckmäßigen Rechtsprechung dienlich ist, und die wahren Entscheidungsgründe hinter juristisch klingenden Formulierungen zu verbergen[168]).

Nach allem hilft die Proximate-Cause-Theorie bei der Bestimmung der juristisch erheblichen Ursachen nicht; mit dem Wort ›proximate‹ wird vielmehr nur das Ergebnis der angestellten Untersuchungen bezeichnet: Soll der Schädiger haften, so war seine Handlung Proximate Cause, andernfalls war sie Remote Cause[169]).

§ 24. Juristische Kausalität

Die Kritik an der Proximate-Cause-Theorie bedeutet nicht, daß der juristischen Kausalität als solcher das Wort geredet werden soll. Wenn man davon ausgeht, daß der Begriff der Proximate Cause für Haftungsbegrenzungsfragen unbrauchbar ist, so verbleiben im wesentlichen zwei große Theorien: die Direct Consequence Rule und der Foreseeability Test. Die Arbeitsweise dieser Theorien wird in einem späteren Teil der Arbeit anhand der reichhaltigen Judikatur dargestellt werden.

Der Mißbrauch, der mit der juristischen Kausalitätslehre – namentlich in der Form der Proximate-Cause-Theorie – getrieben worden ist, hat dazu geführt, daß sich die amerikanischen Juristen wieder auf die anderen Tatbestandsmerkmale des Negligence-Tatbestandes besannen: Für eine vollständige Elimination des Instituts der juristischen Kausalität setzt sich Green ein[170]). Er will das Schwergewicht der Entscheidung auf das Sorgfaltspflichtmerkmal legen und im übrigen mit der tatsächlichen Kausalität arbeiten. Die Mehrzahl der Autoren vertritt demgegenüber eine beweglichere Haltung: Die Lösungsmöglichkeiten, die sich über die juristische Kausalität ergeben[171]), sollen beibehalten werden; zur Verfügung soll aber auch der Duty-Approach stehen[172]).

---

166) Green, 39 Yale L.J. 532, 536 (1930).
167) Green, 28 Texas L. Rev. 471, 473 (1950).
168) Probert, 49 Iowa L. Rev. 277, 318 (1964).
169) Seavey, Cogitations 34 (1954); 1 Th. A. Street, Foundation 110 (1906).
170) Green, 1 Texas L. Rev. 243, 251 (1923); ders., Rationale 39 (1927). Von diesen ersten Schriften an hat G. diese Ansicht bis heute vertreten.
171) S. u. 2. Teil.
172) S. u. 3. Teil.

(4) Statutory Negligence

§ 25. *Allgemeines*

Negligence-Recht ist fast reines Richterrecht in dem Sinn[173]), daß es kaum Gesetzesvorschriften gibt, in denen die Frage der zivilrechtlichen Haftung unter Bezugnahme auf das Negligence-Erfordernis ausdrücklich geregelt ist; gesetzliche Gefährdungshaftungstatbestände gibt es schon eher.

Von besonderer Problematik ist die Frage, inwieweit strafrechtliche Gesetzesvorschriften die zivilrechtliche Haftung beeinflussen, wenn sie hierüber keine ausdrückliche Regelung enthalten, wie es in aller Regel der Fall ist[174]). Zu denken ist in erster Linie an die zahllosen Ansprüche aus Verkehrsunfällen, bei denen durchweg Verkehrsvorschriften verletzt sind[175]). Da es im Law of Torts eine Umsetzungsnorm wie § 823 Abs. 2 BGB nicht gibt, ist es verständlich, daß versucht wurde, der Strafgesetzverletzung auf dem Umweg über die Negligence-Lehre zu zivilrechtlicher Wirkung zu verhelfen.

Im Hinblick auf die Bedeutung, die die Verletzung einer Strafvorschrift auf die zivilrechtliche Haftung haben kann, bieten sich drei Möglichkeiten an[176]): Es ist zumindest vertretbar, daß die Strafbarkeit eines Verhaltens ohne jeden Einfluß auf die Zivilhaftung sein soll. Bei zahlreichen Strafvorschriften, die ausschließlich den Schutz der Öffentlichkeit bezwecken[177]), ist diese Ansicht zutreffend[178]). Ob sie dagegen Allgemeingültigkeit hat, hängt von der Überzeugungskraft der beiden anderen Alternativen ab. Diese werden unter den Stichworten ›negligence per se‹ und ›evidence of negligence‹ behandelt.

§ 26. *Negligence per se*

Die Theorie, daß eine Strafgesetzverletzung ohne weiteres zur Haftung wegen Negligence führt, geht auf einen berühmten Aufsatz von Thayer zurück[179]). In der Praxis ist diese Theorie auf begeisterte Zustimmung gestoßen[180]). Thayer argumentiert so [181]): Da das Strafgesetz nichts zur Frage der zivilrechtlichen Haftung sagt, muß diese auf den Grundsätzen der Negligence-

---

173) Cole, 52 Calif. L. Rev. 459, 473 (1964).
174) Vgl. Peck, 48 Minn. L. Rev. 265, 270 (1963).
175) Green, Traffic Victims 69 (1958).
176) Alexander, 42 Canad. B. Rev. 243, 245 (1964).
177) Hierzu: Hanley v. Fireproof Buildings Co., 107 Neb. 544, 186 N.W. 534,535 (1922).
178) Als Beispiel seien die Sonntagsruhe-Gesetze genannt; vgl. Prosser, Torts 203 (3. A. 1964). Aber auch in einem solchen Fall ist die Haftung schon bejaht worden: White v. Levarn, 93 Vt. 218, 108 A. 564 (1918).
179) Thayer, 27 Harv. L. Rev. 317 (1913).
180) San Antonio & A.P. Ry. v. Behne, 231 S.W. 354, 355 (1921); Franklin v. Houston Electric Co., 286 S.W. 578, 580 (1926); Smith v. Taylor-Button Co., 179 Wis. 232, 190 N.W. 999, 1000 (1922); Hayes Freight Lines v. Wilson, 226 Ind. 1, 77 N.E. 2d 580, 582 (1948).
181) aaO (Anm. 179) S. 322.

Haftung beruhen. Im Negligence-Recht wird ein Verhalten am Maßstab des vernünftigen Menschen gemessen; die Entscheidung hierüber trifft grundsätzlich die Jury[182]). Der gesetzestreue Bürger, der in der Jury sitzt, soll sich aber niemals klüger dünken als der Gesetzgeber, der es für nötig gehalten hat, das betreffende Verhalten sogar unter Strafe zu stellen. Aus diesem Grunde verlangt Thayer, daß der Richter das Vorliegen von Negligence als Rechtsfrage bejaht und den Fall nicht erst zur Jury gehen läßt. »Criminal statutes affect civil liability through tort judges' respect for legislative judgment, rather than through tort judges' obedience to legislative command«[183]).

Gegen diese Theorie ist namentlich das Argument ins Feld geführt worden, Strafrecht und Zivilrecht seien zu verschieden, als daß sich daraus gemeinsame Prinzipien herleiten ließen[184]); in der Tat sind viele Handlungen zwar mit strafrechtlichen Sanktionen bedroht, werden aber nicht zu einer Schadensersatzverpflichtung führen. Weiter wird geltend gemacht, daß die konsequente Durchführung dieser Theorie zu einer Haftung ohne Verschulden führt[185]). Wenn dementsprechend versucht wird, das Verschuldenserfordernis auch im Rahmen dieser Theorie zu berücksichtigen[186]), so könnte man der Ansicht sein, daß damit die Lehre überhaupt aufgelöst wird. Andererseits ließe sich sagen, daß die Strafgesetzverletzung dann eben Negligence per se nur im Hinblick auf den objektiven Negligence-Tatbestand sei, wiewohl zu fragen bleibt, ob hierfür in Anbetracht der breiten Negligence-Haftung ein Bedürfnis besteht. Offensichtlich macht sich hier die fehlende Unterscheidung zwischen Rechtswidrigkeit und Verschulden bemerkbar.

Schließlich wird beklagt, daß mit Hilfe dieser Theorie die Tatfrage des Sorgfaltsmaßstabes von der Entscheidung durch die Jury ferngehalten werde[187]). Dieses Argument mag in der Mehrzahl der Fälle zutreffen; in den Fällen aber – und hier steckt der richtige Gedanke dieser Lehre –, in denen der Richter in Form einer Rechtsfrage dahin entscheiden kann, daß ein Fehlverhalten vorliegt, hätte die Jury ohnehin kein Entscheidungsrecht[188]). Für die anderen Fälle, in denen dieser Weg nicht zur Verfügung steht, gibt die vorliegende Theorie dem Richter jedenfalls die Möglichkeit, eine Kontrolle über die Jury auszuüben; in diesem beschränkten Rahmen mag ihr auch in Zukunft gefolgt werden[189]).

---

[182]) Hierzu im einzelnen unten § 30.
[183]) Morris, 101 U. Pa. L. Rev. 189, 201 (1952).
[184]) 2 Harper & James 997 (1956).
[185]) Cowan, 23 Minn. L. Rev. 46, 61 (1938); 2 Harper & James 1013 (1956).
[186]) Burlie v. Stephens, 113 Wash. 182, 193 P. 684, 686 (1920); Radwick v. Goldstein, 90 Conn. 701, 98 A. 583, 586 (1916); Karlow v. Fitzgerald, 288 F. 2d 411, 416 (D.C. Cir. 1961).
[187]) Vgl. Morris, 46 Harv. L. Rev. 453, 456 (1933).
[188]) Green, 28 Texas L. Rev. 755, 765 (1950). So wohl auch Martin v. Herzog, 228 N.Y. 164, 126 N.E. 814, 815 (1920).
[189]) Alexander, 42 Canad. B. Rev. 243, 275 (1964).

§ 27. Schutzzwecktheorie

Zur Begrenzung der Haftung nach der Theorie ›negligence per se‹ dient die Schutzzwecktheorie (statutory purpose doctrine)[190]. Hiernach stellt eine Strafgesetzverletzung nur dann Negligence dar, wenn der Kläger einer durch die Strafnorm geschützten Personengruppe angehört und sich in dem eingetretenen Schaden gerade die Gefahr verwirklicht hat, der die Norm vorbeugen wollte[191]. Zu der ersten Bedingung kann hier auf Ausführungen verzichtet werden. Von ausschlaggebender Bedeutung ist die zweite Bedingung der Gefahrenart. Leading Case ist eine englische Entscheidung aus dem Jahre 1874[192]: Der Beklagte hatte auf seinem Schiff Schafe des Klägers von Hamburgh nach Newcastle zu befördern gehabt, hatte aber nicht für die nach dem Contagious Disease Act notwendigen Gitter gesorgt; die Schafe waren bei schwerer See über Bord gegangen und ertrunken. Das Gericht hat die Klage mit der Begründung abgewiesen, das Gesetz habe das Erfordernis, Gitter aufzustellen, zur Vermeidung von Seuchen statuiert; der Schaden sei also nicht vom Schutzzweck der Norm gedeckt[193].

Wesentlicher Gesichtspunkt bei der Würdigung dieser Theorie ist, daß die Bestimmung des Schutzumfangs Sache des Richters ist, der diese Frage ohne jede Mitwirkung der Jury entscheidet. Wenn man die Schutzzwecktheorie auf die Fälle der gewöhnlichen Negligence-Haftung mit Hilfe des Duty-Merkmals ausdehnt, so wird auf diese Weise die Entscheidungsbefugnis von der Jury zum Richter verlagert[194].

Für die Bestimmung des Schutzzwecks im Einzelfall wird einmal mehr Zuflucht zur Vorhersehbarkeitstheorie genommen: Schadensersatz wird nur zugebilligt, wenn der Gesetzgeber bei Erlaß des Gesetzes einen Schaden von der eingetretenen Art im Auge hatte oder vernünftigerweise hätte haben müssen[195]. Es ist unschwer zu erkennen, daß hier trotz Benutzung des Ausdrucks ›foreseeability‹ mehr eine Art Adäquanz gemeint ist.

In der Praxis der Gerichte sieht die Schutzzwecktheorie mit wenigen Ausnahmen[196] sehr viel prosaischer aus. Es wird meistens geprüft, ob zwischen Negligence und Schaden ein Kausalzusammenhang bestehe[197], wobei nicht selten an diesen Kausalzusammenhang besondere Anforderungen gestellt

---

190) 2 Harper & James 1003 (1956).

191) Prosser, Torts 202 (3. A. 1964).

192) Gorris v. Scott, (1874) L.R. 9 Ex. 125, 43 L.J. Ex. 92, 94.

193) »... the right of action is confined to cases where the special damage arises from the very mischief at which the statute was aimed.« aaO S. 94.

194) Vgl. schon Ladd, J., in Gilman v. Noyes, 57 N.H. 627, 634 (1876).

195) Morris, 101 U. Pa. L. Rev. 189, 202 (1952); ders., Torts 183 (1953); 1 Th. A. Street, Foundation 173 (1906); Hershey, 2 Corn. L.Q. 250, 252 (1917); Babington v. Yellow Taxi Corp., 250 N.Y. 14, 164 N.E. 726, 727 (1928).

196) Vgl. etwa Mansfield v. Wagner Electric Mfg. Co., 294 Mo. 235, 242 S.W. 400, 403 (1922).

197) Smith v. Taylor-Button Co., 179 Wis. 232, 190 N.W. 999, 1000 (1922); Hadley v. Arms & Scott, 241 P. 26, 30 (1925); Franklin v. Houston Electric Co., 286 S.W. 578, 580 (1926); Boronkay v. Robinson & Carpenter, 247 N.Y. 365, 160 N.E. 400 (1928); Salvitti v. Throppe, 343 Pa. 642, 23 A. 2d 445, 446 (1942).

werden[198]). Wenn hier auch wiederholt werden muß[199]), daß Kausalitätsbetrachtungen in diesem Zusammenhang fehl am Platze sind, so wird doch nicht verkannt, daß in einem besonderen Fall einmal die Handlung, die als fahrlässig bezeichnet wird, für den Schaden nicht kausal war[200]).

§ 28. Evidence of Negligence

Gegen das Ergebnis der Regel ›negligence per se‹, die Jury von der Entscheidung über den Pflichtmaßstab auszuschließen[201]), wandte sich Lowndes mit einer Gegentheorie, nach der die Verletzung eines Strafgesetzes nur ›evidence of negligence‹ ist[202]).

Hierbei handelt es sich nicht um eine Verschuldensvermutung. Vielmehr ist ›evidence of negligence‹ ein rechtstechnischer Begriff, der aus dem Bereich der Arbeitsteilung zwischen Richter und Geschworenen stammt. Damit ein Richter eine Frage zur Entscheidung an die Jury überweisen kann, muß wenigstens ein Anhaltspunkt dafür vorliegen, daß die Frage bejaht werden kann. Liegt ein solcher Anhaltspunkt vor, spricht man – in diesem Falle – von ›evidence of negligence‹. Wenn die Strafgesetzverletzung also evidence of negligence darstellt, so ist damit praktisch die Tür zur Entscheidung durch die Jury aufgestoßen.

Auch nach dieser Theorie hilft die Tatsache der Strafgesetzverletzung somit dem Schadensersatzkläger bei der Verfolgung seines Anspruchs; denn wenn der Fall erst einmal bei der klägerfreundlichen Jury ist, hat er begründete Hoffnung auf einen ihm günstigen Ausgang. Allerdings steht es der Jury völlig frei, das Verhalten des Schädigers ohne Rücksicht darauf zu würdigen, daß er sich strafbar gemacht hat.

In der zu großen Vormachtstellung, die der Jury auf diese Weise eingeräumt wird, liegt zugleich die Schwäche dieser Theorie[203]); der Richter kann nur in Ausnahmefällen die Sache an sich ziehen. Trotzdem hat diese Theorie in Lehre[204]) und Rechtsprechung[205]) freundliche Aufnahme gefunden. Insbesondere ist darauf hingewiesen worden, daß die Argumentation zugunsten Negligence per se eigentlich viel zwingender zur Lehre von der Evidence of Negligence führe[206]).

---

[198]) Lawrence v. Southern Pacific Co., 189 Cal. 434, 208 P. 966, 969 (1922) (»directly«); Hayes Freight Lines v. Wilson, 226 Ind. 1, 77 N.E. 2d 580, 582, 585 (1948) (»proximate«).

[199]) Vgl. oben § 22.

[200]) Lineberry v. North Carolina Ry., 187 N.C. 786, 123 S.E. 1 (1924) (Kläger wird von Freund vor zu schnell fahrenden Zug gestoßen).

[201]) Vgl. oben § 26.

[202]) Lowndes, 16 Minn. L. Rev. 361, 367 (1932).

[203]) Morris, 46 Harv. L. Rev. 453, 461 (1933).

[204]) Peck, 48 Minn. L. Rev. 265, 270 (1963); 2 Harper & James 997 (1956).

[205]) Stone v. Boston & A.R.R., 171 Mass. 536, 51 N.E. 1, 4 (1898); Falk v. Finkelman, 268 Mass. 524, 168 N.E. 89, 90 (1929); Kralik v. Le Clair, 315 Mass. 323, 52 N.E. 2d 562, 564 (1943); vgl. auch Karlow v. Fitzgerald, 288 F. 2d 411, 416 (D.C. Cir. 1961); dazu: Bloustein, 1961 Annual Survey 447, 456 (1962).

[206]) Prosser, Torts 192 (3. A. 1964).

Nach allem kann zwar gesagt werden, daß das Vorliegen einer Strafgesetzverletzung in irgendeiner Weise von Einfluß auf die Frage der zivilrechtlichen Haftung ist; weder die eine noch die andere Lehre kann aber mit dem Prädikat ausgezeichnet werden, die herrschende Meinung darzustellen. Für das gute Zusammenspiel von Richtern und Geschworenen erscheint es angebracht, daß beide Theorien wahlweise zur Verfügung stehen.

III. Prozessuales

§ 29. Vorbemerkung

Mit den bisherigen Ausführungen ist der Versuch unternommen worden, die Grundlagen des amerikanischen Schadensersatzrechts darzustellen. Dabei ist der Übersichtlichkeit das Opfer gebracht worden, auf die gebührende Berücksichtigung prozessualer Besonderheiten zu verzichten, wenn es irgend möglich erschien. An dieser Stelle nun soll das Bild zurechtgerückt werden.

Obwohl die Vorlesung über Torts in den amerikanischen Law Schools zu den materiell-rechtlichen Kursen gerechnet wird, ist es für den Dozenten unerläßlich, die prozeßrechtlichen Gegebenheiten in erheblichem Umfang zu berücksichtigen[207]). Es wird sogar von sehr prominenter Seite die Ansicht vertreten, daß Torts-Recht und Prozeßrecht untrennbar miteinander verbunden seien[208]). Für das Verständnis des Torts-Rechts wirkt dieser Umstand sicherlich erschwerend; dies gilt insbesondere, wenn man sich den folgenden Ausspruch vor Augen hält: »The Anglo-American judicial process is one of the remarkable institutions of modern political society. I know of no other political institution so intricate, so well-knit, so comprehensive in its reach, so indestructable and so difficult of description«[209]).

Das amerikanische Haftungsrecht hat seine besondere Prägung in einem für den kontinental-europäischen Juristen unvorstellbaren Maße namentlich von zwei prozeßrechtlichen Instituten erfahren: »Trial by jury is the distinctive contribution of the common law to the administration of law«[210]). Die Mitwirkung von Geschworenen bei der Entscheidung von Zivilrechtsfällen kann in ihrer Bedeutung für das materielle Recht nicht überbetont werden[211]). Darüber hinaus sind Beweisregeln von der Art ›res ipsa loqitur‹ als entscheidend zu nennen.

---

[207]) Morris, 39 Col. L. Rev. 1087, 1088 (1939).
[208]) Green, Vorwort X (1959).
[209]) Green, 34 Texas L. Rev. 1,8 (1955).
[210]) Green, Judge and Jury 350 (1930).
[211]) Fl. James, 58 Yale L.J. 667 (1949); Malone, 4 La. L. Rev. 70, 84 (1941); ders., 25 So. Cal. L. Rev. 14, 20 (1951).

(1) Jury-System

§ 30. Allgemeines

Die Jury, das ›unendlich volkstümliche Palladium der Freiheit‹[212]), ist ein aus 12 Laienrichtern bestehendes Geschworenenkollegium, das neben Berufsrichtern bei gerichtlichen Entscheidungen mitwirkt[213]).

Eine Garantie der Jury in Zivilsachen findet sich in der Verfassung der Vereinigten Staaten für Verfahren vor den Bundesgerichten[214]). Eine entsprechende Vorschrift enthalten die Verfassungen fast aller amerikanischen Bundesstaaten[215]); lediglich in Colorado und Louisiana ist das nicht der Fall[216]). In Louisiana ist die Einrichtung der Jury in Zivilsachen überhaupt abgeschafft. Seit 1933 gibt es auch in England – mit ganz wenigen Ausnahmen, die aber nicht das Haftungsrecht betreffen[217]) – keine Zivilgeschworenen mehr[218]).

Die Beibehaltung der Jury in Zivilsachen im bei weitem größten Teil der Vereinigten Staaten wird damit gerechtfertigt, daß diese Einrichtung ›as a bulwark against oppression by bureaucracy and officialdom‹[219]) diene. Darüber hinaus wird der Jury in Zivilsachen eine Art ›shock absorber function‹[220]) zugeschrieben. In der Tat trägt sie dazu bei, daß die Justiz von dem Unwillen der Öffentlichkeit weitgehend freigehalten wird[221]).

Es ist hier nicht der Ort, die Argumente für und wider die Beibehaltung der Jury in Zivilsachen gegeneinander abzuwägen. Wenn sich schon im Jahre 1881 ein so großer Jurist wie Justice Holmes gegen die Zivil-Jury ausgesprochen hat[222]), ohne sich in der Folgezeit durchsetzen zu können, darf davon ausgegangen werden, daß einschneidende Veränderungen nicht zu erwarten sind; Reformen geringeren Umfangs sind dagegen möglich[223]).

§ 31. Aufgaben des Richters

Abgesehen von der Frage der Zulässigkeit von angebotenen Beweismitteln[224]) obliegt dem Richter in erster Linie eine Art Schlüssigkeitsprüfung (suffi-

---

[212]) Dibelius, England I 369, zit. bei Darmstädter, SJZ 1950, 786, 787.
[213]) Der geschichtliche Ursprung der Jury ist in der Zeit Wilhelms des Eroberers zu suchen (1066–1087).
[214]) Amendment 7. In Strafsachen: Art. III Abs. 2, S. 3.
[215]) z. B. California: Art. I § 7.
[216]) Für Louisiana vgl. aber Art. 1731 Code of Civil Procedure (1960).
[217]) Administration of Justice (Miscellaneous Provisions) Act, 1933.
[218]) Vgl. Heuston, 6 J. Soc. P.T.L. 26, 29 (1961).
[219]) Summers, 39 Tul. L. Rev. 3,7 (1964).
[220]) Green, 34 Texas L. Rev. 1,13 (1955).
[221]) Bohlen, 80 U. Pa. L. Rev. 791, 795 (1932).
[222]) Holmes, Common Law 99 (1963).
[223]) Summers, 39 Tul. L. Rev. 3, 14 (1964).
[224]) »admissibility of evidence«; vgl. Bohlen, 83 U. Pa. L. Rev. 305 (1935); Green, Rationale 66 (1927).

ciency of evidence)[225]. Wenn sich dabei ein Ergebnis als zwingend herausstellt, entscheidet der Richter ohne Mitwirkung der Jury, vorausgesetzt, daß die Partei, zu deren Gunsten die Entscheidung ergeht, dies beantragt hat[226]. Ein solches ›directed verdict‹ ergeht also – bei Vorliegen des entsprechenden Antrages – zugunsten des Beklagten, wenn die Klage nach Auffassung des Richters unschlüssig ist und sich aus den Tatsachen nicht ›more than one reasonable inference‹[227] ziehen läßt[228]. Umgekehrt kann auch der Kläger einen Antrag auf ein directed verdict zu seinen Gunsten stellen; wieder hat sich der Richter zu fragen, ob der Fall so klar zugunsten des Klägers spricht, daß jedes andere Ergebnis abwegig erscheint. In der Praxis kommt diese Variante allerdings kaum vor, weil sich die Kläger-Vertreter in aller Regel damit zufrieden geben, wenn der Fall der Jury zur Entscheidung überwiesen wird[229].

Wenn demnach der Antrag des Beklagten auf Abweisung der Klage durch directed verdict abgelehnt wird, weil ›more than one reasonable inference‹ möglich erscheint, weil etwa ›evidence of negligence‹ gegeben ist[230], überträgt der Richter den Fall der Jury zur Entscheidung[231]. Dabei hat er eine Rechtsbelehrung zu geben, die auch dem ›greengrocer on the jury‹ verständlich ist[232].

Bezüglich der ›jury instructions‹ ist dem Richter ein beträchtlicher Spielraum gegeben. Nicht selten beschränkt er sich auf die Erklärung, der Beklagte hafte dann, wenn die Jury das Vorliegen von Kausalität im juristischen Sinne bejahe[233]. In vielen Bundesstaaten sind die Richter von Gesetzes wegen darin beschränkt, der Jury Instruktionen zu geben, die zu sehr ins Detail gehen[234]; offensichtlich wird befürchtet, das verfassungsmäßig garantierte Recht auf Jury-Entscheidung werde beeinträchtigt[235]. Wohl aus demselben Grunde kommt es fast nie vor, daß ein Richter von der ihm zustehenden Macht Gebrauch macht und einen Jury-Spruch aufhebt[236].

---

225) »It is trite knowledge that an enormous proportion of the cases on negligence is solely concerned with the question of sufficiency of evidence to permit the case to go to the jury.« Winfield, 34 Col. L. Rev. 41, 63 (1934).

226) 1 Beven 12 (4. A. 1928).

227) Green, 61 Col. L. Rev. 1401 (1961).

228) L. P. Wilson, 2 Okla. L. Rev. 275, 290 (1949) (»at a state of forensic futility«)

229) Morris, 101 U. Pa. L. Rev. 189, 219 (1952).

230) Vgl. oben § 28.

231) Green, Rationale 67 (1927).

232) O'Connor, 38 L.Q.R. 17, 20 (1922).

233) Seavey, 52 Harv. L. Rev. 372, 383 (1939).

234) Green, 64 W. Va. L. Rev. 115, 134 (1961).

235) Trotzdem ist anerkannt, daß die Jury-Verhandlung gewahrt ist, wenn die Jury zwar über den Grund, aber nicht über den Betrag einer Schadensersatzforderung entschieden hat: Hosie v. Chicago & N.W. Ry., 282 F. 2d 639, 643 (7th Cir. 1960).

236) McNiece & Thornton, 26 St. John's L. Rev. 255, 269 (1952).

Der Richter kann in seiner Rechtsbelehrung auf alle Merkmale des Negligence-Tatbestandes eingehen, wenn die Entscheidungsfreiheit der Jury gewahrt bleibt. Da er aber weiß, daß sich die Jury in aller Regel doch nicht nach diesen Instruktionen richtet und er das auch nicht erzwingen kann[237]), begnügt er sich meistens mit Hinweisen auf das eine oder das andere Merkmal. In jedem Falle ergeht von seiten der Jury ein ›general verdict‹, das über Haftung oder Nicht-Haftung entscheidet und keine Gründe angibt[238]). Zwar besteht in den meisten amerikanischen Bundesstaaten auch die Möglichkeit, den Laienrichtern Einzelfragen zu unterbreiten, die sie jeweils in einem ›special verdict‹ zu beantworten haben; die Erfordernisse, die an ein special verdict der Jury bezüglich Vollständigkeit und Genauigkeit gestellt werden, sind aber so groß, daß ein solches Verfahren als Überforderung der Jury betrachtet wird[239]).

Was die einzelnen Tatbestandsmerkmale angeht, die der Jury zur Entscheidung unterbreitet werden, so ist von besonderem Gewicht die Frage der Sorgfaltspflichtverletzung[240]): Die Jury stellt das Verhalten des Beklagten in tatsächlicher Hinsicht fest und entscheidet darüber, ob es dem des reasonable man entspricht[241]). Es wird immer wieder gesagt, diese Entscheidung ›could hardly be in better hands than of those whose conduct sets those standards‹[242]); wenn man aber bedenkt, daß reasonable man weder der Durchschnittsmensch sein soll, noch sich das einzelne Jury-Mitglied mit ihm gleichsetzen darf[243]), so erscheint es äußerst fragwürdig, ob es angebracht ist, der Jury eine so überaus komplexe Frage zur Entscheidung zu geben[244]). Ähnliche Bedenken sind zu äußern, wenn der gesamte Fall von der Jury unter dem Stichwort ›Proximate Cause‹ entschieden werden soll. Diese Fragen haben mit den unkomplizierten Aufgabenstellungen des früheren Rechts nichts mehr zu tun[245]). Dagegen erscheinen die Fragen des tatsächlichen Kausalzusammenhangs und die Bestimmung der Höhe des Schadensersatzanspruchs[246]) besonders für die Jury geeignet.

---

[237]) Fl. James, 58 Yale L.J. 667, 681 (1949); Rob. Keeton, 75 Harv.L.Rev. 463, 504 (1962).

[238]) Zur Aufhellung dienen ›special interrogatories‹: Green, Judge and Jury 355 (1930).

[239]) Green, aaO (vor. Anm.) S. 353.

[240]) Vgl. oben § 14.

[241]) 2 Harper & James 1058 (1956); Northern Central Ry. v. State Use of Price, 28 Md. 420, 96 Am. Dec. 545, 549 (1868); Greiving v. La Plante, 156 Kan. 196, 131 P. 2d 898, 900 (1942); Ebers v. General Chemical Co., 310 Mich. 261, 17 N.W. 2d 176, 183 (1945); Texas Co. v. Pecora, 208 Md. 281, 118 A. 2d 377, 383 (1955).

[242]) Summers, 39 Tul. L. Rev. 3, 10 (1964).

[243]) Bohlen, 83 U. Pa. L. Rev. 305, 306 (1935).

[244]) Die Praxis vereinfacht stark. Vgl. den 2. Teil.

[245]) Green, Traffic Victims 16 (1958).

[246]) Green, 60 Mich. L. Rev. 543, 575 (1962) (»strongest bastion of jury trial«).

§ 33. Präzedenzwirkung

Nach der herkömmlichen Definition stellen die Geschworenen Tatsachen fest, während der Richter über Rechtsfragen entscheidet[247]). Selbst wenn man annimmt, daß sich diese Klassifizierung leicht durchführen läßt, ist diese Sprechweise als grob irreführend zu bezeichnen[248]) – genau umgekehrt müßte nämlich gesagt werden, daß Tatfrage ist, was von der Jury entschieden wird.

Entscheidend ist der Umstand, daß Entscheidungen über Tatfragen niemals eine Bindungswirkung für spätere Verfahren entfalten können[249]). Die Jury ist traditionell ›fact-finding body‹[250]). Es liegt also nahe, der Jury solche Fragen zu überschreiben, die sich in der Regelung des Einzelfalls erschöpfen und für die Zukunft ohne Bedeutung bleiben sollen. Mit anderen Worten werden Rechtsfragen dann zu Tatfragen degradiert, wenn sie wegen ihrer Einmaligkeit oder – möglicherweise auch – Schwierigkeit möglichst unauffällig geregelt und recht schnell aus der Welt geschafft werden sollen[251]).

Ein Einwand sei schon im Vorwege entkräftet: Es ist richtig, daß zwar die Gerichte in England von einem strengen Bindungsprinzip beherrscht werden[252]), daß aber in den Vereinigten Staaten allenfalls die Instanzgerichte als an Vorentscheidungen gebunden betrachtet werden können[253]). Dies ändert nichts an dem Bestreben auch eines amerikanischen Obergerichts, eine konsequente Rechtsprechung zu entwickeln[254]).

Die hier vertretene These läßt sich insbesondere unter Hinweis auf das Tatbestandsmerkmal der Sorgfaltspflichtverletzung stützen. Daß es sich bei der Bestimmung der Frage der Reasonableness um die Feststellung einer Tatsache handelt, kann schlechterdings nicht behauptet werden[255]). Diese Frage ist im amerikanischen Recht deshalb so kompliziert, weil im Wege der Interessenabwägung[256]) zugleich über Rechtswidrigkeit und Rechtfertigungsgrund (z.B. utility) entschieden wird. Würde ein Zwei-Stufen-Verfahren angewandt, so hätte ohne Frage über das Vorliegen eines Rechtfertigungsgrundes (privilege) der Richter zu befinden[257]). Durch die übliche Praxis der Zusammenfassung beider Fragen in dem Begriff der Reasonableness, der von der Jury zu entscheiden ist, wird der Unterscheidung Tat- und Rechtsfrage der Boden entzogen.

---

[247]) Vgl. etwa Phipson § 28 (10. A. 1963).
[248]) So wohl auch Alexander, 42 Canad. B. Rev. 243 (1964).
[249]) Green, 61 Col. L. Rev. 1401, 1408 (1961).
[250]) Gregory, 6 U. Chi. L. Rev. 36, 40 (1938).
[251]) Nicht verkannt wird, daß auch Jury-Sprüche gewisse Wirkungen für die Zukunft entfalten können; vgl. Time Magazine v. 10. 9. 1965, S. 54.
[252]) Karlen, 72 Yale L. J. 266 (1962).
[253]) Goodhart, Essays 51, 59 (1931).
[254]) Als Beispiel sind zwei Richter-Portraits zu nennen: Seavey, Mr. Justice Cardozo and the Law of Torts, 52 Harv. L. Rev. 372 (1939); Kalven, Roger J. Traynor: Torts: The Quest for Appropriate Standards, 53 Calif. L. Rev. 189 (1965).
[255]) Bohlen, 83 U. Pa. L. Rev. 305, 306 (1935).
[256]) Vgl. oben § 14.
[257]) Rob. Keeton, 75 Harv. L. Rev. 463, 502 (1962).

Die Frage des Kausalzusammenhangs zwischen schädigender Handlung und Schaden ist grundsätzlich als Tatfrage anzusehen. Da man bei Schaffung des besonderen Begriffs der juristischen Kausalität von dem Wunsch geleitet war, diese mechanische Erfaßbarkeit für die Haftungsbegrenzung nutzbar zu machen, ist es nicht erstaunlich, daß Proximate Cause von jeher als eine von der Jury zu entscheidende Tatfrage aufgefaßt worden ist[258]). Erkannt wurde freilich sehr bald, daß es sich auch hier im Grunde um Wertungsfragen handelt[259]). Folge war bei vielen die Überzeugung, daß dieser Punkt als Rechtsfrage vom Richter zu entscheiden sei[260]). Diese Auffassung ist unrealistisch. Wenn überhaupt eine Möglichkeit beibehalten werden soll, die Präzedenzwirkung einer Entscheidung auszuschließen, dann bietet sich dafür in erster Linie der Weg über die Lehre von der Proximate Cause an[261]).

Im Gegensatz zur Proximate Cause eignet sich das Merkmal der Sorgfaltspflicht nicht für die Jury[262]). Die Bestimmung des Schutzumfangs der Norm oder der Duty wird zweckmäßiger vom Richter getroffen[263]). Das bedeutet aber nicht, daß das Duty-Merkmal generell an die Stelle der Proximate Cause treten soll; der Richter entscheidet über die Duty vielmehr nur, wenn die betreffenden Voraussetzungen vorliegen und die Entscheidung für die Zukunft gewisse Wirkungen äußern soll[264]).

Abschließend wird betont, daß dort, wo die Jury in Zivilsachen abgeschafft ist, die Sachlage nicht anders ist[265]); dort entscheidet der Richter auch über die Fragen, deren Entscheidung sonst der Jury zustünde. Auch die Entscheidung des Richters ist insofern nicht mit Bindungswirkung ausgestattet. »To date, it has been the theory of the common law that fact finding is not a basis for precedent«[266]).

---

258) Klassische Entscheidung: Milwaukee & Saint Paul Ry. v. Kellogg, 94 U.S. 469, 474 (1876); vgl. auch Merlo v. Public Service Co., 381 Ill. 300, 318, 45 N.E. 2d 665 (1942).

259) Gregory, 6 U. Chi. L. Rev. 36, 40 (1938), stellt dementsprechend die hier zu treffende Entscheidung dem Jury-Spruch bei einem Schönheitswettbewerb gleich.

260) McLaughlin, 39 Harv. L. Rev. 149, 155 (1925); Gilman v. Noyes, 57 N.H. 627, 635 (1876); Behling v. South West Penns. Pipe Lines, 160 Pa. 359, 28 A. 777, 778 (1894).

261) Vgl. Lord Wright in Monarch Steamship Co., Ltd. v. Karlshamns Oljefabriker, (1949) A.C. 196, (1949) 1 All. E.R. 1, 13.

262) Green, 28 Col. L. Rev. 1014, 1030 (1928).

263) Vgl. im einzelnen den 3. Teil der Arbeit.

264) So wohl 2 Harper & James 1060 (1956).

265) Gregory, 6 U. Chi. L. Rev. 36, 40 (1938).

266) Green, 61 Col. L. Rev. 1401, 1415 (1961).

(2) Res ipsa loquitur

§ 34. Voraussetzungen

Die Anscheinsbeweisregel ›res ipsa loquitur‹ (die Sache spricht für sich) erfreut sich in der Praxis der amerikanischen Gerichte großer Verbreitung; eine beträchtliche Zahl aller Negligence-Fälle wird mit ihrer Hilfe entschieden[267]).

Diese Regel wird angewandt, wenn im Lichte der Erfahrung gesagt werden kann, daß der eingetretene Schaden »probably was the result of negligence by someone and that the defendant is probably the person who is responsible«[268]). Es muß wahrscheinlicher sein, daß auf seiten des Beklagten Negligence vorliegt, als daß das nicht der Fall ist[269]). Weiter wird verlangt, daß nicht außer dem Beklagten noch eine andere Person mit dem Schaden etwas zu tun hat[270]). Schließlich muß die Beweisführung dem Beklagten leichter möglich sein als dem Kläger[271]).

Als Beispielsfall sei die Entscheidung genannt, durch die – nach Prosser –[272]) der Ausdruck ›res ipsa loquitur‹ in die anglo-amerikanische Rechtssprache eingeführt worden ist[273]): Der Kläger war auf öffentlicher Straße an dem Lagerhaus der Beklagten entlanggegangen, als aus einem Fenster dieses Hauses ein Faß mit Mehl gefallen war und ihn schwer verletzt hatte. Der Klage wurde mit der Begründung stattgegeben: »A barrel could not roll out of a warehouse without some negligence«[274]). Es handelt sich also bei den hier in Frage kommenden Sachverhalten um solche mit typischen Geschehensabläufen, bei denen sich dem Beurteiler eine bestimmte Schlußfolgerung aufzwingt – wie auch in dem Fall, in dem die Eisenbahnwagen der Beklagten und Berufungsklägerin entgleist und auf die angrenzenden Felder gerollt waren[275]).

§ 35. Wirkung

Grundsätzlich obliegt dem Kläger die Beweislast für die ihm günstigen Tatsachen. In vielen Fällen kann er nicht mehr beweisen, als daß er geschädigt

---

[267]) Malone, 4 La. L. Rev. 70, 71 (1941).

[268]) Gibson, C.J., in Siverson v. Weber, 57 Cal. 2d 834, 22 Cal. Rptr. 337, 372 P. 2d 97 (1962).

[269]) Fowler v. Seaton, 39 Cal. Rptr. 881, 394 P. 2d 697, 702 (1964).

[270]) Ybarra v. Spangard, 25 Cal. 2d 486, 154 P. 2d 687, 689 (1944).

[271]) Holliday, 25 La. L. Rev. 748, 750 (1965). Ebenso: Restatement (Second), Torts § 328 D (Tent. Draft No. 5 1960).

[272]) Prosser, Selected Topics 302 (1953).

[273]) Byrne v. Boadle, (1863) 2 H. & C. 722, 133 R.R. 761.

[274]) aaO (vor. Anm.) S. 764. In einem tatbestandlich gleichgelagerten Fall wurde dasselbe Ergebnis erreicht: Scott v. London & St. Katherine Docks Co., (1865) 3 H. & C. 596, 140 R.R. 627.

[275]) West Virginia C. & P. Ry. v. State to Use of Fuller, 96 Md. 652, 54 A. 669, 673 (1903).

worden ist; im Regelfall reicht das nicht aus[276]). In einem solchen Fall ist der Kläger darauf angewiesen, daß die Voraussetzungen der Regel ›res ipsa loquitur‹ vorliegen.

Wenn der Unfall also im Sinne dieser Formel für sich spricht, schließt der Richter aus dem bloßen Schadenshergang auf das Vorliegen von ›evidence of negligence‹; damit überweist er dann den Fall der Jury zur Entscheidung[277]). Wieder hat die Jury völlig frei darüber zu befinden ob nach ihrer Überzeugung Negligence wirklich vorliegt. Insofern tritt an dieser Stelle keine Umkehr der Beweislast ein[278]).

Eine solche Umkehr der Beweislast kann aber mit Hilfe ›res ipsa loquitur‹ erreicht werden[279]): »If the plaintiff has made out a prima facie case, the defendant must come forward with his proof«[280]). In dem hierfür zu nennenden Beispielsfall hatten Telefondrähte niedrig über einer Landstraße gehangen, und es war zu einem Unfall gekommen[281]). Das Gericht verlangte von der beklagten Telefongesellschaft zu ihrer Entlastung den Nachweis, daß sie von dem Zustand der Leitung nichts gewußt hätte und auch nichts hätte wissen können; da dieser Beweis nicht geführt werden konnte, wurde der Klage stattgegeben. Der Jury steht grundsätzlich die Entscheidung darüber zu, ob der Beweis geführt worden ist. In Jurisdiktionen ohne Ziviljury entscheidet natürlich der Richter; an der Vorherrschaft von ›res ipsa loquitur‹ ändert sich nichts[282]).

Schließlich macht der Richter Gebrauch von der Regel ›res ipsa loquitur‹, wenn er der Klage unter Ausschluß der Jury-Mitwirkung durch directed verdict stattgeben will. Freilich setzt er sich bei derartigen Manipulationen dem Verdacht des Formel-Mißbrauchs aus[283]).

---

276) Sheptur v. Procter & Gamble Distributing Co., 261 F. 2d 221, 224 (6th Cir. 1958).

277) Peters, J., in Fowler v. Seaton, 39 Cal. Rptr. 881, 394 P. 2d 697, 702 (1964). In einer starken diss. op. verlangt Schauer, J., ein directed verdict zugunsten des Beklagten.

278) Prosser, Torts 234 (3. A. 1964).

279) Ybarra v. Spangard, 25 Cal. 2d 486, 154 P. 2d 687, 689 (1944); Malone, 4 La. L. Rev. 70, 84 (1941). Vgl. auch 1 Th. A. Street, Foundation 107 (1906).

280) L. P. Wilson, 2 Okla. L. Rev. 275, 291 (1949).

281) Walmsley v. Rural Tel. Ass'n of Delphos, 102 Kan. 139, 169 P. 197 (1917).

282) Die Unterscheidung zwischen ›evidence of negligence‹ und ›negligence‹ wird aber sehr in Frage gestellt. Vgl. Pilie v. National Food Stores of Louisiana, Inc., 245 La. 276, 158 So. 2d 162 (1963). Dazu: Malone, 25 La. L. Rev. 334 (1965).

283) Green, 64 W. Va. L. Rev. 115, 134 (1961).

2. Teil

DIE PRAXIS DER GERICHTE

§ 36. Methodische Vorbemerkung

Bei der dargestellten Rechtslage bieten sich den Gerichten zahlreiche Wege für die Lösung von Rechtsfällen. Das Gericht, das auf dieser Klaviatur zu spielen versteht, sollte in der Lage sein, sachgerechte Ergebnisse zu erreichen und sie überzeugend zu begründen.

Die Praxis sieht durchweg anders aus. Die Gerichte begnügen sich mit einer sehr summarischen Behandlung des Tatbestandsmerkmals der Negligence: Sobald nach Auffassung des Richters für den Schädiger im Zeitpunkt der Schädigungshandlung irgendein Schaden gegenüber irgend jemandem vorhersehbar war, ist der Weg für eine Überweisung des Falles an die Jury frei (evidence of negligence)[1]). Dazu kommt es aber erst, nachdem sich der Richter ausführlich zur Frage der juristischen Kausalität unter dem Stichwort ›Proximate Cause‹ geäußert hat. Zwei Kausalitätstheorien stehen zur Verfügung[2]): Directness-Test und Vorhersehbarkeitsregel. Der Richter entscheidet sich für eine dieser beiden Theorien und instruiert die Geschworenen entsprechend[3]). Das Schwergewicht soll von der Jury auf die Prüfung der juristischen Kausalität gelegt werden[4]); Instruktionen für die Negligence-Prüfung erhält die Jury allenfalls in dem Maße, wie der Richter selber zur Bejahung von Evidence of Negligence gekommen ist.

In neuerer Zeit haben sich die Gerichte dem Sorgfaltspflichtmerkmal zugewandt und es sich für die Fallentscheidung anstelle oder in Ergänzung der juristischen Kausalität nutzbar gemacht[5]). Soweit dabei unverändert mit der

---

[1]) Foster-Grant-Green, 32 Neb. L. Rev. 72, 83 (1952); Glos, 79 S.A.L.J. 56, 58 (1962).

[2]) Terry, 28 Harv. L. Rev. 10, 17 (1914); vgl. auch Myers, 5 Miami L.Q. 238, 239 (1951).

[3]) Es kommt auch vor, daß beiden Theorien zugleich der Vorzug gegeben wird. Vgl. etwa: Lane v. Atlantic Works, 111 Mass. 136, 139 (1872); Behling v. South West Pa. Pipe Lines, 160 Pa. 359, 28 A. 777, 778 (1894), Berg v. New York Cent. R.R., 391 Ill. 52, 62 N.E. 2d 676, 682 (1945).

[4]) Green, Rationale 122 (1927); Gardner, 4 U. Cinc. L. Rev. 118, 121 (1930); Carpenter, 20 Calif. L. Rev. 229, 255 (1932); ders., 15 So. Cal. L. Rev. 187, 188 (1942); Page Keeton, 16 Texas L. Rev. 1 (1937).

[5]) Frei gegeneinander austauschbar sind diese beiden Wege nach Ansicht von Gregory, 6 U. Chi. L. Rev. 36, 41, 56 (1938). Man wird sagen können, daß jedenfalls bei Statutory Negligence besser mit der Duty gearbeitet werden kann; vgl. Coray v. Southern Pacific R.R., 185 P. 2d 963, 969 (1949).

Vorhersehbarkeitstheorie gearbeitet wird, stellt es keine wirkliche Neuerung dar, wenn nicht die, daß die Entscheidung über die Duty-Frage dem Richter zusteht, während über proximate cause die Jury zu befinden hat[6]). Anders ist es mit dem Duty-Merkmal, wenn es als Plattform für die Diskussion rechtspolitischer und dogmatischer Gesichtspunkte betrachtet wird; insofern erscheint eine gesonderte Behandlung im Rahmen dieser Arbeit gerechtfertigt[7]).

I. Negligence

§ 37. Grundlegende Entscheidungen

Die hier im einzelnen darzustellende Übung der Gerichte, das Tatbestandsmerkmal ›Negligence‹ entweder gar nicht oder nur sehr flüchtig zu prüfen, hat eine englische Entscheidung aus dem Jahre 1870 zum Ausgangspunkt[8]). Es ging hier um die Frage, ob der erstinstanzliche Richter zu Recht das Vorliegen von ›Evidence of Negligence‹ bejaht hatte[9]); in erster wie in zweiter Berufungsinstanz wurde die Entscheidung des Vorderrichters bestätigt[10]).

Der Entscheidung lag folgender Sachverhalt zugrunde: Die Angestellten der Beklagten, einer Eisenbahngesellschaft, hatten während eines ungewöhnlich heißen Sommers neben dem Bahndamm auf einem der Beklagten gehörenden Streifen Landes Heuhocken errichtet und dort für etwa 14 Tage belassen. Funken aus einer Lokomotive der Beklagten hatten das Heu in Brand gesetzt. Das Feuer hatte auf eine nahe Hecke übergegriffen und sich von dort aus, bedingt durch starken Wind, rasch ausgebreitet. Es war über ein an das Bahngelände angrenzendes Stoppelfeld und eine dahinter verlaufende Straße bis zu dem 200 m vom Brandherd entfernten Grundstück des Klägers gelangt, auf dem ein Haus eingeäschert worden war.

Der erstinstanzliche Richter gab dem Antrag der Beklagten auf Erlaß eines klageabweisenden Nonsuit-Urteils (directed verdict) nicht statt, sondern bejahte das Vorliegen von Evidence of Negligence und überwies den Fall damit der Jury, die für den Kläger erkannte. In ihrer Berufungsschrift ver-

---

[6]) Praktisch kann sich das auswirken: Die Jury ist bekannt für ihre Kläger-Freundlichkeit. Vgl. L. P. Wilson, 2 Okla. L. Rev. 275, 292 (1949) (»It's a case for a jury and God help the defendant!«); Bohlen, 83 U. Pa. L. Rev. 305, 307 (1935) (»The supposedly archaic idea that ›he who breaks must pay‹ still has a very large following in the class from which jury men are drawn«); Fl. James, 3 Utah L. Rev. 275, 279 (1953); Rob. Keeton, 75 Harv. L. Rev. 463, 503 (1962).

[7]) Vgl. unten den 3. Teil der Arbeit.

[8]) Smith v. London & S.W. Ry., (1870) L.R. 6 C.P. 14, 40 L.J.C.P. 21.

[9]) Vgl. Green, Judge and Jury 250 (1930). Das ist auch die Antwort Greens auf die Frage Goodharts, wie sich die Entscheidungen in Sachen Smith und Palsgraf (vgl. hierzu unten § 68) miteinander vereinbaren ließen; Goodhart, 39 Yale L.J. 449, 462 (1930).

[10]) Prosser, Torts 305 (3. A. 1964), führt diese Entscheidung übrigens als Hauptbeispiel dafür an, daß in früheren Zeiten amerikanische Gerichte in ihrer Rechtsprechung von englischen Entscheidungen beeinflußt worden sind.

trat die Beklagte demgegenüber die Ansicht, für ein Tätig-Werden der Jury sei kein Raum gewesen, weil es an Evidence of Negligence gefehlt habe.

Der in zweiter Instanz tätig werdende Court of Common Pleas vermochte sich dem nicht anzuschließen und wies die Berufung zurück[11]). Zur Begründung wurde ausgeführt: »... it is impossible to say that the accumulation of such materials at such a season of the year, and permitting them to remain there so long, was not some evidence of negligence«[12]). Und: »What the defendant's servants ought, as reasonable men, to have contemplated as the result of leaving the accumulations of cuttings and trimmings where and as they did, must depend upon all the circumstances«[13]). Die Kargheit dieser Ausführungen wird dadurch unterstrichen, daß Brett, J., in seiner diss.op. die Problematik beleuchtet. Er erklärt: Sicher hätte die Beklagte unter den genannten Umständen eine Feuerentwicklung voraussehen müssen; sie hätte aber nicht in Betracht ziehen können, daß das Feuer eine derartige Strecke bis zum Anwesen des Klägers zurücklegen würde[14]). Brett, J., drang mit seiner Ansicht nicht durch, wurde aber auch in keiner Weise widerlegt.

Obwohl die 7 Richter des Court of Exchequer Chamber als zweite Berufungsinstanz[15]) im Ergebnis dem vorinstanzlichen Urteil folgten, sind die Begründungen unterschiedlich[16]). 4 Richter schlossen sich dem Mehrheitsvotum der Vorinstanz an, wenn sie meinten, die Beklagte habe gegenüber dem Eigentum des Klägers Feuerschaden voraussehen können[17]). Dagegen wollten drei Richter die Beklagte auch dann für haftbar erklären, wenn sie nicht hätte voraussehen können, daß das Grundstück des Klägers von dem Feuer erreicht werden würde[18]). Kelly, C.B., stimmte insofern der diss.op. von Brett, J., zu und sagte, »no reasonable man would have foreseen that the fire would get to the plaintiff's cottage.« Dies sei auch nicht zu fordern; es genüge die einmal festgestellte Negligence, um eine Haftung für alle darauf zurückzuführenden Folgen zu begründen; die Entfernung zwischen Feuer-Ausbruchsstelle und Schadensort ändere daran nichts[19]).

Die Smith-Entscheidung ist Gegenstand unzähliger Erörterungen gewesen. Viele Kommentare kranken daran, daß nicht berücksichtigt wird, daß in der Entscheidung der Punkt ›Negligence‹ nicht zur Debatte stand. Vielmehr ging es ausschließlich um ›evidence of negligence‹[20]), wenn auch die Richter nicht

---

[11]) (1870) L.R. 5 C.P. 98, 39 L.J.C.P. 68.

[12]) aaO S. 105.

[13]) aaO S. 107.

[14]) aaO. S. 103. Entscheidend ist, daß die Beklagte so lange nicht negligent genannt werden kann, als ein Übergreifen des Feuers vom Bahndamm auf das Nachbargrundstück nicht vorherzusehen war. Vgl. Terry, 28 Harv. L. Rev. 10, 26 (1914); Payne, 5 Curr. L. Pr. 189, 204 (1952). Darüber hinaus Vorhersehbarkeit einer Schädigung des besonderen Klägers zu fordern, ist eine andere Frage.

[15]) Dieses Gericht entspricht dem heutigen Court of Appeal.

[16]) (1870) L.R. 6 C.P. 14, 40 L.J.C.P. 21.

[17]) Vgl. Pigott, B., aaO S. 23.

[18]) Eine Erklärung versuchen zu geben: Wilson & Slade, 15 M.L.R. 458, 466 (1952).

[19]) (1870) L.R. 6 C.P. 14, 20.

[20]) Vgl. Green, Judge and Jury 259 (1930).

immer eindeutige Formulierungen gewählt haben[21]). Ausdrücklich wurde nicht gesagt, daß die gegebene vage Definition von evidence of negligence zum positiven Befund von Negligence ausreiche. Da die Richter andererseits an dem Jury-Spruch keine Kritik übten, wird man sagen können, daß sie diesen allgemeinen Test für ausreichend hielten.

Als klassisches Beispiel kann auch das Minderheitenvotum von Andrews, J., in dem berühmten Falle Palsgraf[22]) bezeichnet werden, dem folgender Sachverhalt zugrunde liegt: Die Klägerin wollte mit der Eisenbahn der Beklagten vom Bahnhof East New York nach Rockaway Beach fahren; sie hatte sich eine Fahrkarte gekauft und wartete auf dem Bahnsteig auf ihren Zug. In der Gegenrichtung kam ein Zug und setzte sich schon wieder in Bewegung, als zwei Männer noch versuchten zuzusteigen. Der eine der beiden gelangte mühelos in den Wagen, während der andere, der unter dem Arm ein kleines, in Zeitungspapier eingewickeltes Päckchen trug, zu stürzen drohte. Zwei Schaffner – einer im Wagen und einer auf dem Bahnsteig – leisteten ihm daher Hilfestellung. Dabei fiel sein Päckchen auf die Schienen, wodurch es zu einer heftigen Explosion kam, weil das Päckchen – von außen nicht erkennbar – Feuerwerkskörper enthalten hatte. Durch die Explosion fiel am anderen Ende des Bahnsteigs eine Münzwaage um und verletzte die Klägerin.

In erster Instanz drang die Klägerin mit ihrer Schadensersatzklage gegen den Arbeitgeber der beiden Schaffner durch und erhielt auf Grund Jury-Spruchs $ 6 000 zugesprochen. Nach Ansicht der Jury waren die Angestellten der Beklagten »careless and negligent in the way they handled this particular passenger after he came upon the platform and while he was boarding the train«[23]).

Das in erster Berufungsinstanz tätig werdende Obergericht bestätigte dieses Urteil zugunsten der Klägerin mit der Begründung, das Fehlverhalten der Schaffner sei proximate cause der Schädigung[24]). Das Gericht stellte sich bereitwillig hinter die Jury, indem es erklärte, die Jury habe gerechtfertigterweise Negligence bejaht[25]).

In zweiter Berufungsinstanz wurde der Berufung stattgegeben und die Klage abgewiesen[26]). In seiner berühmten diss. op. legt Andrews, J., mit der

---

[21]) So beginnt Kelly, C.B., mit der Frage nach ›Evidence of Negligence‹. Nachdem er sie bejaht hat, redet er ohne nähere Begründung von ›Negligence‹. (1870) L.R. 6 C.P. 14, 19. Ähnlich unklar: Blackburn, J.: aaO S. 21. Dagegen spricht Channell, B., nur von ›Evidence of Negligence‹, aaO S. 21.

[22]) Palsgraf v. Long Island R.R., 248 N.Y. 339, 347, 162 N.E. 99, 102 (1928). Der ausführliche Tatbestand findet sich in einem Aktenauszug, der bei Scott & Simpson 891–940 (1950) abgedruckt ist.

[23]) Palsgraf v. Long Island R.R., 222 App. Div. 166, 225 N.Y.S. 412 (1927).

[24]) Der Ausdruck ›proximate cause‹ fällt zwar nicht in dem von Seeger, J., gegebenen Mehrheitsvotum; es wird aber deutlich, daß nur davon die Rede sein kann. Das von Lazansky, P. J., vertretene Minderheitenvotum stützt sich auf die Verneinung der Proximate-Cause-Eigenschaft.

[25]) Die Klägerin habe als Passagier sogar größtmögliche Sorgfalt auf seiten der Beklagten erwarten dürfen; aaO S. 414.

[26]) 248 N.Y. 339, 162 N.E. 99 (1928).

Unterstützung zweier weiterer Beisitzer brillant den ›traditionellen‹, vom Smith-Case vorgezeichneten Lösungsweg dar[27]). Er bejaht das Vorliegen von Negligence, sobald eine menschliche Handlung die geschützten Interessen anderer unverhältnismäßig gefährdet: Die Folgen seien für die Klassifizierung einer Handlungsweise als negligent oder nicht unerheblich. So sei das Verhalten des Autofahrers, der den Broadway mit überhöhter Geschwindigkeit befahre, fahrlässig auch dann, wenn nichts passiere; es sei ein Unrecht der Öffentlichkeit gegenüber – nicht bestehe es nur denjenigen gegenüber, die sich augenscheinlich im Gefahrenkreis befänden[28]). Entsprechend weit wird das Duty-Merkmal gefaßt: »Every one owes the world at large the duty of refraining from those acts that may unreasonably threaten the safety of others«[29]).

Als vorbildlich entschieden bezeichnet Andrews, J., den Polemis-Case[30]). Es ging darin um folgenden Sachverhalt: Die Beklagte, die Firma Furness, Withy & Co., hatte vom Kläger, einem Herrn Polemis, das griechische Frachtschiff ›Thrasyvoulos‹ gechartert und damit Zement, Stückgut und auch Benzin in Kanistern von Europa nach Marokko befördert. Im Hafen von Casablanca waren von der Beklagten bestellte arabische Arbeiter damit beschäftigt, das Schiff zu entladen. Dabei fiel eine Abdeckplatte in die Ladeluke und verursachte eine Explosion mit nachfolgendem Feuer, dem das ganze Schiff zum Opfer fiel. Ein vom Kläger angerufenes Schiedsgericht fällte einen Schiedsspruch zugunsten des Klägers und erkannte auf knapp 200 000 £ Schadensersatz[31]).

Die Beklagte, vertreten durch die Anwälte Wright und Porter[32]), beantragte bei der King's Bench Division die Aufhebung des Schiedsspruchs mit der Begründung, der Schaden sei ›too remote‹. Sankey, J., sah keinen Grund,

---

27) aaO S. 347. Cardozo, C.J., fand die Unterstützung von drei Beisitzern.

28) aaO S. 349.

29) aaO S. 350.

30) In Re An Arbitration between Polemis and Furness, Withy & Co., (1921) 3 K.B. 560, (1921) All E.R. Rep. 40. In der Folge zit.: In re Polemis.

31) Das Schiedsgericht stellte im wesentlichen folgende Tatsachen fest: »That the ship was lost by fire.« »That the fire arose from a spark igniting petrol vapour in the hold.« »That the spark was caused by the falling board comming into contact with some substance in the hold.« »That the fall of the board was caused by the negligence of the Arabs.« That the causing of the spark could not reasonably have been anticipated from the falling of the board, though some damage to the ship might reasonably have been anticipated.« aaO S. 563.

Für die Tragweite der Entscheidung am wichtigsten ist hiervon die Erkenntnis, die Arbeiter hätten keinen Feuerschaden voraussehen können. Newark, 76 L.Q.R. 592, 594 (1960), hat dies als ›perverse finding‹ bezeichnet. Ebenso: Goodhart, Essays 129, 146 (1931)) (»obviously incorrect«); ders., 83 U. Pa. L. Rev. 968, 994 (1935). G. hat das Ergebnis der Entscheidung damit gerechtigt, daß die Explosion vernünftigerweise vorhersehbar war: Goodhart, 68 L.Q.R. 514, 529 (1952). Der Streit wäre müßig, wenn es zutrifft, was Cooke, 37 N.Z.L.J. 155 (1961), berichtet; danach soll Lord Porter einmal geäußert haben, der eigentliche Schadensgrund sei gewesen, daß in der Ladeluke geraucht worden sei.

32) Beide Anwälte wurden später Lord-Richter, und beide wurden hervorragende Vertreter gerade der Theorie, die sie hier bekämpften. Vgl. Porter, 5 C.L.J. 176 (1935); Lord Wright of Durley, 14 M.L.R. 393 (1951); ders., (1955) C.L.J. 163.

dem Begehren der Beklagten nachzugeben[33]). So gelangte der Fall vor den Court of Appeal[34]), wo die Beklagte ihr Verteidigungsargument präzisierte: Der Schaden sei deswegen zu remote, weil ›proximate cause‹ mit Hilfe der Vorhersehbarkeitsregel bestimmt werde; das Schiedsgericht hätte aber festgestellt, daß »it could not reasonably have been anticipated that the negligent act of dropping the plank into the hold would have caused the spark«[35]). Diesen Ausführungen verschloß sich der Court of Appeal und bestätigte das Urteil.

Bankes, L. J., beruft sich in seinem Votum auf den Schiedsspruch, nach dem feststehe, daß das Fallen-Lassen der Planke auf fahrlässigem Verhalten der Leute der Beklagten beruhe. Da das Feuer als direkte Folge davon erscheine, sei es unerheblich, daß der genaue Schadenshergang nicht vorhersehbar gewesen sei[36]). Warrington, L. J., fügt dem nichts Wesentliches hinzu, wenn er unter Berufung auf den Smith-Case feststellt, Negligence setze die Vorhersehbarkeit eines Schadens voraus[37]).

Das dritte Votum in dieser Entscheidung, das aus der Feder von Scrutton, L. J., stammt, behandelt die hier interessierende Frage etwas befriedigender. Er erklärt: »To determine whether an act is negligent, it is relevant to determine whether any reasonable person would foresee that the act would cause damage; if he would not, the act is not negligent«[38]). Fahrlässigkeit im vorliegenden Fall leitet er davon ab, daß die Leute der Beklagten voraussehen konnten, daß eine herunterfallende Planke Schaden anrichten würde: So konnte etwa ein Arbeiter verletzt oder die Ladung oder das Schiff beschädigt werden.

Das Urteil läßt offen, wie der Negligence-Spruch zu rechtfertigen ist. Als Grundlage genügt nicht die Feststellung: Die Leute der Beklagten scheinen mit der Handhabung der Abdeckplatte unvorsichtig gewesen zu sein; »so etwas passiert eben nicht, wenn man die nötige Vorsicht walten läßt«[39]). Es hätte geprüft werden müsssen, ob die unzweifelhaft vorliegende Nachlässigkeit auf seiten der arabischen Arbeiter als Fahrlässigkeit im rechtstechnischen Sinn angesprochen werden kann. Weiter ist festzuhalten, daß das Vorliegen von Negligence ohne Berücksichtigung der Folgen bejaht wird.[40])

---

[33]) (1921) 37 T.L.R. 696, 698.

[34]) (1921) 3 K.B. 560, (1921) All E.R. Rep. 40.

[35]) aaO S. 566. Damit scheinen die Beklagtenvertreter das Vorliegen von Negligence hinzunehmen; auf dem Umwege aber über eine Inhaltsbestimmung von Proximate Cause wird eine Berücksichtigung typischer Verschuldensmerkmale gefordert.

[36]) aaO S. 571. Vgl. Carpenter, 14 So. Cal. L. Rev. 1, 4 (1940) (»Negligence toward the interest destroyed without foreseeability of the means by which it occurerd was treated as sufficient«).

[37]) aaO S. 574.

[38]) aaO S. 577.

[39]) Jenks, Jurisprudence 204 (1933).

[40]) Wie Dias hervorhebt, ist die Polemis-Entscheidung einer weiten und einer engen Auslegung zugänglich; nach letzterer besteht eine Haftung nur gegenüber dem vorhersehbaren Kläger, nach ersterer auch gegenüber sonstigen Geschädigten. Dias gibt der engen Auslegung den Vorzug: Dias, (1961) C.L.J. 23, 24; ders.,

Goodhart versucht, die Unhaltbarkeit dieses Vorgehens darzustellen, indem er den Sachverhalt folgendermaßen abwandelt[41]): Der Beklagte ist Passagier auf einem der Klägerin gehörenden Schiff. Beim Teetrinken auf Deck läßt er aus Unachtsamkeit die – der Klägerin gehörende – Tasse fallen. Eine Scherbe rollt auf dem Deck entlang und fällt schließlich in einen Entlüftungsschacht. Dabei wird ein Funken verursacht, der Benzingase zur Explosion bringt, das Schiff wird zerstört. Goodhart vertritt die Meinung, daß der Court of Appeal unter Zugrundelegung des Polemis-Case zu einer Verurteilung des Beklagten kommen müßte. Dieses Ergebnis würde dem Gerechtigkeitsgefühl widersprechen. Richtigerweise müßte das Vorliegen von Negligence verneint werden.

Der Court of Appeal hat sich im Jahre 1951 ausdrücklich zu seiner Entscheidung in Sachen Polemis bekannt[42]). Es ging in der neuen Entscheidung um einen Betriebsunfall: Der Kläger war als Betriebselektriker in der Margarinefabrik der Beklagten beschäftigt. Er hatte zu Reparaturzwecken einen Ventilator in die Elektrikerwerkstatt verbracht und dort auf die Erde gestellt. Unter Aufsicht eines Cole hatte der Kläger den Apparat im laufenden Zustand zu testen. Zu diesem Zwecke kniete er auf dem Fußboden und stützte sich mit der rechten Hand ab. Mit der linken Hand wollte er durch Fühlen die Wärmeentwicklung des Motors testen. Plötzlich jedoch bewegte er unwillkürlich die rechte Hand und geriet damit in den rotierenden Propeller. Er verklagte seinen Arbeitgeber mit der Begründung auf Schadensersatz, die Beklagte sei ihrer Verpflichtung nicht nachgekommen, gemäß s. 14 des Factories Act von 1937 den Ventilator mit einem Schutzgitter zu umgeben. Darüber hinaus habe sie ganz allgemein verabsäumt, für einen sicheren Arbeitsplatz zu sorgen und sich damit auch nach Negligence-Recht haftbar gemacht.

Devlin, J., wies die Klage in erster Instanz ab. Hinsichtlich der hier allein interessierenden Negligence-Haftung bejahte er zwar die Pflichtverletzung, ließ die Haftung aber daran scheitern, daß die Schadensfolge entweder nicht die unmittelbare oder nicht die vorhersehbare Folge der Negligence gewesen sei[43]). Der Court of Appeal gab der Berufung des Klägers hinsichtlich beider Anspruchsgrundlagen statt; hier interessiert wieder nur der Anspruch auf Grund Negligence. Asquith, L. J.[44]), bejahte das Vorliegen mit folgender Begründung: Die Beklagte habe zugelassen, daß der Apparat auf dem Fußboden ohne Schutzgitter in Gang gesetzt worden sei. Damit sei ein Schaden

---

in Clerk & Lindsell § 329 (12. A. 1961); ders., (1962) C.L.J. 178, 179. Noch unentschlossen: Dias, 30 Tul. L. Rev. 377, 386 (1956). Staughton & Rokinson, VersR 1962, 870, 873, meinen, jedenfalls hätten nachfolgende Entscheidungen Polemis in ihrer weiten Auslegung overruled. Es wird nachzuweisen sein, daß diese Art der Argumentation der wirklichen Problematik nicht Rechnung trägt.

41) Goodhart, 83 U. Pa. L. Rev. 968, 995 (1935).

42) Thurogood v. Van Den Berghs & Jurgens Ld., (1951) 2 K.B. 537, (1951) 1 All E.R. 682.

43) Die Entscheidung erster Instanz ist nicht veröffentlicht.

44) Kurze Zeit nach dieser Entscheidung wurde Asquith, L.J., geadelt und zum Lord of Appeal in Ordinary ernannt.

vorhersehbar gewesen, weil sich die Mechaniker notwendigerweise hätten darüber beugen müssen, und dabei hätte sich ein Schlips oder ein sonstiges Kleidungsstück im Propeller verfangen können. Da somit irgendein Schaden vorhersehbar gewesen sei, müsse unter Zugrundelegung des Polemis-Case, an den der Court of Appeal gebunden sei, das Verhalten der Beklagten als Negligence gewertet werden[45]).

Der Court of Appeal kommt hier zu einer extrem weiten Interpretation seiner Entscheidungen in Sachen Polemis. Es wird ein hypothetischer Schadensfall konstruiert,[46]) um dem Vorhersehbarkeitserfordernis Genüge zu tun. Dieser ›imaginary necktie‹[47]), der in Anbetracht der Unfallverhütungsvorschriften, nach denen das Tragen von weiter Arbeitskleidung verboten ist, besonders sinnlos erscheint[48]), hätte durch zahllose andere Begründungen ersetzt werden können, die nicht weniger aus der Luft gegriffen wären (z. B. spielende Kinder in der Elektrowerkstatt). Es läßt sich nach allem nicht verkennen, daß die vorliegende Entscheidung das Negligence-Merkmal bis zur Absurdität vorangetrieben hat[49]).

§ 38. Weitere Entscheidungen

Eine sehr kursorische Behandlung der Negligence-Frage findet sich auch in einer amerikanischen Entscheidung vom 28. 12. 1896[50]): Hier war ein Angestellter der Beklagten dem vor ihm auf einer Dräsine fahrenden Kläger mit seiner Dräsine unter Verstoß gegen innerbetriebliche Vorschriften zu nah nachgefolgt[51]). Als sich der Kläger einmal umsah, bekam er einen solchen Schrecken, daß er das Gleichgewicht verlor und auf die Schienen fiel. Die Jury erkannte dem Kläger mit der Begründung Schadensersatz für seine Verletzungen zu, das zu dichte Nachfolgen stelle Negligence dar. In der Berufungsschrift wird von Beklagtenseite geltend gemacht, es habe an Negligence gefehlt; wenn man aber Negligence annehmen wolle, so sei jedenfalls die Verletzung nicht proximate result der negligence, weil der Angestellte das Fallen des Klägers vom Wagen nicht habe vorhersehen können[52]).

Der Supreme Court of Minnesota wies die Berufung der Beklagten zurück. Das Gericht bejahte das Vorliegen von Evidence of Negligence auf seiten der Beklagten aus der Feststellung heraus, daß das Fahrzeug ihres Angestellten dem des Klägers in nur etwas mehr als der halben Bremsstrecke nachgefolgt

---

[45]) Im übrigen wurde die direct consequence rule behandelt, von der noch die Rede sein wird.

[46]) Fleming, 39 Canad. B. Rev. 489, 517 (1961).

[47]) Vgl. Goodhart, The Imaginary Necktie and the Rule in Re Polemis, 68 L.Q.R. 514 (1952).

[48]) Hierzu: Williams, (1961) C.L.J. 62, 71.

[49]) Comment, 36 N.Y.U.L. Rev. 1043, 1047 (1961). Im Falle Jones v. Livox Quarries Ld., (1952) 2 Q.B. 608, 615, geht der Court of Appeal ähnlich vor.

[50]) Christianson v. Chicago, St. P., M. & O. Ry., 67 Minn. 94, 69 N.W. 640 (1896).

[51]) Statt der vorgeschriebenen Entfernung von 540 Fuß – etwa der Entfernung dreier Telefonmasten – hatte der Beklagte nur einen Abstand von ca. 60 Fuß eingehalten.

[52]) Hierzu: Prosser, 21 Minn. L. Rev. 19, 27 (1936).

sei; damit sei ein Unfall voraussehbar gewesen. Wie sich der Unfall im einzelnen abgespielt hat, wird für unerheblich erachtet[53]). Zur Frage der Negligence werden keine besonderen Ausführungen gemacht; nur im Zusammenhang mit der von der Beklagten gegebenen Inhaltsbestimmung der Proximate Cause wird festgestellt: »What a man may reasonably anticipate is important, and may be decisive, in determining whether an act is negligent . . .« »If a man had no reasonable ground to anticipate that a particular act would or might result in any injury to anybody, then, of course, the act would not be negligent at all«[54]).

Das Gericht folgt dieser Entscheidung in einem Urteil aus dem Jahre 1961, dem ein tatbestandlich sehr ähnlich gelagerter Fall zugrunde liegt[55]): Die Klägerin hatte von ihrem sich langsam vorwärts bewegenden Boot aus geangelt; der Beklagte war ihr mit seinem Motorboot so dicht nachgefolgt, daß sich die Angelleine in der Schraube seines Bootes verfangen hatte und aufgespult worden war. Als die Leine vollständig abgewickelt war, wurde die Angelrute der Klägerin aus der Hand gerissen und ihr ins Gesicht geschleudert. Dabei ging ihre Brille zu Bruch; Glassplitter verletzten ihre Augen. Der Fall war der Jury unter der Belehrung überwiesen worden, daß das Verhalten des Beklagten dann als proximate cause des Augenschadens der Klägerin anzusehen sei, wenn dieser vorhersehbar gewesen sei. Die Jury sprach sich zugunsten des Beklagten aus, die Klage wurde abgewiesen. In ihrer Berufungsschrift rügte die Klägerin die Anwendung der Vorhersehbarkeitsregel für die Bestimmung der proximate cause. Daraufhin bezog sich Loevinger, J., voll auf die Mitchell-Entscheidung in Sachen Christianson und gab der Klage statt.

Im Falle Isham[56]) hatte der Beklagte grundlos auf den Hund des Ehemannes der Klägerin geschossen und ihn verwundet. Das Tier sprang auf und lief durch eine geöffnete Tür in das nahegelegene klägerische Haus; er sprang die Klägerin an und verletzte sie. Die Jury sprach der Klägerin die beanspruchte Summe nicht zu, sondern erkannte zugunsten des Beklagten; die Klage wurde abgewiesen. Auf die von der Klägerin eingelegte Berufung erklärte der Beklagte, er habe keine Sorgfaltspflicht gegenüber der Klägerin verletzt, »at any rate the negligence was too remote«[57]). Der Supreme Court of Vermont gab der Berufung statt: »On the question of what is negligence, it is material to consider what a prudent man might reasonably have anticipated; but when negligence is once established, that consideration is entirely immaterial on the question how far that negligence imposes liability«[58]). Eine nähere Prüfung der Negligence-Frage erfolgt nicht[59]).

---

[53]) 67 Minn. 94, 96.
[54]) aaO S. 97.
[55]) Dellwo v. Pearson, 259 Minn. 452, 107 N.W. 2d 859 (1961).
[56]) Isham v. Dow's Estate, 70 Vt. 588, 41 A. 585 (1898).
[57]) 70 Vt. 588, 589 (1898). Der Beklagtenvertreter nimmt zunächst die moderne Duty-Lehre vorweg, fühlt sich seiner Sache aber nicht sicher und sucht Zuflucht bei der vertrauten Formel ›Proximate Cause‹.
[58]) aaO S. 591.
[59]) Berücksichtigt werden muß, daß dies einer der Schußwaffenfälle ist; vgl. oben § 9 und Prosser, Torts 146 (3. A. 1964).

Im Erdrutsch-Fall ging es um folgendes[60]): Die Eisenbahnstrecke der Beklagten führte am Ufer des Oil Creek entlang. Am 5.4.1873 war der Schienenweg durch einen Erdrutsch blockiert. Der Lok-Führer der Beklagten sah das Hindernis nicht rechtzeitig und fuhr in die Erdmassen hinein. Dabei stürzten einige Tankwagen um; das Öl lief aus und wurde vom Feuer der Lok entzündet. Das so in Brand gesetzte Öl ergoß sich in den vom Regenwasser angeschwollenen Fluß und wurde ein paar Hundert Fuß flußabwärts getragen, wo es das am Flusse gelegene Anwesen des Klägers einäscherte. Der Kläger wurde mit seiner Klage in erster Instanz abgewiesen; das Gericht bejahte das Vorliegen von Negligence als Rechtsfrage[61]) und ließ die Haftung an fehlender Proximate Cause – wiederum als Rechtsfrage entschieden – mit der Begründung scheitern, der Feuerschaden sei nicht vorhersehbar gewesen[62]). Der Kläger wandte sich in seiner Berufungsschrift gegen die Bezeichnung der Kausalität als ›too remote‹; nicht ging er gegen die Bejahung der Negligence an. Das Obergericht folgte ihm nicht, sondern bestätigte das erstinstanzliche Urteil. Offen blieb die Frage, ob der Lok-Führer bei gehöriger Sorgfalt überhaupt in der Lage gewesen wäre, das Unglück zu vermeiden. Immerhin war hier höhere Gewalt in irgendeiner Form an der Schadensentstehung beteiligt.[63])

Allein in diesem Punkt unterscheidet sich der vorliegende Fall von einem ansonsten tatbestandlich identischen Sachverhalt, der aber zur Haftung geführt hat, weil das Gericht bei der Bestimmung der juristischen Kausalität nicht mit der Vorhersehbarkeitstheorie gearbeitet hat[64]): Hier waren die Leute der Beklagten nicht in einen Erdrutsch gefahren, sondern hatten 25 Tankwagen auf abschüssiger Strecke unter der Aufsicht eines Bremsers mit der Folge abgestellt, daß sich die Waggons in Bewegung gesetzt hatten und auf die Rangierlok aufgeprallt waren[65]). Die Negligence auf seiten der Beklagten wurde hier darin gesehen, daß das Abstellen der Waggons nicht mit der erforderlichen Sorgfalt geschehen ist. In beiden Entscheidungen ist die Diskussion der Negligence-Frage gleichermaßen unbefriedigend; als entscheidend wird die juristische Kausalität angesehen[66]).

Im Koehler-Fall[67]) hatte der Fahrer der beklagten Molkerei der Verstorbenen, einer Hausfrau, Milch angeliefert. Die Milchflasche hatte am Flaschenhals eine zersplitterte Bruchstelle, an der sich die Verstorbene das zweite Glied des Ringfingers der rechten Hand verletzte. Sie starb innerhalb von drei Wochen an einer Blutvergiftung; ihr Ehemann klagte auf Schadens-

---

[60]) Hoag v. Lake Shore & Mich. So. R.R., 85 Pa. 293, 27 Am. Rep. 653 (1877).

[61]) Das wird nicht ausdrücklich gesagt, muß aber aus den Umständen geschlossen werden.

[62]) aaO S. 295.

[63]) Es ist heute herrschende Meinung, daß in dieser Entscheidung entgegen dem Wortlaut des Urteils die Frage der Negligence zur Debatte stand. Vgl. Bohlen, 40 Am. L. Reg. (N.S.) 148, 151 (1901); Green, Rationale 80 (1927); Carpenter, 14 So. Cal. L. Rev. 1, 7 (1940).

[64]) Kuhn v. Jewett, 32 N.J.Eq. 647 (1880).

[65]) Von hier ab entspricht der Sachverhalt dem im Falle Hoag geschilderten.

[66]) Allein darauf werden die unterschiedlichen Ergebnisse gestützt.

ersatz und verlangte einmal die Zahlung von Schmerzensgeld für die Verstorbene und zum andern die Erstattung seiner Auslagen für Krankenbehandlung und Beerdigung. In erster Instanz wurde die Klage wegen mitwirkenden Verschuldens auf seiten des Klägers abgewiesen. In zweiter und letzter Instanz war der Kläger dagegen siegreich. Obwohl die Beklagte Beweis dafür angetreten hatte, daß in ihrem Betriebe alle denkbaren Sicherheitsvorkehrungen getroffen worden seien, bejahte das Gericht kurzerhand das Vorliegen von Negligence mit der Begründung, die Beklagte hätte vernünftigerweise einen aus ihrem Verhalten fließenden Schaden vorhersehen können[68]). Dahinter kann nur die Auffassung des Gerichts stehen, daß die Lieferung einer defekten Flasche nur auf Negligence des Lieferanten beruhen könne[69]).

Durch eine als skurril zu bezeichnende Tatsachenkonstellation zeichnet sich der folgende Fall aus[70]): Der Kläger fuhr mit der Eisenbahn nach Uniontown. Die Strecke führte durch ein privates, dem Beklagten gehörendes Hochofengelände und wurde zweifach von der Werkbahn des Beklagten gekreuzt: Die Eisenbahnlinie schnitt die in einem Halbkreis verlaufende Werkbahnstrecke wie eine Sehne einen Kreis; die zwei Kreuzungen lagen 646 Fuß auseinander. Als sich der Eisenbahnzug, in dem sich der Kläger befand, in Richtung auf die erste Kreuzung bewegte, war ein Zug der Werkbahn auf dem Halbkreis-Schienenabschnitt, der durch die Strecke der Eisenbahn begrenzt wurde. Der Lokführer der Werkbahn gab nicht acht und wollte ebenfalls über die erste Kreuzung fahren. In letzter Minute sah er den Eisenbahnzug, schaltete den Rückwärtsgang ein und nahm den Dampf weg; dann sprang er ab und brachte sich in Sicherheit. Der Werkzug stieß mit dem letzten Wagen des Eisenbahnzuges zusammen, ohne daß größerer Schaden entstand. Durch den Aufprall aber hatte sich das Dampfventil geöffnet mit dem Erfolg, daß der Werkzug zurückfuhr und auf der zweiten Kreuzung, wo der Eisenbahnzug zum Stehen gebracht worden war, mit diesem zusammenstieß. Bei dieser Gelegenheit wurde der Kläger verletzt.

In erster Instanz wurde dem Kläger auf Grund entsprechenden Jury-Spruches Schadensersatz zuerkannt. In seiner Berufungsschrift erklärte der Beklagte, auf seiten seines Angestellten habe keine Negligence vorgelegen; wenn man aber einmal Negligence annehmen wolle; so sei der Schaden jedenfalls too remote[71]). Der Supreme Court of Pennsylvania wies die Berufung zurück. Justice Clark berief sich ausdrücklich auf den Geschworenenspruch, nach dem der Zusammenstoß auf der ersten Kreuzung auf Negligence des Angestellten des Beklagten zurückzuführen war[72]). Des weiteren folgten nur Bemerkungen zur juristischen Kausalität.

In der folgenden Entscheidung wird der Einfluß der Jury deutlich[73]): Die

---

67) Koehler v. Waukesha Milk Co., 190 Wis. 52, 208 N.W. 901 (1926).
68) aaO S. 60.
69) Herriott, 4 Wis. L. Rev. 193, 203 (1927).
70) Bunting v. Hogsett, 139 Pa. 363, 21 A. 31 (1891).
71) aaO S. 371.
72) aaO S. 373.
73) Kellogg v. Chicago & N.W. Ry., 26 Wis. 223, 7 Am. Rep. 69 (1870).

Beklagte hatte auf dem Bahndamm Gras und Unkraut wuchern lassen, das von einer Lok in Brand gesetzt worden war. Das Feuer, angefacht von einem starken Wind, ergriff alsbald das in unmittelbarer Nachbarschaft gelegene Land des Klägers und fraß sich über eine Strecke von ca. 800 m bis zu den Stallungen des Klägers durch und vernichtete sie. In erster Instanz obsiegte der Kläger gemäß dem Jury-Spruch; die Berufung der Beklagten wurde zurückgewiesen. Dixon, C. J., führte aus, daß die Ansammlung von brennbarem Material auf einem Bahndamm durchaus einen Negligence-Spruch der Jury rechtfertige, wenn dies auch nicht zwingend die Bejahung von Negligence erfordere; jedenfalls fühle er sich durch den Jury-Spruch gebunden[74]). Demgegenüber verneinte Paine, J., das Vorliegen einer Sorgfaltspflicht der Beklagten, die Bahndämme von jeglichem natürlichen und brennbaren Wachstum freizuhalten. Damit sprach er der Jury zugleich die Entscheidungsbefugnis wegen Fehlens von Evidence of Negligence überhaupt ab[75]). Die Mehrheit der Richter räumte der Jury nicht nur die Macht ein, über Negligence zu befinden, sondern billigten ihr sogar die Entscheidung über Haftung oder Nicht-Haftung unter dem Stichwort ›proximate cause‹ zu[76]).

Ebenfalls um einen Feuerschaden ging es im folgenden Fall[77]): Dem Beklagten gehörten der Dampfer »Jennie Brown« und ein unmittelbar am Ufer des Mississippi gelegener 36 m hoher hölzerner Aufzug. Als der Dampfer an dem Fahrstuhlturm anlegte, geriet der Turm in Brand. Infolge starken Windes wurde das Feuer zu der ca. 160 m entfernten Sägemühle des Klägers getragen und äscherte sie ein. Nach Auffassung der Jury stellte das Manövrieren des Dampfers unter den gegebenen Verhältnissen ein fahrlässiges Verhalten dar. Justice Strong interpretiert diesen Schuldspruch so[78]): Das Anlegen des Dampfers war fahrlässig in Anbetracht des starken Windes, der vom Fluß in Richtung auf den Turm wehte. Das Gericht bestätigte den Jury-Spruch und bejahte das Vorliegen juristischer Kausalität, weil zu erwarten gewesen sei, daß das Feuer vom Turm auf die Sägemühle des Klägers übergreifen würde[79]). Damit wurden die für die Frage der Negligence erheblichen Gesichtspunkte unter der Formel ›proximate cause‹ geprüft[80]).

Ein Schiffsunfall war Gegenstand des folgenden Verfahrens[81]): Der Kläger befand sich zu Reparaturzwecken auf einem hölzernen Brücken-Rammschutz, als der Schlepper des Beklagten diesen in knapp 20 m Entfernung rammte. Durch die Erschütterung wurde eine Metallklammer, mit der der Kläger zwei Pfeiler auseinandergehalten hatte, herausgestoßen; der Kläger geriet zwi-

---

[74]) aaO S. 228.

[75]) Paine, J., zeigt sich in seiner diss. op. stark beeinflußt von Brett, J., und seiner diss. op. im Falle Smith, der etwa ein halbes Jahr vorher entschieden worden ist (vgl. oben § 37): Beide unterscheiden nicht zwischen duty und evidence of negligence.

[76]) Dixon, C.J., aaO S. 258.

[77]) Milwaukee & St. P. Ry. v. Kellog, 94 U.S. 469 (1876).

[78]) aaO S. 472.

[79]) aaO S. 475.

[80]) Green, 1 Texas L. Rev. 243, 254 (1923); ders., 28 Texas L. Rev. 621, 625 (1950) (»...the court is talking in terms of ›cause‹, its thought is in terms of ›fault‹«).

[81]) Hill v. Winsor, 118 Mass. 251 (1875).

schen die Pfeiler und erlitt Quetschungen. Der Beklagte berief sich zu seiner Verteidigung in erster Linie darauf, daß ein Rammschutz gerade dafür gebaut sei, gerammt zu werden; er habe nicht wissen können, daß durch sein Verhalten irgend jemand gefährdet würde[82]). Dieses Vorbringen widerlegte ihm die Jury und kam dementsprechend zum Schuldspruch[83]). In erster und zweiter Instanz obsiegte der Kläger[84]).

In der Johnson-Entscheidung[85]) hatten die Leute der Beklagten einen Tankkahn nicht genügend gereinigt, so daß Ölreste im Tank verblieben waren. Im Laufe eines Gewitters wurde das Gasgemisch von einem Blitz zur Explosion gebracht, die auf dem Schiff befindlichen Arbeiter wurden getötet; ihre Angehörigen klagen auf Schadensersatz. Das Gericht erster Instanz bejahte das Vorliegen von Negligence, ließ aber die Haftung der Beklagten daran scheitern, daß es ihr Verhalten nicht als proximate cause des Unglücks wertete. Die Kläger ließen den Negligence-Schuldspruch unangefochten und wandten sich mit ihrer Berufung gegen die Verneinung der Proximate-Cause-Eigenschaft des Beklagten-Verhaltens. Das Berufungsgericht ließ sich von ihren Ausführungen überzeugen und verwies den Fall zur erneuten Verhandlung an das Untergericht zurück. Es erklärte, das Unglück sei zwar auf ungewöhnliche Art und Weise passiert; aber Blitzeinschlag sei durchaus im Bereich des Vorhersehbaren gewesen[86]).

§ 39. Fortsetzung

In einer berühmten texanischen Entscheidung[87]) hatte der Kläger und Berufungsbeklagte Vieh verladen wollen. Gemäß Absprache mit der Beklagten und Berufungsklägerin hatte er die Tiere auf einen eingezäunten Platz der Beklagten verbracht, dessen Türverschluß defekt war, wie die Beklagte wußte. Der Kläger war gerade damit beschäftigt, mit einem Stück Tau das Tor zu verriegeln, als die Tiere, von einem vorbeifahrenden Zug scheu gemacht, ausbrachen. Dabei wurde der Kläger verletzt und verlor etliche Tiere. In erster Instanz wurde ihm Schadensersatz für seine Verletzungen wie auch für das verlorene Vieh zugesprochen; in erster Berufungsinstanz wurde das

---

82) aaO S. 255.

83) Die Beklagte konnte zwar den Sturz eines Arbeiters ins Wasser, nicht aber das Eingeklemmt-Werden voraussehen; vgl. McLaughlin, 39 Harv. L. Rev. 149, 166 (1925). Hierauf soll es offensichtlich nicht ankommen.

84) Mit Recht betont 1 Sedgwick, Damages 227 (9. A. 1912), daß es hier nur um das Vorliegen von Negligence ging.

85) Johnson v. Kosmos Portland Cement Co., 64 F. 2d 193 (6th Cir. 1933).

86) Insbesondere an einer Stelle scheint das Gericht zu schwanken, ob es die Vorhersehbarkeitsregel nicht in Zusammenhang mit Negligence heranziehen sollte: »... whether the question be one of negligence or causation ...« (aaO S. 195). Vgl. hierzu die Kommentierung von M. W. Lewis, 7 Fla. St. B. Ass'n L.J. 109, 118 (1933): »... the decision... is eminently just and fair, and is a striking illustration of the fact that an enlightened court can free itself from shackles of sophistry, scholasticism and rhetoric when justice so demands.«

87) Texas & Pac. Ry. v. Bigham, 90 Texas 223, 38 S.W. 162 (1896).

Urteil bestätigt. Der Supreme Court of Texas gab der Berufung der Beklagten, die die Bejahung des Vorliegens juristischer Kausalität rügte, nur hinsichtlich des Körperschaden-Anspruchs statt und wies die Klage insofern ab. Zur Begründung wurde ausgeführt, daß eine Ursache, um proximate zu sein, vorhersehbar gewesen sein müsse; ein aus dem schadhaften Torschloß resultierender Körperschaden sei aber schlechterdings unvorhersehbar gewesen[88], wohingegen das Entweichen des Viehs geradezu in der Natur der Sache gelegen habe[89]. Es erscheint fraglich, ob das Gericht hier wirklich proximate cause im Auge hatte oder ob nicht vielmehr Fragen der Negligence behandelt wurden[90].

Der Entscheidung in Sachen Carey lag folgender außergewöhnlicher Sachverhalt zugrunde[91]: Das klägerische Ehepaar rastete an einem Sommerabend am Rande der Landstraße – etwa 6 m davon entfernt. Die Klägerin befand sich im Wohnwagen, während ihr Mann außerhalb des Wagens auf einer Luftmatratze lag, als ein mit Ölfässern beladener Lastwagen der Beklagten auf der Straße vorbeifuhr. Als er in Höhe der Kläger war, fiel ein Faß vom Wagen auf die Straße; beim Aufprall löste sich der Verschluß, wurde durch die Luft geschleudert und traf den Ehemann am Kopf; er wurde schwer verletzt. Die Klägerin hörte das Geräusch und und sah etwas durch die Luft fliegen; dann hörte sie ihren Mann sagen, er sei am Kopf verletzt. Sie glaubte an einen Angriff und ergriff eine Pistole, um ihren Mann zu schützen. Von der Tür des Wohnwagens aus sah sie den Kläger – blutüberströmt. Sie erlitt einen Nervenschock und hatte – sie war zu der Zeit 3 Monate schwanger – eine Fehlgeburt.

Die Jury stellte fest, daß der Verschluß der LKW-Ladefläche schon vor Antritt der Fahrt nicht intakt gewesen war. Auf Grund Jury-Spruchs wurde den beiden Klagen in erster Instanz stattgegeben. In der ersten Berufungsinstanz[92] wurde die Frage geprüft, ob die Jury gerechtfertigterweise das Vorliegen der juristischen Kausalität bejaht hatte. In diesem Zusammenhang wurde auch der Umfang der Sorgfaltspflicht erörtert, die dem LKW-Fahrer gegenüber den Klägern oblag[93]; die Entscheidung wurde aber auf der Ebene der proximate cause getroffen. Das Gericht erklärte, nach seiner Ansicht habe die Jury nicht nur zu Unrecht proximate cause angenommen, sondern darüber hinaus stehe fest, daß das Beklagtenverhalten gerade nicht als proximate cause angesehen werden könne, weil ein derartiger Schadenshergang völlig

---

88) Gaines, C.J., aaO S. 227.

89) aaO S. 228.

90) Gaines, C. J., kommentiert die Bigham-Entscheidung in einem zeitlich unmittelbar nachfolgenden Urteil so: »Ought the injury to the deceased, or some like injury to some one, to have been anticipated by the defendant? Unless this question be answered in the affirmative, there was no actionable negligence in this case (Railway v. Gigham, decided at the present term).« Washington v. Missouri, Kansas & T. Ry., 90 Texas 314, 320, 38 S.W. 764 (1897).

91) Carey v. Pure Distributing Corporration, 133 Texas 31, 124 S.W. 2d 847 (1939).

92) 97 S.W. 2d 768 (1936). Entscheidungen unterer Berufungsgerichte werden in vielen Staaten (z. B. Texas und Louisiana) nicht mehr in amtlichen Entscheidungssammlungen veröffentlicht.

93) aaO S. 770. Das Duty-Merkmal wird dann fallengelassen.

außerhalb jeder Vorhersehbarkeit gelegen hätte. Es gab der Berufung also vollen Umfangs statt und wies die Klagen ab[94]). Dieses Urteil wurde in zweiter Berufungsinstanz insoweit aufgehoben, als darin die Klage des Ehemanns abgewiesen wurde; die Berufung der Ehefrau wurde zurückgewiesen[95]). Begründet wurde dieses Ergebnis unter Berufung auf die Proximate-Cause-Formel: Es sei für die Beklagte zwar in groben Zügen vorhersehbar gewesen, daß jemand körperlich verletzt werden würde, nicht aber, daß seine Angehörigen einen Nervenschock erleiden würden[96]). Das Negligence-Merkmal wird nicht behandelt.

Tatbestandlich ähnlich gelagert ist eine Entscheidung des Supreme Court of California[97]): Leute des Beklagten, eines Milchhändlers, hatten am Rande des Bürgersteiges ohne Befugnis Kisten mit leeren Milchflaschen aufgestapelt. Die Kisten waren vergessen worden, und zwei davon – jede etwa 30 cm hoch – waren im Laufe der Zeit auf einen daneben verlaufenden Grasstreifen gefallen. Als das Gras bis zu einer Höhe von ca. 70 cm gewachsen war, wollte der Kläger, ein Angestellter der Stadt, es mähen. Er sah die beiden Kisten nicht und überrollte sie mit seinem Trecker. Dabei verlor er das Gleichgewicht, fiel von seinem Fahrzeug und schlug mit dem Kopf auf dem Straßenpflaster auf.

Das Gericht war sich über das Ergebnis einig, daß das erstinstanzliche Urteil zugunsten des Klägers zu bestätigen war. Zur Begründung wurden zwei Ansichten vertreten. Carter, J., führte mit der Unterstützung von 4 Beisitzern aus, Negligence und Proximate Cause lägen vor. »Under the circumstances here presented the question of negligence and legal or proximate cause are closely related, assuming the test for both is whether a man of ordinary prudence should have foreseen or anticipated that the two crates might reach the spot where they were located on the two-foot strip«[98]). Diese Ausführungen erhielten die gebührende Kritik durch das Votum von Traynor, J., der, unterstützt von einem Beisitzer, erklärte, daß entscheidend die Frage sei, ob das Verhalten der Leute des Beklagten gegenüber dem Kläger ›wrongful‹ gewesen sei; wenn diese Fragen im Gewande der Proximate-Cause-Regel entschieden würden, so sei zu fordern, daß der Richter darüber als Rechtsfrage entscheide[99]).

---

[94]) Es wurde zunächst einstimmig festgestellt, daß die Beweise den Juryspruch nicht trugen. In einem Wiederaufnahmeverfahren (Rehearing) erklärte Bobbitt, J., dann in einer diss. op., die Jury sei doch berechtigt gewesen, die entsprechende Entscheidung zu treffen, da auf den Schadenshergang im einzelnen nicht abgestellt werden dürfe. Hierzu: Page Keeton, 16 Texas L. Rev. 1, 5 (1937).

[95]) Vgl. oben Anm. 91.

[96]) aaO S. 36.

[97]) Mosley v. Arden Farms Co., 26 Cal. 2d 213, 157 P. 2d 372 (1945).

[98]) aaO S. 216.

[99]) aaO S. 222. Traynor, J., betont mit ungewöhnlicher Deutlichkeit, daß sich nach seiner Auffassung hinter ›proximate cause‹ rechtspolitische Fragen verbergen.

§ 40. *Zusammenfassung*

Die dargestellten Fälle, die nur einen Bruchteil der einschlägigen Entscheidungen ausmachen[100]), lassen keinen Zweifel daran, daß Theorie und Praxis in erheblichem Maße auseinanderklaffen. In der Praxis der Gerichte erfolgt die Bestimmung des Tatbestandsmerkmals der Negligence nicht in Form einer Interessenabwägung[101]), sondern ausschließlich durch Anlegung des Vorhersehbarkeitsmaßstabes: Das Vorliegen von Negligence wird bejaht, sobald für den Schädiger im Zeitpunkt der Schädigungshandlung irgendein aus seinem Verhalten resultierender Schaden vorhersehbar war[102]), wobei vorhergesehener und tatsächlich eingetretener Schaden nicht einmal miteinander identisch zu sein brauchen; überhaupt wird das Verhalten des Beklagten ohne Rücksicht auf die eingetretenen Folgen mit dem Unwerturteil der Negligence belegt[103]).

Die Entscheidungen lassen sich in zwei Gruppen einteilen: Einmal gibt es die Fälle, in denen das Negligence-Merkmal ohne jede ausdrückliche Behandlung bleibt[104]), und zum andern sind es die, wo zwar die Frage der Negligence geprüft wird, wo aber diese Prüfung jede ernsthafte Bemühung vermissen läßt. Beiden Gruppen ist gemeinsam, daß das Schwergewicht der Entscheidung auf der juristischen Kausalität liegt. Bei der zweiten Gruppe bemühen sich die Gerichte, die Fragen nach Haftungsgrund und Haftungsumfang auseinanderzuhalten[105]). (1) Soll der Beklagte überhaupt haften (ob = whether)? (2) Inwieweit soll er ggf. für haftbar erklärt werden (wie = how far)? Sobald das Vorliegen von Negligence und damit von Frage (1) bejaht worden ist, ist der Weg zur Jury, die über Haftung oder Nicht-Haftung entscheidet, frei. Man spricht daher sehr plastisch in diesem Zusammenhang von der ›Threshold Tort Doctrine‹[106]).

---

[100]) Genannt werden sollen hier noch folgende Entscheidungen: Lynch v. Nurdin, 10 L.J.Q.B. 73, 55 R.R. 191 (1841); Pennsylvania R.R. v. Kerr, 62 Pa. 353, 1 Am. Rep. 431 (1870); Stevens v. Dudley, 56 Vt. 158 (1883); Wood v. Pennsylvania R.R., 177 Pa. 306, 35 A. 699 (1896); Stone v. Boston & Albany R.R., 171 Mass. 536, 51 N.E. 1 (1898); Missouri Pac. Ry. v. Columbia, 65 Kan. 390, 69 P. 338 (1902); Illinois Central R.R. v. Siler, 229 Ill. 390, 82 N.E. 362 (1907); Daigrepoint v. Teche Greyhound Lines, 189 Ga. 601, 7 S.E. 2d 174 (1940); Barker v. City of Philadelphia, 134 F.Supp. 231 (1955); Smith v. Sharp, 82 Idaho 420, 354 P. 2d 172 (1960); Stevenson v. Kansas City, 187 Kan. 705, 360 P. 2d 1 (1961).

[101]) Vgl. oben § 14.

[102]) Tilley, 33 Mich. L. Rev. 829, 842 (1935); Albert A. Ehrenzweig, 8 U. Chi. L. Rev. 729, 730 (1941); Weir, 35 Tul.L.Rev. 619, 621 (1961); Comment, 36 N.Y.U.L. Rev. 1043, 1045 (1961); Middleton, (1961) Juridical Rev. 283, 289.

[103]) Hiernach wird eine Handlung also zunächst getadelt, und dann werden Abstriche von der Haftung gemacht. Dies steht im schroffen Gegensatz zu jener Lehre, die eine Handlung nur insoweit als negligent wertet, wie die Haftung geht. Vgl. C. A. Wright, 26 Canad. B. Rev. 46, 59 (1948).

[104]) Hier sind die Fälle der Strafgesetzverletzung zu nennen, Vgl. oben § 26.

[105]) »The measure of the defendant's duty in determining whether a wrong has been committed is one thing, the measure of liability when a wrong has been committed is another.« Holmes, J., in Spade v. Lynn & Boston R.R., 172 Mass. 488, 491, 52 N.E. 747, 748 (1899).

[106]) Fleming, 39 Canad. B. Rev. 489, 517 (1961); Honoré, 39 Canad. B. Rev. 267, 268 (1961).

Es ist verschiedentlich bezweifelt worden, ob man bei dieser Sachlage noch von Verschuldenshaftung sprechen könne[107]). Allerdings werden vielfach bei der Prüfung der Proximate Cause Gesichtspunkte erörtert, die systematisch zur Negligence gehören[108]). In verklausulierter Form wird damit die Prüfung des Vorliegens von Negligence nachgeholt – wenn auch auf Kosten der Übersichtlichkeit des Rechts[109]).

Das Tatbestandsmerkmal der Negligence führt damit ein Schattendasein. Die Praxis der Gerichte, die Negligence-Frage möglichst beiläufig zu bejahen und die Haftung des Beklagten jedenfalls nicht an fehlender Negligence scheitern zu lassen, ist in erster Linie aus dem Prinzip der Arbeitsteilung zwischen Richter und Geschworenen zu erklären.

§ 41. Verwässerung durch Jury

Die Unterscheidung zwischen Evidence of Negligence und Negligence wird in der Praxis durchweg nicht sauber durchgeführt. Es ist dargestellt worden, daß der Richter das Vorliegen von Evidence of Negligence bejahen muß, damit der Fall an die Jury gehen kann[110]). Als Test hierfür wird die Vorhersehbarkeit eines Schadens im Zeitpunkt der Schädigungshandlung genannt. Die Anforderungen, die hieran gestellt werden, sind aber mit der Zeit so gering geworden[111]), daß vielfach das bloße Vorliegen eines Schadensfalles als genügend angesehen wird, wenn dabei auch das Verhalten des Verursachers in keiner Weise von dem des Durchschnitts-Mitbürgers abweicht[112]).

Man sollte erwarten, daß der Richter bei Evidence of Negligence den Fall der Jury zur Entscheidung über die Frage überweist, ob tatsächlich Negligence gegeben ist; das hätte den unbestreitbaren Vorteil, daß die Jury zunächst ausschließlich darüber befinden würde, ob ein Haftungsgrund vorliegt. Erst nach Beantwortung dieser Frage würde der Richter die Jury darauf hinweisen, daß trotzdem die Haftung dann entfallen könnte, wenn nicht proxi-

---

[107]) L. P. Wilson, 2 Okla. L. Rev. 275, 287 (1949); Comment, 17 U. Chi. L. Rev. 379, 381 (1950); Payne, 18 M.L.R. 43, 45 (1955); Dworkin, Foresight Saga 28, 29 (1962).

[108]) »...the element of anticipation... strictly speaking, characterizes negligence rather than causation, but is now too firmly entrenched in the definition of proximate cause to be removed therefrom.« Vinje, J., in Bell Lumber Co. v. Bayfield Transfer Ry., 169 Wis. 357, 361, 172 N.W. 955 (1919). Noch kurioser ist der Fall, wo die Anwendung der Vorhersehbarkeitsregel für die Frage der Negligence mit den Worten zu rechtfertigen gesucht wird: »Ordinarily, in this jurisdiction, foreseeability of injury is considered an element of proximate cause.« Bobbitt, J., in Herring v. Humphrey, 254 N.C. 741, 745, 119 S.E. 2d 913, 916 (1961).

[109]) So wird in The Wagon Mound, (1961) A.C. 388, 418, die Entscheidung Sharp v. Powell, (1872) L.R. 7 C.P. 253, als den Vorhersehbarkeitstest unterstützend zitiert, obwohl darin – wenn auch im Gewande der Proximate Cause – nur Negligence bejaht wird; vgl. 2 Harper & James 1137 (1956).

[110]) Vgl. oben §§ 28, 31 37.

[111]) Rob. Keeton, 75 Harv.L.Rev. 463, 503 (1962).

[112]) Gregory, 6 U.Chi.L.Rev. 36, 39 (1938).

mate cause zu bejahen wäre[113]). Eine solche Zweiteilung des Verfahrens gibt es indes praktisch nicht. Vielmehr überweist der Richter den Fall der Jury insgesamt. Dabei ist es nicht ausgeschlossen, daß er in seiner Rechtsbelehrung die Fragen der Negligence und der Proximate Cause getrennt behandelt[114]). Die Jury folgt dem jedenfalls nicht, sondern entscheidet nur darüber, ob der Beklagte nun haften soll oder nicht.

Theoretisch ist der Jury-Spruch nicht unangreifbar – auch im Hinblick auf die Negligence-Frage. Der Tatsachenrichter könnte ihn möglicherweise mit der Begründung aufheben, die Jury habe sich von sachfremden Erwägungen leiten lassen[115]). In erster Linie aber könnte diese Aufhebung durch das Berufungsgericht erfolgen, weil der Fall – nach Auffassung dieses Gerichts – wegen Fehlens von Evidence of Negligence der Jury nicht hätte überwiesen werden dürfen[116]). Solche Aufhebungen kommen vor; die Gerichte sprechen in diesen Fällen aber nicht von fehlender Evidence of Negligence, sonden erklären, proximate cause liege nicht vor[117]). Im Urteil des Berufungsgerichts findet sich dann dementsprechend eine ausführliche Erörterung der Frage der juristischen Kausalität[118]).

Es liegt auf der Hand, daß das Tatbestandsmerkmal der Negligence bei dieser Art der Handhabung verkümmern mußte.

§ 42. Einfluß der Regel ›res ipsa loquitur‹

›Res ipsa loquitur‹ hat sich ebenfalls nachteilig auf die Systematik der Negligence-Frage ausgewirkt. Zumindest insoweit, als mit dieser Regel eine Umkehr der Beweislast erreicht wird[119]), werden dadurch Kausalität und Verschulden untrennbar miteinander verbunden[120]). Da sich das Kausalitätsmerkmal stets besser behauptet als das der Negligence, geht diese Vermengung klar auf Kosten der Negligence vor sich. Soweit der Richter mit ›res ipsa loquitur‹ arbeitet, um durch directed verdict entscheiden zu können, wird er

---

113) »...the juror's task seems more real if they are told first to appraise a defendant's conduct as good or bad and if they are reminded that even a tortfeasor does not always have to pay for all the consequences.« Miller, 3 Loyola L.Rev. 47, 61 (1945).

114) In den formularmäßig ausgearbeiteten Jury-Rechtsbelehrungen ist das vorgesehen. Vgl. Farley, 42 Yale L.J. 194 (1932); Speiser 145 (1961); Seavey, Page Keeton, Rob. Keeton, Cases 322 (2.A. 1964).

115) Dieses Vorgehen ist in der Praxis ungebräuchlich. Vgl. oben § 31.

116) Vgl. Green, Rationale 76 (1927).

117) »Perhaps with desirable results in the particular case, but with bad results in establishing precedent, some courts, when there has seemed to be no negligence, though there was some slight evidence to uphold a verdict of negligence, have, in their eagerness to do justice in the individual case, set aside the verdict on the ground that no proximity of cause and result was shown.« Bauer, 83 Cent.L.J. 148, 149 (1916).

118) »The proximate-cause family of formulas is therefore primarily an appellate court creation for long-range jury control.« Green, 28 Texas L.Rev. 621, 644 (1950).

119) Vgl. oben § 35.

120) Malone, 4 La.L.Rev. 70, 74 (1941).

seine Überzeugung, daß es so und nicht anders war, nicht durch umfangreiche Ausführungen in Frage stellen.

Der Trend geht heute ohne Frage in Richtung auf eine Ausweitung des Anwendungsbereichs dieser Beweisregel[121]). Aber auch ohne ausdrückliche Erwähnung dieser Formel findet sich das darin zum Ausdruck kommende Prinzip in beinahe der Mehrzahl der Entscheidungen auf dem Gebiet der Negligence-Haftung. Das Gericht läßt dann zwischen den Zeilen erkennen, daß nach seiner Auffassung der Schadenserfolg schlechterdings nur infolge Negligence eingetreten sein kann; damit erspart es sich eine genauere Prüfung dieser Frage, kann aber nicht verhindern, daß dieses Vorgehen als höchst unbefriedigend empfunden wird[122]).

§ 43. Besserstellung des Klägers

Die Threshold Tort Doctrine, die hier einmal als stellvertretend für die Übung der Gerichte angesehen werden soll, das Tatbestandsmerkmal der Negligence in seiner Bedeutung unterzubewerten, findet nach Ansicht ihrer Anhänger ihre rechts- und sozialpolitische Rechtfertigung in folgendem: Der eingetretene Schaden muß entweder vom Geschädigten oder vom Schädiger getragen werden. Bei der Wahl zwischen beiden fällt entscheidend ins Gewicht, daß der Geschädigte in aller Regel gänzlich schuldlos ist, während dem Schädiger in irgendeiner Beziehung ein Fehlverhalten anzulasten ist. Mag das auch nicht unter den rechtstechnischen Begriff der Negligence fallen, so ist doch der Schädiger dadurch im Vergleich mit dem Geschädigten irgendwie als Übeltäter anzusehen[123]). Es erscheint daher gerechter, ihn und nicht den ›innocent plaintiff‹ den Schaden tragen zu lassen[124]).

Diese Argumentation ist angreifbar. Mit gutem Grund soll nach der Rechtsordnung nicht jede Unachtsamkeit eine Haftung des Schädigers begründen. Dem Beklagten kann daher nicht allein deshalb der Schaden aufgebürdet werden, weil er sich irgendwann einmal tadelnswert verhalten hat. Wenn ein rechtlich erhebliches Fehlverhalten vorliegt, ist zu fordern, daß genau dieses Verhalten zu dem betreffenden Schaden geführt hat. Jede abweichende Auffassung führt zwangsläufig zu der Alternative: Wer soll haften – der unschuldige Kläger oder der unschuldige Beklagte? Damit erweist sich die dargestellte Gedankenführung als nicht überzeugend[125]).

[121]) Dies wird im Interesse einer der Gefährdungshaftung angenäherten Negligence-Haftung sogar ausdrücklich verlangt. Vgl. unten § 105.

[122]) Vielfach möchte man mit Erle, C.J., sagen: »That may have happened in a thousand ways without any negligence...« Cox v. Burbidge, (1863) 32 L.J.C.P. 89, 90.

[123]) Auf dieselbe Motivation stößt man bei der Lehre vom mitwirkenden Verschulden; vgl. Malone, 41 Ill.L.Rev. 151, 179 (1946).

[124]) Jer. Smith, 25 Harv.L.Rev. 223, 248 (1912); Jenks, Jurisprudence 206 (1933); Prosser, 21 Minn.L.Rev. 19, 33 (1936); Fleming, 31 Canad.B.Rev. 471, 482 (1953); ders., Torts 191 (2.A. 1961); McKerron, 78 S.A.L.J. 282, 287 (1961); Comment, 36 N.Y.U.L.Rev. 1043, 1049 (1961).

[125]) Goodhart, 39 Yale L.J. 449, 465 (1930); Williams, 77 L.Q.R. 179, 180 (1961); Dias, (1962) C.L.J. 178, 188. Vgl. dagegen: Jolowicz, (1961) C.L.J. 30.

Die weitverbreitete Ansicht, daß jedenfalls der unschuldige Kläger den Schaden nicht tragen soll, läßt sich von der alten Trespass-Klage her erklären[126]), deren Nähe zum Strafrecht schon beschrieben worden ist[127]). Zu Erklärungszwecken herangezogen werden kann auch die Vertragshaftung, die nicht auf dem Verschuldensprinzip beruht[128]).

II. Directness Test

§ 44. Historisches

Die Faszination, die die juristische Kausalitätstheorie ›direct consequence rule‹ auf den common lawyer ausübt, läßt sich nur aus der geschichtlichen Entwicklung heraus verstehen[129]).

Bis zur Abschaffung der Klageformen lag das Schwergewicht der Entscheidungen auf der Unterscheidung zwischen Trespass und Case. Nach der herkömmlichen Abgrenzungsmethode war die Trespass-Klage auf die Fälle unmittelbarer Gewalteinwirkung beschränkt, während Case sonstige Schädigungen erfaßte. Es ist an anderer Stelle dargestellt worden, daß diese namentlich von Blackstone herausgestellte Klassifizierung von dem Wunsch getragen war, das Common Law zu systematisieren[130]).

Zur Illustration eignet sich der berühmte Squib Case vorzüglich[131]). Der Beklagte hatte an einem Jahrmarktstage einen angezündeten Feuerwerkskörper in eine überfüllte Markthalle geworfen. Der Feuerwerkskörper war auf den Verkaufsstand eines Yates gefallen, wo ihn ein Willis sofort ergriff und, um sich und die Verkaufsware zu schützen, ziellos weiterwarf. Er fiel nun auf den Verkaufsstand eines Ryal, der ihn im selben Augenblick weiter durch die Halle schleuderte. Dabei traf er den Kläger am Kopf; der Kläger büßte ein Auge ein. Er verlangte Schadensersatz und stützte seine Klage auf Trespass. Die vier an der Entscheidung mitwirkenden Richter vom Court of King's Bench hatten nur über die Frage zu befinden, ob der Kläger die richtige Klageform gewählt hatte. Blackstone, J., verneinte dies; die drei anderen Richter bejahten es und gaben der Klage statt. Die hierfür gegebenen Begründungen sind allerdings nicht einheitlich. Nares und Gould, JJ., waren der Ansicht, das Verhalten des Beklagten sei rechtswidrig gewesen, und daher komme es nicht mehr darauf an, ob der Schaden unmittelbar oder mittelbar sei[132]). Wenn auch gesagt werden muß, daß diese Begründung nach der heutigen Rechtsauffassung den Vorzug verdient[133]), so ist doch nicht zu ver-

---

126) Prosser, Selected Topics 191, 221 (1953).
127) Vgl. oben § 6.
128) Rheinstein 158 (1932).
129) Vgl. Prosser, Torts 303 (3.A. 1964).
130) Vgl. oben § 7.
131) Scott v. Shepherd, (1773) 2 Wm.Bl. 892, 96 Engl.Rep. 525.
132) (1773) 2 Wm.Bl. 892, 893, 96 Engl.Rep. 525, 526.
133) Es ist zu unterstellen, daß diesen beiden Richtern schon unbewußt die Unterscheidung zwischen Vorsatz und Fahrlässigkeit vorgeschwebt hat; hier wäre

kennen, daß für die weitere Entwicklung des Common Law ohne Frage die Auffassung von Blackstone, J., und De Grey, C. J., von größerem Einfluß gewesen ist. Entscheidend ist danach die Frage, ob die Schädigung den ›direct and immediate act of the defendant‹ darstellt[134]). In dieser allgemeinen Forderung stimmen Blackstone, J., und De Grey, C. J., überein, nicht aber in der Anwendung auf den vorliegenden Fall.

Blackstone, J., erklärte, die Handlung des Beklagten könne nicht direct cause des eingetretenen Schadens genannt werden. Der Beklagte habe gegen Yates einen Trespass begangen, nicht aber gegenüber dem Kläger. »The tortious act was complete when the squib lay at rest upon Yate's stall.« Der Beklagte könne nicht dafür haftbar gemacht werden, daß Willis und Ryal den Feuerwerkskörper weitergeworfen hätten. »Both were free agents, and acted upon their own judgment«[135]. Dagegen war De Grey, C. J., der Ansicht, daß die Schädigung direct consequence sei. »The new direction and new force flow out of the fist force, and are not a new trespass.« Er erklärte, er könne Willis und Ryal nicht als free agents ansehen, weil sie ›under a compulsive necessity for their own safety and self-preservation‹ gehandelt hätten[136]).

Directness als kennzeichnendes Merkmal für die Trespass-Klage bedeutete: Unmittelbarkeit der Gewalteinwirkung. Im strengen Sinne des Wortes hätte man im Scott-Falle davon nur reden können, wenn der Beklagte mit seinem Wurfgeschoß den Kläger als ersten getroffen hätte[137]). Andererseits ist die Verletzung insofern unmittelbar, als die Zwischenpersonen lediglich in einer Art Reflexbewegung instinktiv das sie bedrohende Geschoß von sich wegbeförderten und damit der Handlung des Beklagten nur neue Impulse gaben. Der Fall etwa, daß einer der Werfer den inzwischen ausgegangenen Docht – wenn das so wäre – neu angezündet und das Geschoß erst dann weitergeworfen hätte, liegt nicht vor.

De Grey, C. J., gab daher mit Recht einer etwas weiteren Interpretation den Vorzug, indem er auf das Fortwirken der Handlung des Beklagten abstellte. Immerhin ist festzustellen, daß das Merkmal der Directness für die Frage der Gewalteinwirkung auch solche Folgen erfaßt, die erst im Zusammenwirken mit anderen Kräften erreicht werden konnten.

Trespass on the case sollte die Fälle mittelbarer Schäden treffen: Jemand legt einen Baumstamm quer über einen Weg, und ein anderer kommt dadurch zu Fall[138]).

Hier fehlt es an einer aktiven, unmittelbaren Gewalteinwirkung. Trotzdem wurde sogar noch zu Zeiten der Herrschaft der Klageformen auch in diesen

---

unter ›rechtswidrig‹ ›vorsätzlich‹ zu verstehen; vgl. Roberts, 50 Corn.L.Q. 191, 198 (1965). Vgl. auch die sich auf Nares, J., stützende Entscheidung des Supreme Court of Wisconsin in Sachen Brown v. Chicago, M. & St.P. Ry., 54 Wis. 342, 356, 11 N.W. 356 (1882).

134) 96 Engl.Rep. 525, 527 (1773).

135) aaO.

136) aaO S. 529.

137) Diese Ansicht vertritt Blackstone, J. Ebenso: Aquarius, 58 S.A.L.J. 232, 241 (1941).

138) 96 Engl.Rep. 525, 526 (1773) (Blackstone, J.).

Fällen mit dem Directness-Merkmal gearbeitet. Dem Sklaven-Fall[139]) lag eine ausdrücklich auf ›trespass on the case‹ gestützte Klage zugrunde: Der Beklagte hatte – den Gesetzen zuwider – dem Sklaven des Klägers am Heiligabend des Jahres 1845 Whiskey verkauft. Der Sklave hatte die Nacht betrunken auf freiem Felde verbracht und war erfroren. In erster Instanz wurden dem Kläger $ 650 Schadensersatz zugesprochen. Der Court of Appeals of South Carolina wies die Berufung des Beklagten zurück[140]). Das Gericht führte aus: »Such nearness in the order of events, and closeness in the relation of cause and effect, must subsist, that the influence of the injurious act, may predominate over that of other causes, and shall concur to produce the consequence, or may be traced in those causes«[141]). Das Gericht räumte damit den unmittelbaren Folgen eine Vorrangstellung ein, die ihnen bei der Case-Klage nicht ohne weiteres gebührt.

Nachdem die Klageformen abgeschafft und Trespass und Case einheitlich durch die Negligence-Klage ersetzt worden waren, bevorzugten die Gerichte weiterhin den Kläger, der seinen Schaden als die direkte Folge der Schädigungshandlung nachweisen konnte. Wenn dabei begreiflicherweise auch nicht mehr sklavisch die Voraussetzungen der Trespass-Klage geprüft werden[142]), so besteht doch kein Zweifel daran, daß die Gerichte hiermit ihre jahrhundertealte Praxis fortsetzen, auf das Unmittelbarkeitsmerkmal entscheidendes Gewicht zu legen[143]).

§ 45. Polemis-Entscheidung

Nach dem Smith-Case findet das Vorhersehbarkeitsmerkmal bei der Prüfung der Negligence Berücksichtigung; darüber hinaus soll es unerheblich sein[144]). Aus Bemerkungen der an dieser Entscheidung beteiligten Richter ließe sich entnehmen, daß der Beklagte damit für sämtliche aus seinem Verhalten fließenden Folgen haften solle – ohne jede Möglichkeit einer Haftungsbegrenzung[145]). Eine solche Auslegung erscheint indes wenig sinnvoll: Abgesehen davon, daß diese Bemerkungen reine obiter dicta wären, ist es unwahrscheinlich, daß sich die Richter mit einer derart grundsätzlichen Frage so beiläufig befaßt haben sollen. Sehr viel einleuchtender ist eine andere Erklärung: Die Richter haben sicherstellen wollen, daß für eine Haftungsbegrenzung jedenfalls

---

[139]) Harrison v. Berkley, 1 Strobh. 525, 13 S.C.Rep. 223 (1847).

[140]) In der modernen Version dieses Falles wird die Klage abgewiesen: State for Use of Joyce v. Hatfield, 197 Md. 249, 78 A. 2d 754, 756 (1951).

[141]) 1 Strobh. 525, 549 (1847).

[142]) Vgl. insbes. Isham v. Dow's Estate, 70 Vt. 588, 590, (1898) (s.o. § 38) und überhaupt die Schußwaffenfälle (s.o. § 9).

[143]) James & Perry, 60 Yale L.J. 761, 805 (1951); Prosser, Selected Topics 191, 229 (1953); Payne, 18 M.L.R. 43, 47 (1955); Rob. Keeton, Legal Cause 29 (1963).

[144]) Vgl. oben § 37. Vgl. auch zwei weitere Fälle mit identischen Sachverhalten: Phillips v. Durham & C. Ry., 138 N.C. 12, 50 S.E. 462, 464 (1905); Silver Falls Timber Co. v. Eastern & Western Lumber Co., 149 Or. 126, 40 P.2d 703, 714 (1935).

[145]) (1870) L.R. 6 C.P. 14, 20 (Kelly, C.B.).

Vorhersehbarkeits-Gesichtspunkte außer Ansatz bleiben. Als Beispiel wird dementsprechend der Fall angeführt, daß der Getötete ein ungewöhnlich hohes Einkommen hatte[146]). Nach allem wird zwar der Begriff ›Directness‹ nicht ausdrücklich erwähnt; aber der Ausschluß subjektiver Merkmale von der Haftungsbegrenzung in Verbindung mit der Tatsache, daß der Entscheidung ein Fall direkter Schadensverursachung zugrunde liegt[147]), ebnete den Weg für die ›direct consequence rule‹[148]).

Ihre klassische Ausprägung hat diese Unmittelbarkeitstheorie durch die Polemis-Entscheidung erfahren[149]). Waren bis dahin die verschiedensten Adjektive zur Kennzeichnung der juristischen Kausalität herangezogen worden, so wurden alle diese Begriffe – 50 Jahre nach dem Smith-Urteil – durch den der Directness ersetzt[150]). Die drei an der Entscheidung beteiligten Richter sprachen sich einhellig für das Directness-Merkmal aus; allerdings gab nicht einer von ihnen eine Begründung[151]).

Bankes, L. J., dessen Votum für den Directness-Test am wenigsten ergiebig ist, gibt seiner Überzeugung mit diesen Worten Ausdruck: »The fire appears to me to have been directly caused by the falling plank. Under these circumstances I consider that it is immaterial that the causing of the spark by the falling of the plank could not have been reasonably anticipated«[152]). Diese Formulierung läßt die Deutung zu, daß der Richter die Vorhersehbarkeitsregel für mittelbare Folgen durchaus in Betracht ziehen möchte.

Warrington, L. J., begründete das der Klage stattgebende Urteil damit, daß der Schaden nach der Erkenntnis des Schiedsgerichts die unmittelbare Folge des Fallens der Planke sei[153]). Das Schiedsgericht hatte freilich diese Schlußfolgerung nicht gezogen, sondern nur den Schadenshergang dargestellt[154]). Die Bejahung des Vorliegens von Directness ist mithin ein Schluß, zu dem der Richter gekommen ist. Zusammenfassend erklärte Warrington, L. J.: »If it be thus determined to be negligent, then the question whether particular damages are recoverable depends only on the answer to the question whether they are the direct consequence of the act«[155]). Dieser Ausspruch ist bemerkenswert im Hinblick auf die Ausschließlichkeit, die der Richter der Directness-Rule einräumt[156]).

---

146) Blackburn, J., aaO S. 23.
147) Carpenter, 14 So.Cal.L.Rev. 1, 9, 28 (1940).
148) Goodhart, 76 L.Q.R. 567, 572 (1960); vgl. Boggs, 44 Am.L.Rev. 88, 97 (1910).
149) In re Polemis and Furness, Withy & Co., (1921) 3 K.B. 560. Vgl. die Sachverhaltsschilderung oben § 37.
150) Green, 61 Col.L.Rev. 1401, 1410 (1961).
151) Payne, 5 Curr.L.Pr. 189, 192 (1952).
152) (1921) 3 K.B. 560, 571.
153) aaO S. 575.
154) aaO S. 563.
155) aaO S. 574.
156) Beney, Foresight Saga 4, 7 (1962), der sich grundsätzlich für die Directness-Rule ausspricht, lehnt dies ab und macht denselben Vorwurf Asquith, L.J., in Thurogood v. Van den Berghs, (1951) 2 K.B. 537, 541, wo sich Beney allerdings als Klägervertreter gerade darauf gestützt haben dürfte.

Das aufschlußreichste Votum stammt von Scrutton, L. J.[157]). Es heißt darin: »But if the act would or might probably cause damage, the fact that the damage it in fact causes is not the exact kind of damage one would expect is immaterial, so long as the damage is in fact directly traceable to the negligent act, and not due to the operation of independent causes having no connection with the negligent act ...«[158]). Mit dem letzten Halbsatz gibt Scrutton, L. J., einen kurzen Hinweis dazu, was er nicht als direct ansehen würde. Was mit mittelbaren Folgen geschehen soll, wird nicht gesagt; aber auch hier scheint eine Berücksichtigung des Vorhersehbarkeitsmerkmals insofern keineswegs verneint zu werden[159]). Auf jeden Fall will Scrutton, L. J., der richterlichen Entscheidung etwas Spielraum lassen, wenn er von einem ›not sufficiently directly caused‹ Schaden spricht[160]).

Da bei dem Sachverhalt im vorliegenden Falle die Frage der Unmittelbarkeit schlechterdings nicht streitig sein kann, drängt sich der Verdacht auf, daß das vom Gericht auf andere Weise erreichte Ergebnis mit einer Begründung untermauert werden sollte; dabei wählte das Gericht einen Weg, der im Juli 1921, dem Zeitpunkt der Entscheidung, in besonderem Maße aktuell war[161]).

§ 46. *Isolation Test*

Lord Sumners Votum in einer Entscheidung des House of Lords[162]) ist von berufener Seite als ›introduction to the judgments of the court in Re Polemis and to some extent the basis on which they rest‹ bezeichnet worden[163]). Der Entscheidung lag folgender Sachverhalt zugrunde: Der Kläger, ›an elderly gentleman who has never appreciated that the tongue is an unruly member‹[164]), hatte den Beklagten, Inhaber einer Buchprüferfirma, damit beauftragt, die Finanzverhältnisse einer Firma zu erforschen, deren Geschäftsführer ein gewisser Hurst war. Seine Befürchtungen und Anschuldigungen gegenüber zwei Angestellten dieser Firma, Lowe und Comins, hatte er in einem Brief zusammengefaßt, den er dem Beklagten übergab. Swift, Partner des Beklagten, begab sich zu Informationszwecken zu Hurst und ließ versehentlich den Brief liegen. Obwohl er bald darauf bei Hurst anrief und seinen Verlust meldete, las dieser den Brief und informierte Lowe und Comins von

---

157) Vgl. Goodhart, 68 L.Q.R. 514, 517 (1952).
158) (1921) 3 K.B. 560, 577.
159) Vgl. Fleming, 31 Canad.B.Rev. 471, 483 (1953).
160) (1921) 3 K.B. 560, 576.
161) Im März 1920 hatte sich der Harvard-Law-Professor Beale in einem vielbeachteten Artikel für eine Theorie ausgesprochen, die auf der Directness aufbaut: 33 Harv.L.Rev. 633 (1920). Im Mai 1920 hatte Lord Sumner sich ausdrücklich zum Begriff der Directness bekannt; vgl. folgenden §.
162) Weld-Blundell v. Stephens, (1920) A.C. 956, 978.
163) Lord Wright, 14 M.L.R. 393, 395 (1951).
164) Scrutton, L.J., von dem in zweiter Instanz tätig gewordenen Court of Appeal; (1919) 1 K.B. 520, 537.

dessen beleidigendem Inhalt. Sie verklagten den Kläger erfolgreich auf Schadensersatz wegen ›libel‹. Der Kläger zahlte auf Grund des Urteils ca. 1 600 £ an sie. Mit der vorliegenden Klage wollte er sich am Beklagten erholen.

Das House of Lords wies die Klage mit knapper Mehrheit ab[165]). Zur Begründung wurde erklärt, es fehle am Kausalzusammenhang zwischen dem vertragswidrigen Verhalten von Swift und dem Schaden des Klägers; der Schaden sei allein auf Hursts Eingreifen zurückzuführen: »He was an independent actor and a mischief-maker«[166]). Das Argument, der Beklagte habe mit dem Verhalten Hursts rechnen müssen, und damit sei der eingetretene Schaden die ›natural, probable and necessary‹ Folge des Fehlverhaltens des Beklagten, versuchte Lord Sumner so zu entkräften: »Everything that happens, happens in the order of nature and is therefore ›natural‹. Nothing that happens by the free choice of a thinking man is ›necessary‹, except in the sense of predestination. To speak of ›probable‹ consequence is to throw everything upon the jury.« »I still venture to think that direct cause is the best expression.« »Direct cause excludes what is indirect . . .«[167]). Wegen des Dazwischentretens von Hurst, der dem Brief einen ›fresh start‹ gegeben habe, verneinte Lord Sumner das Vorliegen von Directness. Allgemein führte er aus: ». . . even though A is in fault, he is not responsible for injury to C which B, a stranger to him, deliberately chooses to do. Though A may have given the occasion for B's mischievous activity, B then becomes a new and independent cause.« »It is hard to steer clear of metaphors. Perhaps one may be forgiven for saying that B snaps the chain of causation; that he is no mere conduit pipe through which consequences flow from A to C, no mere moving part in a transmission gear set in motion by A; that, in a word, he isolates A from C«[168]). Dementsprechend hat diese Theorie die Bezeichnung ›isolation test‹ erhalten[169]).

Lord Sumner wollte diesen ›isolation test‹ aber nicht absolut angewandt wissen, sondern beschränkte ihn auf die Fälle der ›free choice of a thinking man‹. Er nahm also beispielsweise Fälle davon aus, in denen ›persons in a state of excusable alarm produced by the wrongful acts of the defendant‹ Schaden angerichtet haben[170]); eine Begründung für diese Einschränkung wird nicht gegeben.

Zur Unterstützung für seinen ›isolation test‹ berief sich Lord Sumner[171]) auf

---

[165]) Die Vorgeschichte des Falles sei nur kurz gestreift: Die Jury hatte dem Kläger 650 £ zugesprochen; entgegen dem Juryspruch hatte Darling, J., die Klage in erster Instanz abgewiesen, (1918) 2 K.B. 742, 745. In zweiter Instanz hatte der Court of Appeal das klagabweisende Urteil bestätigt: (1919) 1 K.B. 520. Bemerkenswert ist, daß Scrutton, L.J., in seiner diss.op. das Merkmal der Directness nicht erwähnt hat, aaO S. 537 ff.

[166]) (1920) A.C. 956, 982.

[167]) aaO S. 983 f.

[168]) aaO S. 986.

[169]) Greenwell, 24 A.L.J. 392, 395 (1951).

[170]) (1920) A.C. 956, 985. Hierunter fällt der Fall Scott v. Shepherd, (1773) 2 Wm.Bl. 892, 96 Engl. Rep. 525. Vgl. oben § 44.

[171]) (1920) A.C. 956, 987.

die alte Entscheidung in Sachen Ward v. Weeks[172]). Es ging darin um folgendes: Der Beklagte hatte gegenüber einem gewissen Bryce über den Kläger geäußert: »He is a rogue and a swindler; I know enough about him to hang him.« Bei späterer Gelegenheit erzählte Bryce einem Bryer davon. Daraufhin bekam der Kläger bei Bryer keinen Kredit mehr. Das Gericht wies den Kläger mit seiner action upon the case ab. Tindal, C. J., erklärte, die unmittelbare Ursache des Schadens sei nicht das Verhalten des Beklagten gewesen, sondern die ›spontaneous and unauthorized communication . . ., which was the voluntary act of a free agent, over whom the defendant had no control, and for whose acts he is not answerable . . .«[173]).
Hieraus hat sich in der Tat der Grundsatz entwickelt, daß der Erzähler einer ehrenrührigen Behauptung nicht für den Schaden verantwortlich ist, der dadurch entsteht, daß die Behauptung von dritter Seite weitererzählt wird[174]). Dies dürfte aber auf das Beleidigungsrecht beschränkt sein[175]). Offensichtlich ist hierin der Grund zu sehen, weshalb Lord Dunedin und Lord Wrenbury, die mit Lord Sumner die Klage im Fall Weld-Blundell abgewiesen haben, auf allgemeine Ausführungen zum Haftungsrecht verzichtet haben[176]).

Lord Sumners ›isolation test‹ ist stark kritisiert worden, weil die Haftung des Beklagten danach selbst dann verneint werden muß, wenn mit dem Eintritt der Zwischenursache durchaus zu rechnen war[177]). Es ist daher verständlich, wenn die Richter in der Polemis-Entscheidung die Haftung jedenfalls für alle unmittelbaren Folgen gewährleistet wissen wollten. Auf diese Weise wurde mit dem Directness-Test das zweite zweifelhafte Ergebnis erzielt[178]): Schränkt der Isolation-Test die Haftung zu sehr ein, so kann die Directness-Rule leicht zu uferloser Haftung führen.

§ 47. Einschränkung

Die Polemis-Regel, nach der alle unmittelbaren Folgen einer unerlaubten Handlung ersatzfähig sind, erwies sich bald als zu weit[179]); das House of Lords schränkte sie im Jahre 1933 im Liesbosch-Fall erheblich ein[180]). Es ging

---

[172]) Ward v. Weeks, (1830) 7 Bing. 211, 131 Engl.Rep. 81.
[173]) (1830) 7 Bing. 211, 215.
[174]) Ph. S. James, Torts 273 (2.A. 1964); Clerk & Lindsell § 1628 (12.A. 1961); Winfield on Tort 583 (7.A. 1963).
[175]) Terry, Leading Principles 581 (1884); Jer. Smith, 25 Harv.L.Rev. 103, 122 (1911); Fleming, Torts 497 (2.A. 1961).
[176]) Vgl. Payne, 5 Curr.L.Pr. 189, 205 (1952); Goodhart, 4 Curr.L.Pr. 177, 190 (1951); ders., 76 L.Q.R. 567, 575 (1960).
[177]) Greenwell, 24 A.L.J. 392, 395 (1951); Goodhart, 76 L.Q.R. 567, 575 (1960); Weir, 35 Tul.L.Rev. 619, 623 (1961).
[178]) »The chief blame for this disastrous development may fairly be laid at Lord Sumner's door.« Fleming, 39 Canad.B.Rev. 489, 491 (1961).
[179]) Trotzdem erklärte Atkin, L.J.: »The full effect of... Polemis has not yet, I think, been fully realized even though that case laid down no new law.« Hambrook v. Stokes Bros., (1925) 1 K.B. 141, 156, (1924) All E.R.Rep. 110.
[180]) Owners of Dredger Liesbosch v. Owners of Steamship Edison, (1933) A.C. 449,

dabei um folgenden Sachverhalt: Die Kläger, eine Tiefbaufirma, hatten sich verpflichtet, in einem bestimmten Zeitraum den Hafen von Patras, Griechenland, auszubauen. Da hierfür Baggerarbeiten nötig waren, hatten sie in Holland den Bagger ›Liesbosch‹ für 4 000 £ erworben und für weitere 2 000 £ nach Patras verbracht. Am 26. 11. 1928 wurde der Bagger vom Dampfer ›Edison‹ der Beklagten gerammt und aus seiner Vertäuung gerissen; er wurde aufs offene Meer mitgezogen, wo er sank. Die Kläger hatten ihr gesamtes Kapital in dem Vertrage investiert und waren nicht in der Lage, einen anderen Bagger zu erwerben. Im Juni 1929 mieteten sie zu sehr hohem Mietzins den Bagger ›Adria‹; ein Jahr später kaufte ihn die Hafengesellschaft für fast 9 200£ und verkaufte ihn zum selben Preis an die Kläger, zahlbar in 48 Monatsraten. Die Beklagten räumten ihre alleinige Verantwortlichkeit für den Schiffsunfall ein, wollten den Schaden aber nur insoweit ersetzen, als er nicht durch den Kapitalmangel auf seiten der Kläger vergrößert worden war. Mit anderen Worten sollte Maßstab sein, was die Kläger normalerweise für die Ersatzbeschaffung eines Baggers – etwa wieder in Holland – hätten aufwenden müssen.

Das House of Lords gab den Beklagten Recht und wies die Klage insoweit ab. Lord Wright, aus dessen Feder das Urteil stammt[181]), erkannte, daß es hier um ›the true measure of damage‹ ging, bei dem die Regeln betreffend ›remoteness of damage‹ Anwendung fänden. Im einzelnen heißt es in seinem Votum: »The respondents' tortious act involved the physical loss of the dredger; that loss must somehow be reduced to terms of money. But the appellants' actual loss in so far as it was due to their impecuniosity arose from that impecuniosity as a separate and concurrent cause, extraneous to and distinct in character from the tort; the impecuniosity was not traceable to the respondents' acts, and in my opinion was outside the legal purview of the consequences of these acts«. Er erklärte weiter, er betrachte den Geldmangel ›as an independent cause, though its operative effect was conditioned by the loss of the dredger‹[182]). Da es sich trotz dieser Überlegungen als unmöglich erwies, die Haftung mit Hilfe des Isolation-Tests abzulehnen[183]), und die Polemis-Regel unweigerlich zur Haftung führte, mußte Lord Wright letztere einengen. Er führte hierzu aus, Polemis sei genannt worden ›as illustrating the wide scope possible in damages for tort; that case, however, was concerned with the immediate physical consequences of the negligent act, and not with the co-operation of an extraneous matter such as the plaintiff's want of means‹[184]).

(1933) All E.R.Rep. 144. Vor dem Court of Appeal hieß es: The Edison, (1932) P. 52. Diese kürzere Bezeichnung wird vielfach beibehalten. Vgl. Goodhart, 2 U.Tor.L.J. 1, 3 (1937).. Vgl. auch Comment, 17 U.Chi.L.Rev. 379 (1950).

181) Alle anderen Richter traten dem Votum Lord Wrights bei. Goodhart, aaO. (vor. Anm.) weist auf die Außergewöhnlichkeit dieses Vorgehens hin.

182) (1933) A.C. 449, 459 f.

183) Fleming, 31 Canad.B.Rev. 471, 483 (1953), vertritt die Ansicht, Lord Wright habe die Haftung verneint, weil der Schaden mittelbar sei. Gerade das ist aber nicht der Fall. Vielmehr wird gesagt, daß die Beklagten nicht haften sollen, obwohl der Schaden unmittelbar verursacht worden ist.

184) (1933) A.C. 449, 461.

Eine der wenigen im Law of Torts nicht angezweifelten Regeln ist die Talem-Qualem-Rule[185]): Der Täter muß sein Opfer so nehmen, wie er es vorfindet, wird also nicht damit gehört, der Kläger habe eine anomal dünne Schädeldecke, sei ein Bluter oder verdiene außergewöhnlich gut[186]). Im vorliegenden Falle liegt das Argument nahe, der Kläger dürfe mit seiner Geldknappheit nicht anders behandelt werden als der gutverdienende Kläger oder der Bluter. Hiergegen wandte sich sehr entschieden Lord Wright, indem er erklärte, der Geldmangel sei im Gegensatz zu den anderen Umständen ›extrinsic‹[187]).

Diesen Gedanken hat Lord Wright ein paar Jahre später präzisiert. »There is in my opinion a real difference between impecuniosity and physical weakness of the plaintiff ... The relationship between the injury and the result is in the latter case direct; the act operates immediately on an actual state of material conditions«[188]). Als Beispiel für letztere Fälle führt er den Polemis-Case an. Er setzt also die mit explosivem Gas gefüllte Ladeluke der dünnen Schädeldecke gleich, nicht aber dem Geldmangel der Kläger. Die Begründung, die er dafür gibt, zeigt die Hilflosigkeit dessen, der mit der der Mechanik entlehnten Directness-Regel auskommen zu können glaubt[189]). Als physical damage wird man jeden Körper- oder Sachschaden bezeichnen müssen. ›Physical consequences‹ sind etwa anderes[190]); Lord Wright meint damit offensichtlich eine Schadensentstehung, die ausschließlich in der Welt der körperlichen Physik angesiedelt ist. Nur insoweit soll Directness der Maßstab sein. Der Geldmangel der Kläger im vorliegenden Falle bleibt von einer solchen Betrachtung ausgeschlossen und ist daher ›extraneous event‹[191]).

Etwas Aufhellung bringt eine spätere Äußerung Lord Wrights. Er erklärt dort, die Polemis-Rule müsse beschränkt werden auf die ›direct consequences to the particular interest of the plaintiff which is affected‹[192]). Im vorliegenden Falle Liesbosch lasse sich eine Illustration dessen sehen. Lord Wright unterscheidet also zwischen dem Interesse des Klägers an der Unversehrtheit seines Eigentums (Zerstörung des Baggers) und dem Vermögensschaden (durch Geldmangel hervorgerufene Mehrbelastung)[193]).

Die Klageabweisung im Falle Liesbosch ist nicht wirklich wegen fehlender Unmittelbarkeit der Verursachung erfolgt. Unausgesprochen steht hinter dieser Entscheidung, daß Unternehmer mit zu dünner Kapitaldecke auf

---

185) Gelegentlich spricht man auch von ›old-soldier rule‹; Beispielsfall ist Watson v. Rinderknecht, 82 Minn. 235, 238, 84 N.W. 798 (1901), wo der kriegsverletzte Kläger vom Beklagten angegriffen worden war und schweren Schaden davongetragen hatte.

186) Vgl. hierzu im einzelnen unten § 48.

187) (1933) A.C. 449, 461.

188) Lord Wright, Legal Essays 96, 116 (1939); ders., Future 66, 108 (1937).

189) Fleming, Torts 190 (2.A. 1961).

190) Fleming, 31 Canad.B.Rev. 471, 483 (1953).

191) Die Formulierung stammt von Denning, J., in Minister of Pensions v. Chennell, (1947) K.B. 250, 256, (1946) 2 All E.R. 719.

192) Bourhill v. Young, (1943) A.C. 92, 110.

193) Schon lange, bevor Lord Wright diesen zusätzlichen Kommentar gab, hatte Tilley, 33 Mich.L.Rev. 829, 849 (1935), seine Worte so ausgelegt.

eigenes Risiko am Geschäftsverkehr teilnehmen[194]). In leichter Abwandlung der Formulierung des BGH in der berühmten Strafverteidigungskosten-Entscheidung kann gesagt werden[195]): Die Gefahr, größere Geldaufwendungen für den Ersatz von Arbeitsgerätschaften machen zu müssen, liegt im Rahmen eines allgemeinen Risikos, das jeden Unternehmer trifft; es gehört nicht zu den Gefahren, die das Gesetz abwenden will[196]). Alle diese Überlegungen haben freilich mit der von Lord Wright vorgeschlagenen Beschränkung der Unmittelbarkeitstheorie auf ›direct physical consequences‹ nichts zu tun. Es ist aus diesem Grunde nicht zu bedauern, daß diese einschränkende Lehre in der Praxis ohne Bedeutung geblieben ist.

§ 48. Abenteuerliche Schadensverläufe

Die Direct-Consequence-Rule ist immer wieder angewandt worden, um trotz phantastischer Schadensverläufe eine Haftung bejahen zu können[197]). Als Beispiel mag der Fall Walmsley[198]) dienen. Der Kläger war mit seinem Pferdefuhrwerk, das mit einem hohen Getreidebehälter beladen war, auf der Landstraße unterwegs; er stand auf dem Fahrzeug und hielt eine geladene Flinte in der Hand, weil er Wölfe schießen wollte. Als sich ein niedrig hängender Telefondraht der Beklagten an dem Behälter verhakte, kippte der Wagen um, und der Kläger fiel auf die Straße. Der Behälter stürzte auf die Flinte mit der Folge, daß sich das Gewehr entlud und die Kugel dem Kläger in die Brust drang. Die Jury verneinte das Vorliegen mitwirkenden Verschuldens auf seiten des Klägers und erkannte zu seinen Gunsten. Der Supreme Court of Kansas bestätigte das erstinstanzliche Urteil. Das Gericht lehnte die Vorhersehbarkeitsregel ausdrücklich ab und gab damit den Weg frei für Directness-Überlegungen. Aus dem Gesichtspunkt der unmittelbaren Verursachung des Schadens durch das fahrlässige Verhalten der Beklagten wurde der Klage stattgegeben[199]).

In dem Milchflaschenfall[200]) hatte sich die Ehefrau des Klägers auf Grund

---

[194]) Vgl. Tilley, aaO (vor. Anm.) S. 834.

[195]) BGHZ 27, 137, 141.

[196]) Die von Hans Stoll, Festschrift 371, 378 (1963), angeführte RG-Entscheidung steht dem nicht entgegen, weil es sich darin um einen Privatmann gehandelt hat, bei dem ein Geldpolster nicht erwartet werden kann.

[197]) Vgl. Finney v. Banner Cleaners & Dyers, 13 La.App. 101, 126 So. 573 (1930); Bracket v. Bellows Falls Hydro-Electr. Corp., 87 N.H. 173, 175 A. 822, 823 (1934) (Bachstauung führt zu Verseuchung durch Bisamratten. Pferd bricht ein in Rattenloch. Kläger stürzt).

[198]) Walmsley v. Rural Telephone Association of Delphos, 102 Kan. 139, 169 P. 197 (1917) Vgl. hierzu auch oben § 35.

[199]) Vgl. Prosser, 38 Calif.L.Rev. 369, 393 (1950). – Es mag daran erinnert werden, daß Unmittelbarkeit hier nicht dasselbe bedeutet wie im Zusammenhang mit der Trespass-Klage. Hier wäre Case gegeben.

[200]) Koehler v. Waukesha Milk Co.. 190 Wis. 52, 208 N.W. 901 (1926); vgl. oben § 38. Die Entscheidung ist später mit vorsichtigen Worten bestätigt worden: Sundquist v. Madison Ry., 197 Wis. 83, 221 N.W. 392, 393 (1928); Osborne v. Montgomery, 203 Wis. 223, 236, 234 N.W. 372 (1931).

einer leichten Schnittwunde am Finger eine Blutvergiftung zugezogen und war daran gestorben. Niemand hätte gedacht, daß ein beschädigter Milchflaschenhals den Tod eines Menschen zur Folge haben könnte[201]). Trotzdem wurde die Haftung der Beklagten bejaht, und zwar wieder mit der Directness-Rule. Es wurde gesagt, bei Vorliegen von Negligence werde für alle Folgen gehaftet, ›provided, however, that there is no break of the natural sequence or continuity between the injury and the claimed result by any independent or intervening causes‹[202]).

In der Baltimore-Entscheidung ging es um folgenden seltsamen Unfall[203]): Die Klägerin und Berufungsbeklagte fuhr als Passagier mit der Eisenbahn der Beklagten und Berufungsklägerin. Als sie sich von ihrem Sitz erhob und auf die Plattform trat, um auszusteigen, gab der Schaffner dem Zugführer ein Klingelzeichen zum Anhalten. Der Zug hielt mit einem Ruck, so daß die Klägerin das Gleichgewicht verlor und gegen die Wagentür prallte. Dabei zog sie sich eine Prellung zu, aus der sich später Krebs entwickelte. In erster und zweiter Instanz wurde ihrer Klage auf Schadensersatz stattgegeben. Auf die Frage der Negligence ging das Berufungsgericht nicht ein; offensichtlich hatte die Beklagte das Vorliegen von Negligence eingeräumt[204]). Zur Frage der Proximate Cause wurde ausgeführt: »It is only where there may be a more direct and immediate sufficient cause of the effect complained of, that the more remote cause will not be charged with the effect«[205]). Zur Erläuterung erklärte das Gericht, die Beklagte hätte damit rechnen müssen, daß einer ihrer Fahrgäste eine solche Veranlagung haben würde[206]).

In einem Fall mit fast identischem Sachverhalt war der Ehemann der Klägerin an einer Blutvergiftung gestorben[207]). In erster Instanz wurde die Klage mit der Begründung abgewiesen, der Tod sei nicht auf die Negligence der Beklagten zurückzuführen, sondern auf die Blutvergiftung, die als ›independent, intervening cause‹ anzusehen sei. In der Berufungsinstanz wurde das klageabweisende Urteil aufgehoben. Das Gericht begründete seine Entscheidung damit, daß der Tod des Ehemannes ›in direct line and sequence of causation‹ auf die Verletzung zurückzuführen sei, die er bei dem Sturz erlitten hätte. »The fall produced the injuries; the injuries produced blood poisoning, and the blood poisoning produced death. There was no break in the chain of causation ... The blood poisoning ... was itself a result, or, perhaps more accurately, a mere development of the injuries«[208]). Mit dieser Formulierung zeigte das Gericht, welche Anforderungen an einen unmittelbaren Kausalzusammenhang zu stellen sind[209]).

---

201) Vgl. 2 Harper & James 1139 (1956).
202) (1926) 190 Wis. 52, 60.
203) Baltimore City Passenger Ry. v. Kemp, 61 Md. 74, 48 Am.Rep. 134 (1883).
204) In einer diss.op. wurde die Ansicht vertreten, die Klage werde auf eine Vertragsverletzung gestützt, aaO S. 83.
205) aaO (Anm. 203) S. 80.
206) aaO S. 82. Vgl. Reese, 7 Corn.L.Q. 95, 109 (1922).
207) Armstrong v. Montgomery Street Ry., 123 Ala. 233, 26 So. 349 (1899).
208) 123 Ala. 233, 249 (1899).
209) Vgl. Myers, 5 Miami L.Q. 238, 242 (1951).

§ 49. Zwischenbilanz

Wenn man versucht, anhand der Gerichtsentscheidungen[210]) zu einer Inhaltsbestimmung des Begriffs ›direct consequence‹ zu kommen, tut man klug daran, drei Deutungen schon im Vorwege auszuschließen: Die Unterscheidung zwischen direct und indirect consequences ist nicht gleichbedeutend mit der zuweilen im deutschen Recht angewandten Unterteilung in unmittelbare und mittelbare Folgen[211]). Weiter sind direct consequences im Sinne dieser Haftungsbegrenzungstheorie nicht identisch mit dem Merkmal der unmittelbaren Gewalteinwirkung bei der alten Trespass-Klage[212]).

Schließlich wird nicht verlangt, daß der Schaden ›physically direct‹ sei, daß er also in örtlicher oder zeitlicher Beziehung unmittelbar mit der Handlung des Schädigers verbunden sei[213]).

Stattdessen muß der Schaden ›logically direct, direct in causal sequence‹ sein[214]). Dabei wird der historische Kausalverlauf betrachtet. Unmittelbare Folgen sind solche, »which follow in sequence from the effect of the defendant's act upon conditions existing and forces already in operation at the time, without the intervention of any external forces which come into active operation later«[215]). Der tragende Gedanke dabei ist der, daß der Begriff der Handlung im weiteren Sinne einige der nächsten Folgen einschließt[216]), so daß der Täter ebenso wie für seine Handlung auch für diese Folgen verantwortlich sein soll[217]).

Wenige Beispiele seien genannt: Im Falle Kellogg[218]) hatte sich das von der Beklagten verursachte Feuer unerwartet weit ausgebreitet. Die Ausbreitung des Feuers erfolgte »directly and continuously from the place where the burning coals from the engine first touched the dry grass and weeds on the company's road, to the plaintiff's stacks, buildings and other property«[219]). Bei der Betrachtung des Kausalzusammenhangs wird somit festgestellt, daß ein Glied der Kausalkette notwendig aus dem andern folgte. Prosser[220]) gibt das anschauliche Bild von dem aufgeschichteten Holzstapel,

---

210) Außer den dargestellten Entscheidungen vgl. noch: Christianson v. Chicago, St.P., M. & O. Ry., 67 Minn. 94, 69 N.W. 640 (1896); Burk v. Creamery Package Mfg. Co., 126 Iowa 730, 102 N.W. 793, 795 (1905); Davis v. Atlas Assur. Co., 112 Ohio 543, 147 N.E. 913, 915 (1925); Strobel v. Park, 292 Pa. 200, 140 A. 877, 880 (1928).

211) Vgl. H.M.S. London, (1914) P. 72. Es ging darin um den durch einen Hafenarbeiterstreik vergrößerten Verdienstausfall.

212) Vgl. aber oben § 44.

213) Beale, 33 Harv.L.Rev. 633, 642 (1920).

214) aaO.

215) Prosser, Torts 303 (3.A. 1964). Vgl. auch Wallace v. Ludwig, 292 Mass. 251, 198 N.E. 159, 161 (1935).

216) Terry, 28 Harv.L.Rev. 10 (1914). Vgl. auch Pittsburgh Forge & Iron Co. v. Dravo Contracting Co., 272 Pa. 118, 116 A. 147, 149 (1922).

217) A.G. Sedgwick, Damages 45 (2.A. 1909).

218) Kellogg v. Chicago & N.W. Ry., 26 Wis. 223, 7 Am.Rep. 69 (1870); vgl. oben § 38.

219) 26 Wis. 223, 237 (1870).

220) Prosser, Torts 303 (3.A. 1964); ders., 38 Calif.L.Rev. 369, 399 (1950).

der zum Zusammenfallen gebracht wird; hier bewirkt jeder einzelne Balken, der aus seiner Ruhelage gebracht wird, das Zusammenstürzen des ganzen Stapels. Ähnlich ist die Sachlage im Falle Hill[221]), wo die Verletzung des Klägers auf mechanisch-notwendige Weise herbeigeführt wird: der Anprall des Schiffes an dem Rammschutz, das durch die Erschütterung bewirkte Herausspringen der provisorischen Sicherungsklammer, das Zusammenrutschen der Balken. Bei einem so nahtlosen Kausalverlauf kommt man um die Bejahung der Unmittelbarkeit der Verursachung nicht herum[222]).

Ein Fall, in dem diese Unmittelbarkeit nicht so ins Auge springt, weil mehrere Parteien im Spiel sind, ist der Palsgraf-Case[223]). Aber auch hier dürfte kein Zweifel daran bestehen, daß die Verursachung unmittelbar war, weil die einzelnen Stationen des Kausalablaufs miteinander so verbunden waren, daß man an das Bild des Holzrutsches denken muß[224]). Im übrigen hat Andrews, J., seine dissenting opinion zu einem nicht unbeträchtlichen Teil auf das Vorliegen von Directness gestützt[225]).

Bei der Anwendung des Directness-Tests geht der Richter also vom Schadenserfolg aus und fragt dann, wie es dazu kommen konnte. Dabei tastet er sich an der Kausalkette zurück bis zur Schädigungshandlung des Beklagten. Wenn dabei auch nicht jedes einzelne Kausalglied einer genauen Prüfung unterzogen wird[226]), so wird doch die Kausalkette als solche darauf überprüft, ob in dem logischen Kausalverlauf ein Bruch ist, der etwa durch das Eingreifen eines unbeteiligten Dritten bewirkt worden sein kann.

Es ist daher die Feststellung zu machen[227]), daß der Directness-Test auf eine Rückschau-Theorie (hindsight test) hinausläuft[228]). Zu diesem Ergebnis kommt auch Colt, J., wenn er im Falle Hill bemerkt[229]): »It is enough that it now appears to have been a natural and probable consequence.« Die Betonung liegt auf dem Wort ›now‹, das den Zeitpunkt der letzten mündlichen Verhandlung bezeichnet. Noch deutlicher drückt sich Loevinger, J., aus[230]):

---

[221]) Hill v. Winsor, 118 Mass. 251 (1875). Vgl. oben § 38.

[222]) McLaughlin, 39 Harv.L.Rev. 149, 166 (1925). Allein Edgerton, 72 U.Pa.L.Rev. 211, 215 (1924), scheint anderer Meinung zu sein.

[223]) Palsgraf v. Long Island R.R., 248 N.Y. 339 (1928). Vgl. oben § 37.

[224]) Prosser, Selected Topics 191, 229 (1953).

[225]) 248 N.Y. 339, 354 (1928), wo er fragt: »Was there a direct connection between them, without too many intervening causes?« Die Antwort: »...there was here a natural and continuous sequence – direct connection.« aaO S. 356.

[226]) Manning, J., in Mort's Dock & Engineering Co., Ltd. v. Overseas Tankship (U.K.), Ltd., (1959) 2 Ll.L.L.Rep. 697, 710.

[227]) Dieser Versuch einer Rationalisierung wird unternommen, obwohl nicht verkannt wird, daß diese Überlegungen regelmäßig höchstens im Unterbewußtsein eine Rolle spielen. Vgl. Stone, Legal System 267 (1964).

[228]) Der Gedanke geht auf das amerikanische Torts-Genie Bohlen zurück, der Reporter für das erste Torts-Restatement war; vgl. Bohlen, 40 Am.L.Reg. (N.S.) 79, 85 (1901); ders., 47 Harv.L.Rev. 556, 557 (1934); 2 Restatement/Torts § 433 (b) (1934), § 435 II (1948); vgl. auch Aquarius, 58 S.A.L.J. 232, 240 (1941); Reese, 7 Corn.L.Q. 95, 106 (1922).

[229]) Hill v. Winsor, 118 Mass. 251, 259 (1875).

[230]) Dellwo v. Pearson, 259 Minn. 452, 456 (1961); vgl. auch Leposki v. Railway Express Agency, Inc., 297 F.2d 849, 850 (3d Cir. 1962).

»It is enough to say that negligence is tested by foresight but proximate cause is determined by hindsight.«

§ 50. Allgemeines zur Zwischenursachenlehre

Insbesondere im Hinblick auf den Isolation-Test, aus dem die Directness-Rule entwickelt worden ist, liegt es nahe, jegliche Haftung für indirect consequences abzulehnen[231]). Um hierzu nicht gezwungen zu sein, wird der Directness-Begriff ausgedehnt; als Hilfsmittel dient die Lehre von den intervening forces[232]) oder vom novus actus interveniens[233]). Diese Lehre hat mit ihren blutleeren Konstruktionen wahre Blüten getrieben und ist von jeher starker Kritik begegnet[234]).

Ausgangspunkt für die hier zu behandelnde Lehre ist die Unterscheidung zwischen ›existing conditions‹ und ›intervening forces‹. Entscheidend ist der Zeitpunkt der unerlaubten Handlung des Beklagten: ›existing conditions‹ waren in diesem Zeitpunkt schon gegeben[235]), ›intervening forces‹ werden erst später wirksam. Dementsprechend werden ›intervening forces‹ folgendermaßen definiert: »An intervening force is one which comes into active operation in producing the result after the negligence of the defendant«[236]). Während der Beklagte stets für ›existing conditions‹ einzustehen hat[237]), können ›intervening forces‹ unter bestimmten Voraussetzungen eine Haftung des Beklagten ausschließen. Über die Frage, wann das der Fall sein soll, herrscht keine Einigkeit. Am anschaulichsten ist die Diskussion anhand einer Reihe von Zeitschriftenaufsätzen zu verfolgen[238]), in deren Mittelpunkt ein Artikel von Beale steht.

---

231) Strong v. Granite Furniture Co., 77 Utah 292, 294 P. 303, 307 (1930); Caissie v. City of Cambridge, 317 Mass. 346, 58 N.E.2d 169, 170 (1944); Smith v. Sharp, 82 Idaho 420, 354 P.2d 172, 175 (1960).

232) So der Sprachgebrauch in den Vereinigten Staaten; vgl. McLaughlin, 39 Harv. L.Rev. 149, 159 (1925).

233) Dieses lateinische Schlagwort findet in England Verwendung. Vgl. Boberg, Reflections on the Novus Actus Interveniens Concept, 76 S.A.L.J. 280 (1959); Goodhart, The Third Man or Novus Actor Interveniens, 4 Curr.L.Pr. 177 (1951).

234) Schon im Jahre 1923 hat sich Green gegen die Verwendung dieses Begriffes ausgesprochen: 1 Texas L.Rev. 243, 253 (1923). Kritik namentlich auch bei Morris, 101 U.Pa.L.Rev. 189, 207 (1952).

235) Carpenter, 20 Calif.L.Rev. 471, 476 (1932).

236) Prosser, Torts 309 (3.A. 1964). Daß Prosser von ›intervening cause‹ spricht, macht sachlich keinen Unterschied; an anderer Stelle spricht er auch von ›force‹: 21 Minn.L.Rev. 19, 37 (1936).

237) Hierin ist die Grundlage für die Talem-Qualem-Rule zu sehen (vgl. oben § 47). Leitentscheidung ist Dulieu v. White & Sons, (1901) 2 K.B. 669, 679 (Kennedy, J.). Erst in jüngster Zeit ist die Regel wieder bestätigt worden: Smith v. Leech Brain & Co., Ltd., (1962) 2 Q.B: 405, (1961) 3 All E.R. 1159.

238) Es ist eine bekannte Tatsache, daß im anglo-amerikanischen Rechtskreis die juristischen Zeitschriften das Forum darstellen, auf dem die Lehre ihre Beiträge leistet.

§ 51. *Kausalitätslehre von Beale*

In den Jahren 1911–1912 veröffentlichte Judge Jeremiah Smith einen 3teiligen Aufsatz[239]), in dem er die Unmittelbarkeitstheorie in jeder Form ablehnt[240]) und zur Haftungsbegrenzung stattdessen mit einem Merkmal arbeitet, das er ›substantial factor‹ nennt[241]); von dieser Regel sagt er, sie sei weniger angreifbar als die anderen Theorien[242]). Sicherlich ist Smith zu der Gruppe derer zu rechnen, die es ablehnen, definitive Regeln aufzustellen[243]). Ebenso hat Terry in einem Aufsatz aus dem Jahre 1914 auf eine abschließende Regelung verzichtet[244]). Damit war der Boden bereitet, auf dem Beale im Jahre 1920 seine bis ins einzelne gehenden Kausalitätsregeln entwickeln konnte[245]).

Beale baut entscheidend auf dem Directness-Merkmal auf. Unmittelbare Folgen einer ›active force‹ sind nach seiner Ansicht stets ersatzfähig, da zwischen ihnen der denkbar engste Kausalzusammenhang besteht[246]). Anders als Blackstone, J., im Squib-Case[247]) faßt Beale den Begriff der Directness weit und kommt so in den folgenden drei Fallgruppen zur Haftungsbejahung wegen Directness[248]): (1) Fälle mechanischer Kraftübertragung (»Injury caused by direct transmission of defendant's force, as by one brick in a row being caused to fall upon the next until the last brick is thrown down«[249]); (2) Fälle, in denen der Schaden durch Naturkräfte mit herbeigeführt wird (»Injury caused through the subsequent action of already operating natural forces«)[250]); (3) Anlageschadenfälle[251]).

Das Hauptgewicht des Beale'schen Aufsatzes liegt in der Behandlung mittelbarer Schäden. Beale geht von der allgemeinen Forderung aus: »Too many new causes must not intervene between the human act and the result under

---

239) Jer. Smith, 25 Harv.L.Rev. 103, 223, 303 (1911–12). Pound, 67 Yale L.J. 1, 10 (1957), bezeichnet diese Artikelfolge als ›contribution of the first importance‹.

240) 25 Harv.L.Rev. 103, 118 (1911); 223, 250 (1912).

241) Vgl. oben § 21 und: Derosier v. New England Tel. & Tel. Co., 81 N.H. 451, 130 A. 145, 152 (1925); Mahoney v. Beatmann, 110 Conn. 184, 147 A. 762, 766 (1929); Kinderavitch v. Palmer, 127 Conn. 85, 15 A.2d 83, 87 (1940).

242) 25 Harv.L.Rev. 103, 105 (1911).

243) 25 Harv.L.Rev. 303, 317 (1912).

244) Terry, 28 Harv.L.Rev. 10 (1914).

245) Beale, 33 Harv.L.Rev. 633 (1920). Allerdings faßt Beale seine Ausführungen zum Schluß in nicht mehr als vier Druckzeilen zusammen, aaO S. 658.

246) aaO S. 644. Zu der naheliegenden Frage, was mit den unmittelbaren Folgen einer ›passive cause‹ geschehen solle, erklärt er nur, sie seien nicht ›necessarily proximate‹, aaO S. 645.

247) Vgl. oben § 44. Beale will aber gerade diesen Fall nicht unter den Begriff ›Directness‹ fallen lassen, sondern gibt ihn als Beispiel für einen mittelbaren Schaden, für den gehaftet werden soll; aaO S. 647.

248) 33 Harv.L.Rev. 633, 644 f (1920).

249) Beispielsfall ist Hill v. Winsor, 118 Mass. 251 (1875); vgl. oben § 38.

250) Beispiel: Ein gestrandetes Schiff wird vom Sturm gegen die Uferbefestigung geworfen und beschädigt sie; Romney Marsh v. Trinity House, (1870) L.R. 5 Ex. 204. Wind ist aber auch schon als ›intervening force‹ bezeichnet worden: Stephens v. Mutual Lumber Co., 103 Wash. 1, 5 (1918).

251) Vgl. oben § 47.

consideration«[252]). Im folgenden versucht Beale dann eine abschließende Regelung der Fälle zu geben, in denen trotz ›intervening force‹ die Haftung bejaht werden soll. In erster Linie ist das der Fall, wenn die Handlung des Beklagten die ›intervening force‹ hervorgerufen hat[253]). Als Beispiel wird der Fall genannt, daß der Beklagte auf der Straße eine politische Rede gehalten und dadurch eine Menschenmenge angelockt hat. Um ihn besser zu verstehen, sind die Leute auf einen dem Kläger gehörenden Stapel Baumaterialien gestiegen und haben Platten zerbrochen[254]). Ebenso behandelt wissen will Beale die Fälle, in denen der Beklagte mit seiner Handlung einen Menschen oder ein Tier so sehr in seiner Substanz trifft, daß er oder es aufgescheucht wird und Schaden anrichtet. Beispiele hierfür sind der Isham-Case[255]) und der englische Fall Wise v. Dunning: Hier hatte sich der Angeklagte in seiner Rede abfällig über die römisch-katholische Kirche geäußert. Die Folge war eine Straßenschlacht, im Verlaufe derer Personen verletzt wurden[256]).

In Gruppe zwei wendet sich Beale Fällen zu, in denen der Beklagte mit seiner Handlung eine Gefahrenquelle für einen andern schafft. Wenn der Gefährdete oder ein Dritter zur Abwendung des Schadens tätig wird und sich oder einen Unbeteiligten schädigt, soll der Beklagte für diesen Schaden einstehen[257]). Hierunter fallen die Rescue-Fälle, in denen jemand bei seiner Samaritertätigkeit Schaden erleidet[258]). Weiter sind hier die Fälle Scott[259]) und Clark[260]) zu nennen, wie auch die Fälle der Haftung für ärztliche Kunstfehler in diese Gruppe fallen[261]).

In Gruppe drei behandelt Beale die Fälle, in denen ›defendant's active force has come to rest‹[262]). Soweit davon noch eine Gefährdung ausgeht und ein entsprechender Schaden eintritt, soll gehaftet werden. Beispielsfall ist Gilman[263]); hier hatte der Beklagte versehentlich ein Weidengattertor nicht hinter sich verriegelt, so daß die Schafe des Klägers entwichen und von Bären

---

252) 33 Harv.L.Rev. 633, 643 (1920).

253) »In such a case the defendant's force is really continuing in active operation, by means of the force it stimulated into activity.« aaO S. 646.

254) Fairbanks v. Kerr, 70 Pa. 86 (1871).

255) Vgl. oben § 38 Tatbestandlich ähnlich ist der Fall Brown v. Travelers Indemnity Co., 251 Wis. 188, 28 N.W.2d 306 (1947): Der Ehemann der Klägerin hatte auf der Landstraße eine Kuh angefahren. Die Klägerin wurde, nachdem sie dem Bauern Bescheid gesagt hatte, von der aus ihrer Bewußtlosigkeit erwachten Kuh angegriffen. Ihrer Klage gegen den Versicherer ihres Mannes wurde stattgegeben.

256) Wise v. Dunning, (1902) 1 K.B. 167.

257) 33 Harv.L.Rev. 633, 647 f. (1920).

258) Eckert v. Long Island R.R., 43 N.Y. 502 (1871); Illinois Central R.R. v. Siler, 229 Ill. 390, 82 N.E. 362 (1907).

259) Vgl. oben Anm. 247.

260) Clark v. Chambers, (1878) 3 Q.B.D. 327: Der Beklagte hatte auf dem öffentlichen Fahrweg ein Hindernis errichtet, das ein unbekannter Dritter auf den Bürgersteig geräumt hatte. In der Dunkelheit rannte der Kläger dagegen. Vgl. auch Fishburn v. Burlington Ry., 127 Iowa 483, 103 N.W. 481 (1905).

261) Wright v. Blakeslee, 102 Conn. 162, 128 A. 113, 115 (1925).

262) 33 Harv.L.Rev. 633, 650 ff. (1920).

263) Gilman v. Noyes, 57 N.H. 627 (1876).

gefressen worden waren. Hiervon unterschieden werden die Fälle, in denen die Handlung des Beklagten in ungefährlicher Lage zur Ruhe gekommen ist; in diesen Fällen soll ein später eintretender Schaden nicht ersetzt werden[264]). Allerdings bleibt Beale die Antwort auf die Frage schuldig, wie er diese Fälle von Passive-Force-Situationen unterscheidet.

In allen anderen Fällen mittelbarer Verursachung kommt Beale zum Ausschluß der Haftung, und zwar namentlich in zwei Fällen: wenn die Zwischenursache ›an unforeseeable independent active force‹ ist oder ›a foreseeable independent force, the risk of whose intervention was not created or increased by the defendant‹[265]).

Beale will mit seinen hier in groben Zügen dargestellten Haftungsregeln ein Schema geben, das die Lösung von Rechtsfällen mit automatenhafter Präzision gewährleistet. Ein solches Vorhaben ist zum Scheitern verurteilt, weil es komplexe Lebenssachverhalte zu sehr vereinfachen muß, um sie in die vorgesehenen Formen pressen zu können. Hinzu kommt, daß Beale vorwiegend die Ergebnisse seiner Überlegungen darstellt und generell keine Begründungen dafür gibt[266]).

Die Reaktion der Lehre auf diesen Versuch, die richterliche Entscheidungsfreiheit durch strenge Regeln einzuschränken, war eine extrem liberale Auffassung, mit der Edgerton im Jahre 1924 an die Öffentlichkeit trat[267]). Er gelangt zu dem Ergebnis ›Definite Rules Impossible‹[268]) und schlägt vor, allein die Gerechtigkeit zur Leitschnur zu machen; als Haftungsvoraussetzung verlangt er das Vorliegen einer ›justly-attachable cause‹[269]). Im Jahre 1925 versuchte McLaughlin in einem vielbeachteten Aufsatz einen Lösungsweg aufzuzeigen, der in der Mitte zwischen den strikten Regeln seines Lehrers Beale und der Nicht-Regel Edgertons verläuft[270]). Wie sich zeigt, vertritt McLaughlin weit mehr die Sache Beales, so daß von einem Mittelweg nicht die Rede sein kann[271]). In einem aus zahlreichen Zeitschriftenaufsätzen bestehenden Monumentalwerk hat es schließlich Carpenter unternommen, zu

---

264) Beispiel: Ein Schaffner der beklagten Eisenbahngesellschaft läßt die Klägerin am falschen Ort aussteigen; die Klägerin muß die Nacht dort im Hotel verbringen. Sie wird bei einer Lampenexplosion in ihrem Hotelzimmer verletzt.

265) 33 Harv.L.Rev. 633, 655 (1920).

266) Der Ton seiner Ausführungen ist bestimmt, fast befehlend. So erklärt er zu einem Urteil, das mit seiner Ansicht in Widerspruch steht: »This was a decision by the notorious Robinson, J.« »Comment is unnecessary.« 33 Harv.L.Rev. 633, 648 (1920).

267) Edgerton, 72 U.Pa.L.Rev. 211, 343 (1924).

268) 72 U.Pa.L.Rev. 211, 241 (1924). Damit ist Edgerton zur Gruppe von Smith (vgl. oben Anm. 243) und Terry (oben Anm. 244) zu zählen. Auch gehört dazu Andrews, J., im Falle Palsgraf (Vgl. oben § 37), wenn er erklärt: »What we do mean by the word ›proximate‹ is, that because of convenience, of public policy, of a rough sense of justice, the law arbitrarily declines to trace a series of events beyond a certain point. This is not logic. It is practical politics.« 248 N.Y. 339, 352 (1928).

269) 72 U.Pa.L.Rev. 343, 348 (1924).

270) McLaughlin, 39 Harv.L.Rev. 149 (1925).

271) McLaughlins Regeln sind etwas elastischer als die von Beale, da er stärker mit dem Vorhersehbarkeitsmerkmal arbeitet; aaO S. 175, 182.

neuen Ufern zu gelangen[272]). Was ursprünglich als Gegentheorie zu den mechanischen Regeln Beales geplant gewesen war[273]), wuchs sich zu einem so gekünstelten Gewirr von Kausalitätsformeln aus, daß ihm ein Ehrenplatz im juristischen Kuriositätenkabinett sicher war.

§ 52. Restatement

Die Lehre von den intervening forces hat im Restatement of the Law of Torts ihren Niederschlag gefunden[274]) und ist auch im Entwurf für die zweite Auflage beibehalten worden[275]).

Das Restatement geht nicht davon aus, daß bei Vorliegen von Verschulden alle unmittelbar verursachten Folgen ersatzfähig seien; der Begriff der Directness wird nicht gebraucht. Stattdessen wird neben dem Erfordernis tatsächlicher Kausalität[276]) nur ganz allgemein gefordert, daß das Verhalten des Beklagten ›legal cause‹ sei[277]). Bei der Bestimmung der ›legal cause‹ soll Vorhersehbarkeit keine Rolle spielen, sondern vielmehr ein Hindsight-Test angewandt werden[278]). Hiermit ließen sich ohne Frage die Fälle unmittelbarer wie auch mittelbarer Kausalität erfassen; das Restatement gibt aber für letztere Fälle eine ausführliche gesonderte Regelung, in der erstaunlich vollständig den Forderungen Beales entsprochen wird[279]).

Es hieße aber das Wesen des Restatement verkennen, wollte man dies als zwingende Regelung ansehen[280]). Es sind dies vielmehr unter Anerkennung jahrelanger Gerichtspraxis formulierte Anregungen für den Richter, ein gewünschtes Ergebnis zu begründen oder überhaupt erst zu einem solchen Ergebnis zu gelangen. Dementsprechend heißt es im Restatement-Text: »The following considerations are of importance in determining whether an intervening force is a superseding cause of harm to another«[281]). In der Tat

---

272) Carpenter, 20 Calif.L.Rev. 229, 396, 471 (1932); ders., 14 So.Cal.L.Rev. 1, 115, 416 (1940–41); 15 So.Cal.L.Rev. 187, 304, 427 (1941–42); 16 So.Cal.L. Rev. 1, 61, 275 (1942–43).

273) Carpenter bezeichnet die Regeln Beales als ›a mechanistic terminology better fitted to the study of physics than to that of human relations.‹ 20 Calif.L.Rev. 229, 245 (1932).

274) Bd. 2, §§ 440–453 (1934). Im Supplement 1948 sind diese Vorschriften unverändert geblieben.

275) Restatement of the Law of Torts (Second), Tentative Draft No. 9 (1963).

276) Vgl. oben § 19.

277) Restatement §§ 430, 431.

278) Restatement § 435 (Supplement 1948). Dieser Hindsight-Test sollte nach der ursprünglichen Fassung bei der Bestimmung des ›substantial factor‹ angewandt werden: Restatement § 433 (b) (1934); vgl. oben § 21.

279) Vgl. insbesondere Restatement § 442 (1934).

280) Durch das Restatement soll das Recht nicht reformiert, sondern überschaubar dargestellt werden. Es soll kein Privatgesetzbuch sein, sondern die Buntscheckigkeit des Common Law in seiner weitgehenden Systemlosigkeit reflektieren.

281) § 442. Vgl. auch die Formulierung in § 433: »The following considerations are in themselves or in combination with one another important in determining whether the actor's conduct is a substantial factor in bringing about harm to another.«

ist nach dem Restatement erlaubt, was den tatsächlichen Gegebenheiten am besten gerecht wird[282]). So kann ein und dieselbe Entscheidung auf fünf verschiedenen Wegen erreicht werden: mit Hilfe des Duty-Merkmals[283]), der Negligence-Formel[284]), der Substantial-Factor-Rule[285]), der Legal-Cause-Formel und schließlich mit der Intervening-Force-Lehre. Der unleugbare Vorzug der Flexibilität dieser Methode, der unter dem bewußten Verzicht auf eine Berechenbarkeit des Prozeßausgangs erreicht wird, ist der Grund für die Beibehaltung der Lehre von den Intervening Forces auch im Entwurf.

§ 53. Unzulänglichkeit der Zwischenursachenlehre

Der Hauptgrund dafür, daß die Lehre von den ›intervening forces‹ in aller Regel den praktischen Erfordernissen nicht gerecht wird, ist in ihrer mechanischen Künstlichkeit zu sehen. Schon die Unterscheidung zwischen existing conditions und intervening forces läßt sich in der Praxis vielfach nicht durchführen, wie der Erdrutsch-Fall zeigt[286]): In dem klageabweisenden Urteil wird der Fluß, der das brennende Öl an das Grundstück des Klägers herangetragen hatte, als ›intervening agent‹ bezeichnet. Nach der herkömmlichen Klassifizierung[287]) liegt aber eine existing condition vor, da der Fluß schon immer in der Nähe des Bahndamms verlaufen war. Andererseits tauchen Zweifel auf, wenn man aus dem Urteil herauslesen will, daß der Fluß erst unmittelbar nach dem Unfall angeschwollen war. Soll man in diesem Falle plötzlich von einer intervening force sprechen? Ganz offensichtlich kann es nicht darauf ankommen, ob und zu welchem Zeitpunkt mit dem Fluß eine Veränderung vor sich gegangen ist.

Auch in Fällen von der Art des folgenden erweist sich die Intervening-Force-Lehre als unzulänglich: Der Beklagte[288]) hatte es unter Verletzung einer Polizeivorschrift unterlassen, den Zündschlüssel von seinem abgestellten Wagen abzuziehen. Der Wagen war daraufhin gestohlen worden. Mehrere Stunden nach dem Diebstahl und fünf Meilen vom Ort der Straftat entfernt hatte der Dieb den Kläger angefahren, der sich für den Ersatz seines Schadens an den Beklagten als Wagenhalter wandte. Das Gericht wies ihn mit seiner

---

[282]) Dies ist der Grund dafür, daß Dean Leon Green, der für eine völlige Elimination der juristischen Kausalität eintritt, nicht unter den Verfassern des ersten Torts-Restatement geblieben ist und auch nicht bei der zweiten Fassung mitwirkt.

[283]) § 281; es ist wohl die umstrittenste Restatement-Vorschrift aus dem gesamten Haftungsrecht; mit § 435 II (Supplement 1948) ist sie unvereinbar.

[284]) §§ 282 ff. In § 283 wird das Verhalten des ›reasonable man‹ zum Maßstab gemacht. Im Rahmen der Reasonableness-Prüfung können alle notwendigen Überlegungen angestellt werden.

[285]) Es ist schon gesagt worden, daß dieser Begriff auf die Frage der tatsächlichen Kausalität beschränkt werden soll. Vgl. oben § 21.

[286]) Hoag v. Lake Shore & Mich. So. R.R., 85 Pa. 293 (1877). Vgl. oben § 38.

[287]) 85 Pa. 293, 299 (1877).

[288]) Wannebo v. Gates, 227 Minn. 195, 34 N.W.2d 695 (1948). Vgl. Cole, 52 Calif. L.Rev. 459, 500 (1964).

Klage ab. Es führte aus, der Diebstahl sei vorhersehbar gewesen und könne daher grundsätzlich nicht als Zwischenursache angesehen werden, die den Kausalzusammenhang unterbreche. Hier aber sei die Diebstahlshandlung bereits abgeschlossen gewesen, als es zu dem Unfall gekommen sei; der Dieb sei nicht mehr auf der Flucht und daher potentiell gefährlicher gewesen als andere Verkehrsteilnehmer[289]). Es steht außer Frage, daß es für die Entscheidung des vorliegenden Falles nicht darauf ankommt, ob das Verhalten des Diebes als ›intervening force‹ gewertet wird oder nicht.

Auch bei tatbestandlich etwas schwieriger gelagerten Fällen zeigt sich die Undurchführbarkeit dieser Lehre. Im Falle Haynes[290]) hatte der Kutscher des Beklagten zwei vor einen Wagen gespannte Pferde unbeaufsichtigt auf der Straße in einem Vorort Londons stehengelassen. Spielende Kinder machten die Tiere mit Steinwürfen scheu. Der Kläger, ein Polizist, sah von der Wachstube aus das durchgegangene Gespann und stürzte auf die Straße, um die Tiere aufzuhalten. Das gelang ihm, er wurde dabei aber verletzt. Der Court of Appeal bestätigte auf die Berufung des Beklagten das erstinstanzliche Urteil zugunsten des Klägers[291]). Es soll hier nicht im einzelnen auf die Begründung eingegangen werden. Interessant ist, daß sich namentlich in dem Votum von Maugham, L. J., zahlreiche Bezugnahmen auf die Lehre von den Zwischenursachen finden[292]), und zwar wird geprüft, ob das Eingreifen des Klägers als Zwischenursache zu betrachten sei, die den Kausalzusammenhang ausschließe. Im Grunde lagen hier aber zwei verschiedene Zwischenursachen vor – wenn man überhaupt mit diesem Begriff arbeitet; außer dem Verhalten des Klägers käme auch das der Kinder als Zwischenursache in Betracht[293]). Man müßte also dieselben Überlegungen zweimal anstellen.

Vollends ad absurdum geführt wird diese Lehre in folgendem Fall der ungewöhnlichsten Tatsachenverbindungen[294]): Der Beklagte hatte seinen LKW nachts unbeleuchtet auf der Straße abgestellt; die Eheleute Gunter waren mit ihrem PKW kurze Zeit später von hinten aufgefahren, wobei ihr Wagen vollständig zerstört wurde und in Brand geriet. Der Kläger sah die Gefahr für die eingeklemmten Insassen und eilte herbei, um sie zu retten.

---

[289]) 34 N.W.2d 695, 696 (1948). Ebenso: Ross v. Hartman, 139 F.2d 14, 15 (1943); Ostergard v. Frisch, 333 Ill.App. 359, 77 N.E.2d 537, 541 (1948). Vgl. auch Miller v. Bahnmuller, 124 App.Div. 558, 108 N.Y.S. 924 (1908); Galbraith v. Levin, 323 Mass. 255, 81 N.E.2d 560, 562 (1948). Im Falle Sullivan v. Griffin, 318 Mass. 359, 61 N.E.2d 330, 332 (1945), wurde die Haftung verneint, obwohl der Unfall während der Flucht geschah.

[290]) Haynes v. Harwood, (1935) 1 K.B. 146, (1934) All E.R.Rep. 104.

[291]) Zu diesem Zwecke wurde die bindende Vorentscheidung desselben Gerichts in Sachen Cutler v. United Dairies (London), Ld., (1933) 2 K.B. 297, in der die Klage bei fast identischem Sachverhalt abgewiesen worden war, als ›entirely different distinguished‹: (1935) 1 K.B. 146, 167. Haynes stellt die Übernahme der amerikanischen Rechtsprechung in den Rescue-Cases für das englische Recht dar, für die sich Goodhart, 5 C.L.J. 192 (1934), eingesetzt hatte.

[292]) (1935) 1 K.B. 146, 161.

[293]) Goodhart, 4 Curr.L.Pr. 177, 191 (1951).

[294]) Lynch v. Fisher, 34 So.2d 513 (La. App. 1948); bestätigt, 41 So.2d 692 (La. App. 1949).

Es gelang ihm, die Tür zu öffnen und den Mann und die Frau herauszuziehen. Um die schwerverletzte Frau bequemer betten zu können, wollte er aus dem Wagen eine Fußmatte holen. Dabei fand er auf dem Wagenboden einen Revolver, den er dem Ehemann aushändigte; dieser war noch so benommen, daß er ihn für den Angreifer hielt. Er schoß daher auf den Kläger und verletzte ihn am Bein. Der Kläger drang mit seiner Schadensersatzklage gegen den Eigentümer des falsch geparkten LKW durch.

Das Gericht bewegte sich in seiner Begründung mit den Begriffen ›proximate cause‹, ›direct cause‹ und ›intervening forces‹ in gewohnten Bahnen[295]. Es erlag nicht der Gefahr, im Hinblick auf die große Zahl potentieller Zwischenursachen den Überblick zu verlieren und so ein Opfer der mechanischen Betrachtungsweise zu werden. Das war aber nur deswegen so, weil das Gericht schon vorher auf Grund ungenannter Argumente zum – richtigen – Ergebnis gelangt war[296]. Ohne späteren Erörterungen vorzugreifen[297], soll an dieser Stelle versucht werden, die wesentlichsten dieser Argumente zu nennen.

Gesichtspunkte, die zur Bejahung des klägerischen Schadensersatzanspruchs führten, sind etwa die folgenden: (1) Der Kläger war nicht nur ein Samariter, sondern ein Held; zu künftigen Verhaltensweisen dieser Art soll ermutigt werden. (2) Dem Beklagten war grobes Verschulden zur Last zu legen; im Lande der Vollmotorisierung hatte er auf einem Highway ein Hindernis errichtet. (3) Der Beklagte war als gewerblicher Fuhrunternehmer mit seinem Fahrzeug versichert[298].

Ein ähnlich phantastischer Sachverhalt lag einer anderen Entscheidung desselben Gerichts zugrunde[299]: Der Beklagte war mit seinem Wagen infolge einer Panne auf der Landstraße liegengeblieben, ein Tanklastzug war aufgefahren. Dabei hatte das Benzin Feuer gefangen. Eine über der Straße verlaufende Hochspannungsleitung war durch die Hitze gerissen. Die in einiger Entfernung von der Unfallstelle wohnende Klägerin wollte zu Hilfe eilen, als sie von einem herunterfallenden Ende der Hochspannungsleitung getroffen und gegen ein Brückengeländer geschleudert wurde. Dabei brach sie sich das rechte Bein. Ihrer Klage auf Schadensersatz gab das Gericht unter Bezugnahme auf seine Entscheidung in Sachen Lynch statt[300]. Auch in diesem Falle würde der Versuch, mit der Lehre von den Intervening Forces zu einer Lösung zu gelangen, zum Scheitern verurteilt sein.

---

295) 34 So.2d 513, 517, 519 (1948).
296) Vgl. Note, 9 La.L.Rev. 421, 424 (1949).
297) Vgl. den 4. Teil der Arbeit.
298) Vgl. hierzu insbesondere den ausgezeichneten Studenten-Kommentar: Mc Donald, 16 La.L.Rev. 391, 411 (1956).
299) Chavers v. Blossman, Inc., 45 So.2d 398 (La. App. 1950).
300) Vgl. dazu Conroy, 25 Tul.L.Rev. 419 (1951).

§ 54. Ausweitung des Directness-Merkmals

In demselben Maß, in dem sich die Zwischenursachenlehre als praktisch undurchführbar erwies, fand eine ständige Ausweitung des Begriffs der Directness statt. Die Gerichte machen von diesem Merkmal nicht nur zu Zwecken der Haftungsverneinung Gebrauch (Isolation-Test), sondern begründen damit auch Lösungen in Fällen, in denen in irgendeiner Form Zwischenursachen vorkommen[301]). Diese Praxis geht so weit, daß ›direct cause‹ und ›legal cause‹ gleichgesetzt werden: Bei Bejahung des Vorliegens juristischer Kausalität wird der Kausalzusammenhang als ›direct‹ bezeichnet[302]). Es steht fest, daß ›direct causation‹ nur dann als ›causation where there is no intervening force‹ definiert werden kann, wenn man der Bestimmung einer ›intervening force‹ schon eine Wertung zugrunde legt[303]). Der Gebrauch des Begriffes ›intervening force‹ bringt dann schon ein Ergebnis zum Ausdruck; nämlich, daß wegen Unterbrechung des Kausalzusammenhangs die Haftung verneint wird. In allen anderen Fällen – ob Zwischenursachen beteiligt sind oder nicht – wird mit ›Directness‹ gearbeitet. Auf diese Weise wird bei Haftungsablehnungen nicht nur gesagt, es liege eine ›indirect consequence‹ vor, sondern darüber hinaus kann der Richter unter Benutzung einer wissenschaftlich klingenden Formel erklären, es gebreche am Kausalzusammenhang, weil zwischen Schadenshandlung und Schaden eine ›intervening force‹ zu verzeichnen sei[304]).

Im Falle Stansbie[305]) hatte es der Beklagte, der als Handwerker im Hause des Klägers tätig gewesen war, unterlassen, beim Verlassen des Hauses, in dem sich sonst niemand befand, die Haustür abzuschließen; ein Dieb hatte sich eingeschlichen und Sachen gestohlen, für die der Kläger Ersatz verlangte. Der Court of Appeal gab der Klage statt. Tucker, L. J., begründete diese Entscheidung in erster Linie damit, daß der Dieb als ›direct result‹ des Verhaltens des Beklagten das Haus betreten habe[306]). Mag der Richter damit die Verursachung somit auch nicht insgesamt als unmittelbar bezeichnen, so steht doch dieser Gedanke im Hintergrund.

Der Richter bejahte hier also das Vorliegen von ›directness‹, obwohl der Schaden nur durch das Eingreifen eines Dritten eingetreten ist[307]); daß dieser

---

[301]) »›Direct‹ is not limited to results which follow physically without any intervening act.« Lord Porter, 5 C.L.J. 176, 189 f. (1934).

[302]) Prosser, 21 Minn.L.Rev. 19, 27 (1936); Seavey, Cogitations 30 (1954).

[303]) »This technique is more a rule of thumb than a view.« Gregory, 6 U.Chi.L.Rev. 36, 47 (1938).

[304]) Auch dieses Vorgehen ist diktiert von dem Wunsch des Richters, die Geschworenen in die Hand zu bekommen. Vgl. auch oben § 23.

[305]) Stansbie v. Troman, (1948) 2 K.B. 48, (1948) 1 All E.R. 599.

[306]) (1948) 2 K.B. 48, 52.

[307]) Boberg, 76 S.A.L.J. 280 (1959), will in Fällen wie diesem überhaupt auf die Lehre von den Zwischenursachen verzichten und stattdessen mit dem Negligence-Merkmal arbeiten; im Ergebnis ebenso: Thornton v. Weaber, 380 Pa. 590, 112 A.2d 344, 347 (1955); Herring v. Springbook Packing Co., 208 Or. 191, 299 P.2d 604, 607 (1956). Dann sollte aber besser insgesamt von dieser Lehre abgesehen werden.

Lösungsweg nicht selbstverständlich ist, zeigt die Tatsache, daß die Haftung in zahlreichen Fällen mit identischem Sachverhalt wegen Unterbrechung des Kausalzusammenhangs verneint worden ist[308]). Man kann heute generell sagen, daß das Vorliegen von Zwischenursachen keineswegs die Bejahung des Directness-Merkmals ausschließt[309]). Durch die daraus resultierende Ausweitung dieses Begriffs wird freilich seine Inhaltsbestimmung weiter erschwert[310]).

§ 55. Würdigung

Es ist dargestellt worden, daß der Directness-Test letztlich auf die Rückschau-Methode zurückzuführen ist[311]); diese Feststellung ist getroffen worden, ohne daß Fälle mit Zwischenursachen berücksichtigt worden sind. An dieser Stelle kann gesagt werden, daß auch im Hinblick auf Fälle mit ›intervening forces‹ nichts anderes gilt.

»The idea is that the man who ›starts something‹ should be responsible for what he has started«[312]). Zu denken ist etwa an eine Lawine, die jemand durch sein Verhalten auslöst. Entscheidend ist, ob der Kausalverlauf zwischen Verhalten und Schaden glatt und nahtlos vor sich gegangen ist, ob die Etappen des Kausalablaufs mühelos und selbstverständlich aufeinanderfolgen. Sind von außen kommende dritte Kräfte wirksam geworden, darf der Kausalzusammenhang auch nicht uneben aussehen; in irgendeiner Form müssen diese Kräfte aus einem vom Beklagten gesetzten Kausalglied folgen.

Die Directness-Lehre wirkt wie ein Pflug aus alter Zeit, der mit immer neuen technischen Raffinessen ausgestattet worden ist und dadurch nur um so unbrauchbarer geworden ist. Sie knüpft an Urinstinkte des Menschen an, die etwa dann deutlich werden, wenn sich ein Kind an der Tür stößt und dafür diese Tür tritt. Anknüpfungspunkt ist für den Directness-Test wie für die alte Trespass-Klage die vom Beklagten ausgehende Kraft, deren Wirksamkeit vom eingetretenen Schaden aus betrachtet wird. Fraglos wird die Haftungs-Problematik dadurch auf die für den Laien leichter verständliche Ebene der Mechanik verschoben[313]), auf der im übrigen auch die populäre Proximate-Cause-Formel angesiedelt zu sein scheint[314]).

---

308) Andrews v. Kinsel, 114 Ga. 390 (1901); Fraser v. Chicago, R.I. & P. Ry., 101 Kan. 122, 165 P. 831 (1917); Strong v. Granite Furnitures Co., 77 Utah 292, 294 P. 303 (1930). Aber: Brower v. New York Cent. & H.R. R.R., 91 N.J.L. 190, 103 A. 166 (1918).

309) Summers v. Salford Corp., (1943) A.C. 283, 296; Carmarthenshire C.C. v. Lewis, (1955) A.C. 549; Brown v. Chicago, M. & St.P. Ry., 54 Wis. 342, 359 (1882); Fleming, Torts 189 (2.A. 1961); Staughton & Rokinson, VersR 1962, 870, 872.

310) Gibson, 2 Osgoode Hall L.J. 416, 428 (1963).

311) Vgl. oben § 49.

312) McLaughlin, 39 Harv.L.Rev. 149, 164 (1925).

313) Dies hat Bedeutung für die Zivilgeschworenen wie überhaupt für den ›Mann auf der Straße‹, der an dem Ausgang auch von Zivilfällen großes Interesse zeigt.

314) Goodhart, 76 L.Q.R. 567, 581 (1960).

Die Unmittelbarkeitstheorie besticht durch ihre außerordentliche Flexibilität, die jedes gewünschte Ergebnis zuläßt[315]): Mit ihrer Hilfe kann den Sorgen des Versicherungszeitalters ebenso nachgekommen werden[316]) wie politischen Nöten[317]). Hierin ist zugleich die Gefahr dieser Theorie zu sehen. Ihre Gegner[318]) rügen zu Recht, daß sie zunächst einen Test zu garantieren scheine, der mit mechanischer Präzision das richtige Ergebnis liefere[319]); in Wirklichkeit sei der Begriff der Directness inhaltsleer und ausfüllungsbedürftig. Die Praxis der Gerichte zeige, daß als ›direct‹ bezeichnet werde, ›what justice requires‹[320]); damit werde das Ergebnis mit der Begründung dafür verwechselt[321]).

Zugunsten der Directness-Regel führen die Anhänger dieser Lehre[322]) das Argument an, sie schließe die Berücksichtigung subjektiver Merkmale weitestgehend aus und ermögliche somit, die Fragen des Haftungsgrunds und des Haftungsumfangs sauber zu trennen[323]). Auch wenn man einmal davon absieht, daß nicht wenige Autoren bei der Bestimmung des Directness-Merkmals mit der Vorhersehbarkeitstheorie arbeiten wollen[324]), so erscheint dieses Argument nicht zwingend. Gerade im Zusammenhang mit der Directness-Lehre führt das Tatbestandsmerkmal der Negligence in besonderem Maße ein Schattendasein. Wenn dann auch die juristische Kausalitätstheorie jeden subjektiven Einschlages enträt, kann von Verschuldenshaftung nicht mehr die Rede sein[325]).

---

315) Greenwell, 24 A.L.J. 392, 395 (1951); Dias, (1962) C.L.J. 178, 194; Payne, Foresight Saga 22, 26 (1962).

316) Cooke, 37 N.Z.L.J. 155, 156 (1961).

317) Herriott, 4 Wis.L.Rev. 193, 206 f. (1927).

318) »The formula of ›directness‹... committed English law to a long period of baffling and sterile discourse amidst a labyrinth of pseudo-logical and metaphysical controversy.« Fleming, 39 Canad.B.Rev. 489, 491 (1961); ähnlich: Prosser, Selected Topics 191, 230 (1953); ders., 38 Calif.L.Rev. 369, 399 (1950); James-Perry, 60 Yale L.J. 761, 806 (1951) (»to the scrap-heap«).

319) Goodhart, 76 L.Q.R. 567, 581 (1960); Middleton, (1961) Jur.Rev. 283, 301.

320) Jul.Stone, Province 183 (1946). In der Neufassung findet sich der Ausspruch nicht mehr: ders., Legal System 266 (1964).

321) Green, Rationale 120 (1927); Tilley, 33 Mich.L.Rev. 829, 843 (1935); Seavey, Cogitations 34 (1954).

322) Zu den Anhängern werden auch diejenigen Autoren gerechnet, die zwar den Begriff ›directness‹ ablehnen, aber sonst dieselben Ansichten vertreten: Hart & Honoré 129, 162, 165 (1959); entsprechend: Honoré, 39 Canad.B.Rev. 267 (1961). Weiter: Jolowicz, (1961) C.L.J. 30; Wilson & Slade, 15 M.L.R. 458, 464 (1952); McKerron, Delict 116 (5.A. 1959); Burke, 15 Calif.L.Rev. 1, 7 (1926); Heyting, 44 Jur.Rev. 239, 245 (1932).

323) Beney, Foresight Saga 4, 13 (1962).

324) McNair, 178 L.T. 436, 438 (1934); Tilley, 33 Mich.L.Rev. 829, 843 (1935); Payne, 5 Curr.L.Pr. 189, 193 (1952); Winfield on Tort 85 (6.A. 1954, bearb. v. Lewis): in der neuesten Auflage findet sich diese Passage nicht mehr: Winfield on Tort 224 (7.A. 1963, bearb. v. Jolowicz); Rob. Keeton, Legal Cause 31, 40 (1963); Beney, Foresight Saga 4, 13 (1962); P.S. James, Torts 389 (2.A. 1964). Diese Ansicht verdient nur in dem Sinne Unterstützung, als sich Directness-Test und Vorhersehbarkeitstheorie bei genauerer Betrachtung erstaunlich nahekommen, wie noch zu zeigen sein wird; vgl. dazu insbesondere Beney, aaO.

325) Vgl. oben § 37.

Trotz aller geschilderten Nachteile der Unmittelbarkeitstheorie soll hier nicht vorgeschlagen werden, sie in toto zu verdammen. Für den Bereich des Common Law dürfen die Vorteile nicht unterschätzt werden, die darin liegen, daß der Richter mit dieser Theorie ein Mittel in die Hand bekommt, die Macht der Jury einzuschränken. Auch liefert diese Lehre einen vorzüglichen ›word curtain‹, hinter dem die eigentlichen Entscheidungsgründe verborgen werden können[326]).

III· Vorhersehbarkeitstheorie

§ 56. Vorbemerkung

Als Alternative zu dem sich weitgehend objektiv am Geschehensablauf orientierenden Directness-Test bietet sich die Vorhersehbarkeitstheorie an. Sie umfaßt notwendigerweise einen positiven und einen negativen Aspekt: Es wird für alle vorhersehbaren Schäden gehaftet; die Haftung entfällt für nicht vorhersehbare Schäden[327]).

Der Begriff der Vorhersehbarkeit (foreseeability) hat seit jeher auf angloamerikanische Juristen im Zusammenhang mit Haftungsbegrenzungsfragen im Negligence-Recht einen magischen Einfluß ausgeübt[328]). Es herrscht daher auch Übereinstimmung darüber, daß das Merkmal der Vorhersehbarkeit hier eine besondere Rolle spielt[329]). Umstritten ist dagegen, wo es im Haftungstatbestand eingeordnet werden und welches Gewicht es erhalten soll[330]).

Vier Lösungswege stehen sich gegenüber, mit Hilfe derer die Anhänger dieser Theorie dem Vorhersehbarkeitsbegriff gebührende Berücksichtigung bei der Entscheidung von Rechtsfällen sichern wollen: die undogmatische Allzweck-Formel (catch-all formula), die ›natural and probable consequence rule‹, die ›natural and probable consequence rule‹ in Verbindung mit der Intervening-Force-Regel und schließlich die Lehre von der ›duty to take reasonable care‹.

---

326) Näheres hierzu im 4. Teil der Arbeit.

327) Zahlreiche Autoren, die nur den positiven Teil billigen, sind nicht als Anhänger dieser Lehre anzusehen: Jer.Smith, 25 Harv.L.Rev. 103, 118 (1912); Reese, 7 Corn.L.Q. 95, 105 (1922); Carpenter, 20 Calif.L.Rev. 229, 238 (1931); ders., 14 So.Cal.L.Rev. 1, 26 (1940); Green, 1 Texas L.Rev. 243, 246 (1923) (es besteht kein Zweifel, daß Green diese Ansicht heute nicht mehr vertritt).

328) »Attempts to escape from the significance of foresight in the field of legal remoteness are attempts to escape from our culture.« Morris, 34 Minn.L.Rev. 185, 197 (1950); ders., 101 U.Pa.L.Rev. 189, 199 (1952); James-Perry, 60 Yale L.J. 761, 785 (1951).

329) Edgerton, 72 U.Pa.L.Rev. 343, 352 (1924); Gregory, 6 U.Chi.L.Rev. 36, 50 (1938); Seavey, Cogitations 34 (1954); 2 Harper & James 1135 (1956).

330) Hier gehen die Ansichten so weit auseinander wie: ›einziger Gesichtspunkt überhaupt‹ (Goodhart) und ›Formel für die Überweisung an die Jury‹ (Green).

(1) Allzweck-Formel

§ 57. *Geschichtliche Entwicklung*

Nachdem sich im Law of Torts der Grundsatz der Verschuldenshaftung durchgesetzt hatte[331]), suchten die Gerichte für Fragen der Haftungsbegrenzung Zuflucht bei subjektiven Merkmalen; hier kam in erster Linie das Vorhersehbarkeitsmerkmal in Betracht[332]).

Stets zitiert werden in diesem Zusammenhang zwei Voten von Chief Baron Pollock[333]) aus dem Jahre 1850[334]). In beiden Fällen ging es um die Frage mitwirkenden Verschuldens auf seiten des Klägers; die hier interessierenden Probleme tauchten nicht auf. Pollock, C. B., machte seine allgemeinen Bemerkungen also anerkanntermaßen beiläufig (obiter dicta). Trotzdem sind sie von großer Bedeutung, da die Autorität des bekannten Richters dahintersteht[335]). In der Greenland-Entscheidung heißt es: »I entertain considerable doubt whether a man is responsible for all the possible consequences that may, under any circumstances, arise in respect of mischief which by no possibility could he have foreseen, and which no reasonable person under any circumstances could be called upon to have anticipated«[336]). In der offiziellen Version wird dieselbe Passage dagegen so wiedergegeben: »I entertain considerable doubt, whether a person who is guilty of negligence is responsible for all the consequences which may under any circumstances arise, and in respect of mischief which could by no possibility have been foreseen, and which no reasonable person would have foreseen«[337]).

Wegen dieser unterschiedlichen Wiedergabe wollen die Richter in der Polemis-Entscheidung[338]) den Wert des Votums von Pollock, C. B., überhaupt in Frage stellen. Sie erklären, in der inoffiziellen Veröffentlichung[339]) werde nichts anderes gesagt, als daß bei der Prüfung der Negligence-Frage die Vorhersehbarkeit eines Schadens von Bedeutung sei, und das sei allgemein anerkannt. Wenn allerdings die offizielle Veröffentlichung[340]) dem Wortlaut des Original-Votums entspreche, dann müsse in der Tat das Vorhersehbarkeitsmerkmal nach Bejahung der Negligence erneut geprüft werden[341]).

---

331) Vgl. oben § 8.

332) »Is this damage such as the defendant could reasonably be expected to anticipate?« Fred. Pollock, 38 L.Q.R. 165, 167 (1922). Kritik: Note, 233 L.T. 31 (1962).

333) Chief Baron Pollock ist der Großvater von Sir Frederick Pollock, dem Autor des Torts-Lehrbuchs, 1887 in erster Auflage und 1951 in 15. Auflage erschienen.

334) Greenland v. Chaplin, (1850) 5 Exch. 243, 19 L.J. Exch. 293; Rigby v. Hewitt, (1850) 5 Exch. 240, 19 L.J.Exch. 291.

335) Das betont Vaughan Williams, L.J., in Cory & Son, Ltd. v. France, Fenwick & Co., Ltd., (1911) 1 K.B. 114, 122.

336) (1850) 19 L.J.Exch. 293, 295.

337) (1850) 5 Exch. 243, 248 = 155 E.R. 104.

338) In re Polemis & Furness, Withy & Co., Ltd., (1921) 3 K.B. 560. Vgl. oben § 37.

339) S.o. Anm. 336.

340) S.o. Anm. 337.

341) So namentlich Bankes, L.J., (1921) 3 K.B. 560, 569; ähnlich: Warrington, L.J., aaO S. 574.

Im Hinblick auf das Votum in der Sache Rigby[342]) erscheint es nahezu zwingend, daß Pollock, C. B., sich im Sinne einer Haftungsbegrenzung nach Maßgabe der Vorhersehbarkeit ausgesprochen hat. Diese Interpretation wird gestützt durch die allgemeine Feststellung, daß sich der Vorhersehbarkeitstest großer Beliebtheit erfreut hat[343], bis im Jahre 1870[344]) und dann im Jahre 1921[345]) autoritär geklärt wurde, daß das Vorhersehbarkeitsmerkmal wohl für die Frage der Negligence Bedeutung haben sollte, nicht aber für die Bestimmung des Umfangs der Haftung. Hiergegen wandte sich alsbald Goodhart[346]), dessen unermüdlicher Kampf für die Vorhersehbarkeitsregel schließlich von Erfolg gekrönt wurde[347]).

§ 58. The Wagon Mound

Am 18. Januar 1961 erklärte das Judicial Committee des Privy Council[348]), die Polemis-Entscheidung ›should no longer be regarded as good law‹[349]). Das Schrifttum, das sich mit dieser Entscheidung in Sachen The Wagon Mound befaßt, ist bereits unübersehbar geworden[350]), während sich die Reaktion der Rechtsprechung in Maßen hält[351]).

---

342) S.o. Anm. 334. Hier finden sich die entsprechenden Ausführungen in der inoffiziellen Veröffentlichung: (1850) 19 L.J.Exch. 291, 292, während die offizielle Entscheidungssammlung nichts darüber enthält.

343) Winfield, 13 N.Y.U.L.Q.Rev. 1, 3 (1935).

344) Smith v. London & South Western Ry., (1870) L.R. 6 C.P. 14. Vgl. oben § 37.

345) Re Polemis, (1921) 3 K.B. 560. Vgl. oben § 37.

346) Goodhart, Cambridge Legal Essays 101 (1926); ders. 76 L.Q.R. 567 (1960).

347) Nächster §.

348) Das ist das ehemalige Kolonialgericht, dessen Entscheidungen die Gerichte des Mutterlandes nicht binden, wohl aber die Gerichte der Länder, für die es noch letzte Instanz ist. Da aber die Mitglieder des Privy Council zugleich Oberhausrichter sind, wird seinen Entscheidungen in praxi doch bindende Kraft beigemessen. Vgl. Beasley, 7 Res Judicatae 399 (1955); Comment, 36 N.Y.U.L. Rev. 1043, 1047 (1961); Stoll, 1 Festschrift Dölle 371, 373 (1963).

349) Overseas Tankship (U.K.), Ltd. v. Morts Dock & Engineering Co., Ltd., (1961) A.C. 388, 422, (1961) 1 All E.R. 404, 413. Die Entscheidung wird abgekürzt zitiert: The Wagon Mound. – »Common Employment is no more. Last Opportunity, we are told, never existed. One pillar, however, rock-like stands, the rule of liability in tort, the rule in Polemis. And now... even that pillar has been shaken by the modern Samsons.« B.G.C.W. 105 S.J. 69 (1961).

350) Burke, Darval & Merkel, 3 Melb.U.L.Rev. 197 (1961); Comment, (1961) Jur.Rev. 64; Comment, 36 N.Y.U.L.Rev. 1043 (1961); Cooke, 37 N.Z.L.J. 155(1961); Current Topics, 34 A.L.J. 246 (1961); Dias, (1961) C.L.J. 23; ders., (1962) C.L.J. 20; ders., (1962) C.L.J. 178; ders, (1964) C.L.J. 191; Fleming, 39 Canad.B.Rev. 489 (1961) (dieser Artikel wird von Prosser über alles gelobt: Prosser & Smith, Cases 370, 3.A. 1962); Fridman, 111 L.J. 609, 624 (1961); M.J.G., 106 S.J. 460 (1962); Gibson, 2 Osgoode Hall L.J. 416 (1963); Glos, 79 S.A.L.J. 56 (1962); Goodhart, 77 L.Q.R. 175 (1961); Green, 61 Col.L.Rev. 1401 (1961); Haldane Society, Foresight Saga (1962); Honoré, 39 Canad.B.Rev. 267 (1961); P.S. James, (1961) J.B.L. 252; ders., (1962) J.B.L. 146; Jolowicz, (1961) C.L.J. 30; McKerron, 78 S.A.L.J. 282 (1961); Middleton, (1961) Jur.Rev. 283; Morison, 34 A.L.J. 317 (1961); Note, 105 S.J. 67 (1961); Note, 105 S.J. 93 (1961); Note, 111 L.J. 104

Der Wagon-Mound-Entscheidung lag folgender Sachverhalt zugrunde: Die Klägerin und Berufungsbeklagte, die Firma Morts Dock & Engineering Co., Ltd., betrieb im Hafen von Sidney, Australien, eine Werft, die in etwa 200 m Entfernung von den Kai-Anlagen der Firma Caltex Oil Co. gelegen war, wo das von der Beklagten und Berufungsklägerin, der Firma Overseas Tankship (U.K.), Ltd., gecharterte Tankschiff ›The Wagon Mound‹ vertäut war. Am frühen Morgen des 30. Oktober 1951 ließen die Leute der Beklagten beim Bunkern von Heizöl (furnace oil) eine größere Menge davon versehentlich ins Wasser fließen. Bis gegen 10.30 Uhr hatte sich das Öl, auf dem Wasser schwimmend, über das gesamte Hafenbecken verbreitet und war auf diese Weise bis an die Anlagen der Klägerin gelangt, wo auf dem Werftgelände und auf den im Wasser festgemachten Schiffen ›Corrimal‹ und ›Audrey D‹ Schweißarbeiten ausgeführt wurden. Die Klägerin ließ diese Arbeiten daraufhin einstellen und fragte bei der Caltex an, ob bei Fortführung der Arbeiten Feuergefahr bestehe. Diese Frage wurde – entsprechend ihrer eigenen Überzeugung – verneint, und sie ließ die Arbeiten unter gewissen Sicherheitsvorkehrungen wieder aufnehmen. Am 1. November 1951, gegen 14 Uhr, geriet das Öl vor der Werft in Brand. Das Feuer fügte der Werft und den zwei dort zur Reparatur befindlichen Schiffen schweren Schaden zu.

Die unter Hinzuziehung eines Sachverständigen durchgeführte Beweisaufnahme ergab, daß unter der Werft Unrat im Wasser getrieben hatte, auf dem sich ein Stück Stoff oder Baumwolle befunden hatte. Auf den Stoff war ein vom Schweißen stammendes Stück glühendes Metall gefallen und hatte ihn entzündet. Der Stoff hatte wie ein Docht gewirkt und das Öl in Brand gesetzt. Nach der verbindlichen Feststellung des in erster Instanz tätig gewordenen Tatsachenrichters hat niemand vorherzusehen vermocht, daß Heizöl, das auf dem Wasser schwimmt, in Brand geraten könnte; wohl aber sei deutlich gewesen, daß die Anlagen der Klägerin durch das ausgelaufene Öl beschmutzt werden würden[352]). Der Richter erklärte weiter, damit sei ein Schaden vorhersehbar gewesen; entsprechend der Polemis-Entscheidung[353]), an die er gebunden sei, hafte die Beklagte, weil der Feuerschaden die unmittelbare Folge der Fahrlässigkeit auf seiten der Beklagten gewesen sei.

In zweiter Instanz wurde dieses Urteil zugunsten der Klägerin bestätigt[354]), wenn auch offensichtlich nur gezwungenermaßen wegen der Bindung des

---

(1961); Note, 95 I.L.T. 213, 219, 225 (1961); Note, 233 L.T. 31 (1962); Note, 234 L.T. 255 (1963); Note, 40 N.C.L.Rev. 575 (1962); Payne, 25 M.L.R. 1 (1962); Staughton & Rokinson, VersR 1962, 870; B.G.C.W., 105 S.J. 69 (1961); Weir, 35 Tul.L.Rev. 619 (1961); Williams, (1961) C.L.J. 62; ders., 77 L.Q.R. 179 (1961); J.M. Wilson, (1962) Rev.Int.Dr.Comp. 575; Walker, (1961) S.L.T. 37. Auch in allen Lehrbüchern, die seit 1961 in Neuauflage erschienen sind, findet sich eine ausführliche Besprechung dieser Entscheidung. – In deutscher Sprache liegt vor: Hans Stoll, 1 Festschrift Dölle 371 (1963).

351) Hierzu vgl. unten § 59.

352) The Wagon Mound, (1958) 1 Ll.L.R. 575 (Kinsella, J.); aaO S. 583.

353) Re Polemis, (1921) 3 K.B. 560.

354) Overseas Tankship (U.K.), Ltd. v. Morts Dock & Engineering Co., Ltd., (1959) 2 Ll.L.R. 697.

Gerichts an die Polemis-Entscheidung[355]); Manning, J., läßt in seinem Votum keinen Zweifel daran, daß er das Ergebnis nicht billigt[356]). Das war der Anstoß für den Privy Council, der von der bis dahin erfolglosen Beklagten angerufen worden war, sich mit der Entscheidung des Court of Appeal in Sachen Polemis kritisch auseinanderzusetzen[357]).

Der Privy Council ›overruled‹[358]) Polemis und ersetzte das Merkmal der Directness durch das der ›reasonable foreseeability‹[359]), wobei die Begründung dafür im wesentlichen auf eine kritisierende Betrachtung der Präjudizien des Polemis-Case hinausläuft und sich in der Berufung auf allgemeine Gerechtigkeitsvorstellungen erschöpft, nicht aber den Vorhersehbarkeitsbegriff näher ausleuchtet.

In dem aus der Feder von Viscount Simonds stammenden Urteil des Privy Council wird der Negligence-Tatbestand nur dahin umrissen, daß eine dem Kläger geschuldete Verhaltenspflicht, deren Verletzung und ein daraus folgender Schaden vorliegen müßten[360]). Die Frage des Schadens sei dabei von besonderer Bedeutung, da sich die deliktische Haftung nicht auf die Schädigerhandlung, sondern auf die Schadensfolgen gründe[361]).

Wenn gesagt werde, Negligence sei von der Vorhersehbarkeit eines Schadens abhängig, so könne damit nur gemeint sein der geltend gemachte Schaden und nicht irgendein sonst daneben eingetretener Schaden[362]). Der aus dem Feuerschaden fließende Ersatzanspruch sei völlig unabhängig von demjenigen auf Ersatz des Verschmutzungsschadens[363]). Es gehe daher nicht an, Negligence zu bejahen, weil der Verölungsschaden vorhersehbar, und dann den Feuerschaden ersetzt zu verlangen. Hieran ändere auch nichts, daß für den ›reasonable man‹ nur die Art (kind) des Schadens vorhersehbar gewesen sein müsse[364]).

Da nach der Beweisaufnahme verbindlich feststand, daß der Feuerschaden nicht vorhersehbar gewesen war, wurde das Urteil der Vorinstanz aufgehoben

---

355) Da auch der High Court of Australia daran gebunden war, war es richtig, daß die Beklagte selbst unter großer Kostenbelastung vor den P.C. gegangen ist.

356) (1959) 2Ll.L.R. 697, 708.

357) Gesprochen wird von einem ›cri de ceur‹ des Vorderrichters: (1961) 1 All E.R. 404, 408.

358) Obwohl der Ausdruck gebraucht wird (aaO S. 411), ist der P.C. dazu technisch nicht in der Lage.

359) »After the event even a fool is wise. But it is not the hindsight of a fool; it is the foresight of the reasonable man which alone can determine responsibility.« (1961) A.C. 388, 424.

360) (1961) A.C. 388, 425. Nähere Ausführungen werden zur Systematik nicht gemacht. Es wird lediglich erklärt, daß die ›never ending and insoluble problems of causation‹ umgangen werden sollen, aaO S. 423.

361) »It is not the act but the consequences on which tortious liability is founded.« aaO S. 425.

362) »...to hold B liable for consequences, however unforeseeable, of a careless act, if, but only if, he is at the same time liable for some other damage, however trivial, appears to be neither logical nor just.« aaO S. 425.

363) »Each of (the claims) rests on its own bottom and will fail if it can be established that the damage could not reasonably be foreseen.« aaO S. 426.

364) aaO S. 426. Als einzige Beispiele für den Punkt Schadensart werden angeführt: Feuer-, Verschmutzungs- und Nervenschockschaden.

und die Klägerin mit ihrer Klage abgewiesen, soweit der Anspruch auf Negligence gestützt war. Hinsichtlich eines Nuisance-Anspruchs wegen der Verschmutzung wurde der Fall an das australische Gericht zurückverwiesen[365]).

Die Entscheidung des Privy Council ist vom Ergebnis her gutzuheißen. Die dafür gewählte Begründung ist höchst unbefriedigend; das Vorhersehbarkeitsmerkmal wird sichtlich überfordert[366]). Man fragt sich, ob das Gericht tatsächlich genötigt war, sich in der Ablehnung der Polemis-Entscheidung derart festzulegen. Zunächst einmal ist zu sagen, daß die Ansicht, man könne im vorliegenden Falle nicht von ›directness‹ sprechen, eine Verkennung dieses Begriffs darstellt[367]). Im wesentlichen aber ist darauf hinzuweisen, daß die beiden Entscheidungen Polemis und Wagon Mound entgegen der Ansicht des Privy Council keineswegs tatbestandlich gleichgelagert sind: Im Falle Wagon Mound bestand für Eingeweihte keine Feuergefahr, während im Polemis-Case bei Kenntnis der Umstände ein Feuer sehr wahrscheinlich war[368]). Weiter war im Falle Wagon Mound der als nicht feuergefährlich angesehene Ölfilm auf einer großen Wasserfläche verteilt, während im Falle Polemis das hochexplosive Gasgemisch unerkannt in der engen Ladeluke stand. Im Wagon-Mound-Case führten den Schaden schließlich die Leute der Klägerin herbei, während in Polemis der Kläger absolut unbeteiligt war[369]). In Polemis folgte der Schaden unmittelbar auf das Fehlverhalten, im Falle Wagon Mound erst mit beträchtlichem zeitlichen Abstand. In Polemis ist es zu dem vorhersehbaren Schaden (Zerbeulung) nicht feststellbar gekommen, wohl aber im Falle Wagon Mound (Verschmutzung).

§ 59. Nachfolgende Entscheidungen

Durch Urteil des Supreme Court of New South Wales, Australien, vom 8. April 1963 wurde in einem Parallelverfahren der Klage der beiden Eigentümer der Schiffe ›Corrimal‹ und ›Audrey D‹, die bei der Firma Morts Dock zur Reparatur gewesen waren, gegen die Charterer der Wagon Mound stattgegeben, wenn auch nur hinsichtlich des auf Nuisance gestützen Anspruchs[370]).

---

365) Über diesen Anspruch ist bislang von dem australischen Gericht noch nicht entschieden worden. In der Parallelsache ist die Haftung wegen Nuisance bejaht worden: The ›Wagon Mound‹ No. 2, (1963) 1 Ll.L.R. 402, 433. Vgl. hierzu unten § 59.

366) Green, 61 Col.L.Rev. 1401, 1412 (1961), kritisiert die Entscheidung sehr abfällig: »...if its doctrinal basis should be replaced by the all purpose foreseeability formula... negligence law will have suffered its severest setback of this century. An attempt to rest liability in negligence cases wholly on the gossamer of foreseeability seems so far removed from the practical world of affairs as to suggest the creations of Disneyland.«

367) Honoré, 39 Canad.B.Rev. 267, 275 (1961).

368) Middleton, (1961) Jur.Rev. 283, 285.

369) Green, 61 Col.L.Rev. 1401, 1414 (1961).

370) The ›Wagon Mound‹ No. 2 (Miller Steamship Company, Pty., Ltd. v. Overseas Tankship (U.K.), Ltd.; R.W. Miller & Co., Pty., Ltd. v. Same), (1963) 1 Ll.L.R. 402, 435.

Soweit der Anspruch auf Negligence gestützt war, wurde die Klage abgewiesen. Das wäre eigentlich nicht verwunderlich, da das australische Gericht an die Entscheidungen des Privy Council gebunden ist; der Supreme Court verneinte den Anspruch aber mit eigener Begründung, wozu er in der Lage war, weil die Tatsachenfeststellungen von Kinsella, J., in der ersten Wagon-Mound-Entscheidung ihm gegenüber keine Bindungswirkung äußerten[371]). Walsh, J., ging nicht so weit wie sein Kollege, der erklärt hatte, die Beklagte hätte unmöglich die Feuergefährlichkeit erkennen können[372]), sondern beschränkte sich auf die Feststellung, die Entflammbarkeit sei für die Leute der Beklagten vernünftigerweise nicht vorhersehbar gewesen, wenn auch die Möglichkeit nicht ganz auszuschließen gewesen sei[373]).

Im Falle Smith v. Leech Brain[374]) ging es um die Frage, ob die Entscheidung des Privy Council die Fortgeltung der anerkannten Regel ›the tortfeasor takes his victim as he finds him‹ in Frage gestellt hat: Der Ehemann der Klägerin hatte sich durch Nachlässigkeit der Beklagten, seiner Arbeitgeberin, eine Brandverletzung an der Lippe zugezogen, aus der sich Krebs entwickelte, so daß er starb. Lord Parker, C. J., der in erster Instanz in der Queen's Bench Division über den Fall zu entscheiden hatte, gab der Klage der Witwe statt. Er erklärte die im Falle Wagon Mound entwickelten Prinzipien für nicht anwendbar; nach seiner Ansicht hat der Privy Council die Talem-Qualem-Rule nicht abschaffen wollen. Der Richter unterschied die Fälle so: Die Wagon-Mound-Entscheidung fordere Vorhersehbarkeit der Art, nicht des Umfangs des Schadens[375]).Im Falle Smith sei die Art des Schadens, die Verbrennung, vorhersehbar gewesen; was sich dann aus der Verbrennung entwickle, sei eine Frage des Schadensumfangs[376]). Des weiteren legte der Richter dar, die Argumentation des Privy Council erscheine ihm überzeugend, und er würde, falls die Gelegenheit sich einmal ergebe, nicht Polemis, sondern Wagon Mound folgen[377]).

Das Ergebnis im Falle Smith stand im Vorwege fest, weil diese Dünnschädel-Regel (thin skull rule) wie ein Fels in der Brandung der Haftungsbegrenzungs-Probleme steht[378]). Die Begründung vermag jedoch nicht zu überzeugen. Es sei daran erinnert, daß diese Regel gerade als Argument zugunsten des Directness-Tests angesehen wird[379]). Dementsprechend werden die

---

[371]) Der Privy Council war dagegen gebunden, konnte also nicht der Meinung sein, das Feuer sei vorhersehbar gewesen.

[372]) S.o. S. 135.

[373]) (1963) 1 Ll.L.R. 402, 426. Zu dieser abweichenden Formulierung ist Walsh, J., offensichtlich durch die Kritik veranlaßt worden, die an den Feststellungen von Kinsella, J., geübt worden ist.

[374]) Smith v. Leech Brain & Co., Ltd., (1962) 2 Q.B. 405, (1961) 3 All E.R. 1159.

[375]) aaO S. 1161.

[376]) aaO S. 1162.

[377]) aaO S. 1162. Diese zweifellos als obiter dictum geäußerte Bemerkung hat Kritik ausgelöst: Dworkin, 25 M.L.R. 471, 473 (1962).

[378]) Mit ähnlichen Argumenten hat der schottische Court of Sessions den Fall Wagon Mound für nicht anwendbar erklärt: Burden v. Watson, (1961) S.L.T. 67; Omam v. McIntyre, (1962) S.L.T. 168.

[379]) Vgl. oben § 48; M.J.G., 106 S.J. 460, 461 (1962).

vorgezeichneten Ergebnisse in Rechtsstreitigkeiten dieser Art von Anhängern der Vorhersehbarkeitstheorie entweder als Ausnahmen gerechtfertigt[380]), oder der Begriff der Vorhersehbarkeit wird unerträglich weit ausgedehnt[381]). Wenn in der Entscheidung Wagon Mound ausdrücklich die Vorhersehbarkeit eines Feuer- oder Nervenschockschadens gefordert wird, also die Vorhersehbarkeit eines Sach- oder Personenschadens nicht genügen soll, erscheint es zweifelhaft, wenn im vorliegenden Falle ein vorhersehbarer Verbrennungsschaden den dann eingetretenen Krebsschaden mitumfaßt.

In einer Entscheidung des House of Lords vom 21. 2. 1963 ging es um folgenden Sachverhalt[382]): Postarbeiter hatten bei Telefonkabelarbeiten in Edinburgh über einem offenen Kabelschacht ein Zelt errichtet und zur Sicherheit außerhalb des Zeltes Paraffinlampen aufgestellt. Während einer Teepause gegen 17 Uhr hatte sich der Kläger, ein 8jähriger Junge, eine Laterne genommen und sich damit in das unbewachte Zelt geschlichen. Dabei war ihm die Laterne in den Schacht gefallen, was infolge dort vorhandener Gase zu einer Explosion führte, die den Jungen in den Kabelschacht riß.

In erster Instanz wurde der Kläger mit seiner Schadensersatzklage gegen die Post abgewiesen, und zwar offensichtlich unter dem Einfluß der Entscheidung in Sachen Wagon Mound[383]). Das House of Lords gab der Berufung des Klägers statt. Von den fünf abgegebenen Voten beschäftigt sich nur das von Lord Pearce kurz mit der Wagon-Mound-Entscheidung[384]). Es heißt dort unter Hinweis auf die Entscheidung des Privy Council: »When an accident is of a different type and kind from anything that a defendant could have foreseen he is not liable for it«[385]). Es wurde weiter erklärt, im vorliegenden Falle seien ein Brandschaden und ein Herunterstürzen vorhersehbar gewesen; das sei auch erfolgt – nur auf Grund der nicht vorhersehbaren Explosion; der Schadenshergang (way in which the accident happened) brauche nicht vorhersehbar zu sein[386]). Da sich der eingetretene Schaden durchaus im Rahmen des Voraussehbaren hielt, wurde die Beklagte zur Zahlung von Schadensersatz verurteilt.

In einer Entscheidung des Court of Appeal vom 29. November 1963

---

380) Williams, 77 L.Q.R. 179, 194 (1961); Rob. Keeton, Legal Cause 67 f. (1963).

381) Goodhart, Essays 110, 126 (1931); ders., 78 L.Q.R. 160, 161 (1962).

382) Hughes v. Lord Advocate, (1963) A.C. 837, (1963) 1 All E.R. 705.

383) (1961) S.C. 310.

384) In dem Votum von Lord Jenkins findet sich ein Hinweis auf The Wagon Mound nur in einem Zitat aus dem erstinstanzlichen Hughes-Urteil: (1963) I All E.R. 705, 709. Nach Sachlage erscheint die begeisterte Feststellung Goodharts, das House of Lords folge der Entscheidung des Privy Council, etwas voreilig: Goodhart, 80 L.O.R. 1 (1964).

385) (1963) 1 All E.R. 705, 715.

386) So Lord Reid (aaO S. 707) und Lord Morris (aaO S. 711). Bei genauer Betrachtung erscheint in den Begründungen noch eine weitere Version; es heißt dort, daß sich vorhersehbarer Brand- und eingetretener Explosionschaden praktisch so ähnlich seien, daß man zwischen beiden nicht unterscheiden könne (Lord Jenkins, aaO S. 710). Diese Argumentation ist gefährlich, weil damit die in Wagon Mound gewonnenen Erkenntnisse wieder beseitigt werden; vgl. Powell-Smith, 114 L.J. 801, 802 (1964); Note, 234 L.T. 255, 256 (1963).

ging es um einen Arbeitsunfall[387]). Der Kläger war bei der Beklagten beschäftigt gewesen. Ein mit ihm arbeitender Kollege hatte versehentlich einen Asbest-Zement-Deckel in einen Behälter mit flüssigem Metall fallen lassen. Beim Eintauchen des Deckels hatte sich Wasserdampf gebildet, der flüssiges Metall hochschleuderte. Der Kläger wurde davon im Gesicht getroffen und verletzt. Der Richter erster Instanz, Stable, J., gelangte zu der verbindlichen Tatsachenfeststellung, daß zwar ein Aufspritzen des flüssigen Metalls vorherzusehen gewesen sei, als der Deckel aufprallte, nicht aber eine chemische Reaktion, wie sie eingetreten sei. Trotzdem gab der Richter der Klage statt, und zwar offensichtlich deswegen, weil zu jenem Zeitpunkt die Entscheidung in Sachen Wagon Mound noch nicht veröffentlicht worden war[388]).

In zweiter Instanz wurde der Berufung der Beklagten stattgegeben und die Klage abgewiesen. Der Court of Appeal befaßte sich mit der Frage, ob dem Kläger mit der Polemis-Entscheidung geholfen werden konnte; die Frage wurde mit der Begründung verneint »that decision of the Court of Appeal is no longer law«[389]). Weiter wurden Überlegungen darüber angestellt, ob die Klage in Gemäßheit mit The Wagon Mound abgewiesen werden sollte; davor aber war zu entscheiden, ob auf Grund der Entscheidung Hughes – »a case in which the House of Lords threated the Wagon Mound as correctly stating the law, but distinguished it on the facts«[390] – ein dem Kläger günstiges Urteil erreicht werden konnte: Das hing davon ab, ob der eingetretene Schaden von derselben Art war wie derjenige, der vorhersehbar gewesen war, wobei der Schadenshergang unerheblich war. Das Gericht erklärte, eingetretener und vorhersehbarer Schaden seien von verschiedener Art, und wies die Klage entsprechend Wagon Mound ab[391]).

Es wird ausgeführt, ein Schaden durch Spritzen sei nicht entstanden. Das Fallenlassen des Deckels durch den Kollegen, für dessen Verhalten die Beklagte verantwortlich wäre, habe insofern keine Wirkungen gezeitigt. Erst eine bis dahin unbekannte chemische Reaktion habe den Schaden herbeigeführt; das habe aber mit dem Verhalten des Arbeitskollegen nichts mehr zu tun[392]). Die Argumentation des Klägers, es sei genau der Schaden eingetreten, der vorhersehbar gewesen sei, nämlich die Verbrennung durch siedendes Metall, wird mit der Begründung zurückgewiesen, ein solches Vorgehen würde zu einer Entwertung des Vorhersehbarkeitsbegriffs führen[393]).

In der Tat macht es einen Unterschied, ob die Beklagte für das Fehlverhalten eines ihrer Angestellten haften soll oder für einen unsicheren Arbeits-

---

[387]) Doughty v. Turner Manufacturing Co., Ltd., (1964) 1 Q.B. 518, (1964) 1 All E.R. 98. Der Klaganspruch wird nur auf Negligence, nicht auch auf Workmen's Compensation Law gestützt.

[388]) (1964) 1 All E.R. 98, 100 (Lord Pearce).

[389]) Diplock, L.J., aaO S. 104; ähnlich: Harman, L.J., aaO S. 102. Damit distanziert sich der Court of Appeal zum erstenmal von seiner Polemis-Entscheidung.

[390]) Diplock, L.J., aaO S. 104.

[391]) Vgl. Harman, L.J., aaO S. 102.

[392]) Es gehe nicht an, das Fallenlassen als solches ›negligent per se‹ zu nennen und damit die Tür zu Ansprüchen aller Art offenzuhalten. Harman, L.J. aaO S. 101.

[393]) Harman, L.J., aaO S. 102.

platz. Das Ergebnis im vorliegenden Falle ist auch sicher richtig. Der Court of Appeal hätte nur deutlicher machen müssen, daß er die Hughes-Regel, die ihrerseits eine Einschränkung der Wagon-Mound-Regel ist, weiter einschränkt; denn wie der Doughty-Fall zeigt, ist eine Haftung nicht immer dann zu bejahen, wenn eine vorhersehbare Schadensart auf nicht vorhersehbare Art und Weise eintritt.

Schließlich ist eine in die Fallgruppe der Rescue-Cases fallende Entscheidung des New Zealand Court of Appeal zu nennen[394]), in der das Gericht ausdrücklich seine Bindung an die Entscheidung des Privy Council betont. Die Beklagte und Berufungsklägerin hatte auf ihrem Grundstück ein Feuer angezündet, das ihr außer Kontrolle geriet und auf das angrenzende Land übergriff. Der freiwillig bei der Feuerbekämpfung mitwirkende Kläger hatte sich 19 Stunden später und 8 Meilen vom Brandherd entfernt Brandverletzungen zugezogen. Das Gericht gab seiner Klage auf Schadensersatz mit der Begründung statt, die Beklagte hätte eine Ausbreitung des Feuers und Löschversuche von dritter Seite vorhersehen können[395]). Diese blutleere Argumentation wird vom Gericht mit dem Hinweis darauf gestützt, der Kläger habe als ›good citizen‹ gehandelt und dürfe daher nicht leer ausgehen[396]).

(2) Natural and probable consequence rule

§ 60. Inhalt

Mit der Allzweck-Regel wird offensichtlich ein Entsprechungsverhältnis von Verschulden und Haftung angestrebt; eine Einordnung der Vorhersehbarkeit in den Haftungstatbestand erfolgt jedoch nicht[397]). Auf der Ebene der juristischen Kausalität firmiert die Vorhersehbarkeitstheorie unter der Bezeichnung ›natural and probable consequence rule‹[398]). Hinter diesen Worten, die häufig wie eine rituelle Formel gläubig aufgesagt werden[399]), verbirgt sich nichts anderes als die Vorhersehbarkeitsregel[400]): Entscheidend ist danach für die

---

[394]) Russel v. McCabe, (1962) N.Z.L.R. 392. Diese Entscheidung wird von Goodhart, 78 L.Q.R. 313 (1962), als ›judgment of outstanding interest‹ bezeichnet.

[395]) (1962) N.Z.L.R. 392, 403.

[396]) aaO S. 405. Es kommt sehr selten vor, daß ein Gericht zunächst die von ihm erwarteten formelhaften Redewendungen bemüht und sodann die eigentlichen Entscheidungsgründe nennt.

[397]) In die Reihe der hier zu nennenden Entscheidungen gehört auch Pinkerton-Hays Lumber Co. v. Pope, 127 So.2d 441 (1961).

[398]) Green, 1 Texas L.Rev. 243, 245 (1923); Morris, 39 Col.L.Rev. 1087, 1101 (1939); Milwaukee & St. Paul Ry. v. Kellogg, 94 U.S. 469, 475 (1876).

[399]) Eldredge, Modern Tort Problems 207 (1941). Vgl. etwa Allison v. City of Fredericksburg, 112 Va. 243, 71 S.E. 525, 527 (1911).

[400]) Diese Erkenntnis ist heute unangefochten; vgl. Pfeifer v. Standard Gateway Theater, 262 Wis. 229, 55 N.W.2d 29, 32 (1952). Früher wurden tiefschürfende Untersuchungen über die Bedeutung der Adjektive angestellt; vgl. Bauer, 83 Cent.L.J. 148 (1916); Levitt, 21 Mich.L.Rev. 34, 46 (1922); vgl. auch Cincinatti Ry. v. Armuth, 180 Ind. 673, 103 N.E. 738, 740 (1913).

Haftung, welche Schadensfolgen ein vernünftiger Mensch im Zeitpunkt der Schadensverursachung vorhersehen konnte[401]).

§ 61. *Texanische Entscheidungen*

Der einzige amerikanische Bundesstaat, der sich bis in die jüngste Zeit hinein vorbehaltlos zur ›natural and probable consequence rule‹ bekannt hat, ist Texas[402]). Die zeitlich erste Entscheidung stammt aus dem Jahre 1896[403]). Das Gericht sieht darin als vorhersehbar an, daß ein defekter Weidetorverschluß das Entweichen von Vieh zur Folge haben kann, das durch den Lärm eines vorbeifahrenden Eisenbahnzuges scheu gemacht worden war[404]). Dagegen konnte nach Ansicht des Gerichts ›nothing short of prophetic ken› einen Personenschaden des Klägers voraussehen[405]); der Kläger war beim Reparieren des Verschlusses von dem ausbrechenden Vieh niedergetrampelt worden.

In einer späteren Entscheidung wurde die Haftung einer Eisenbahngesellschaft ebenfalls wegen fehlender Vorhersehbarkeit des eingetretenen Schadens abgelehnt[406]): Der Sohn der Kläger und Berufungsbeklagten hatte in der Nähe einer über den Fluß führenden Eisenbahnbrücke der Beklagten und Berufungsklägerin geangelt, als plötzlich ein Wolkenbruch niederging. Der Fluß schwoll rasch so stark an, daß er über die Ufer trat. Der Junge flüchtete sich auf einen Baum. Die Brücke wurde durch den Fluß aus ihrer Befestigung gerissen und gegen den Baum geschleudert, auf dem der Junge Zuflucht gesucht hatte. Dabei ertrank der Sohn der Kläger. Das Gericht verneinte die Haftung der Beklagten mit der Begründung, wegen mangelnder Vorhersehbarkeit des Schadens gebreche es am Erfordernis des juristischen Kausalzusammenhangs[407]).

Einer Entscheidung aus demselben Jahre lag folgender Sachverhalt zugrunde[408]): Der Beklagte und Berufungskläger war Direktor einer Eisenbahngesellschaft, die es zugelassen hatte, daß sich auf der Straße unter einer ihrer Eisenbahnüberführungen Wasser und Schlamm angesammelt hatten. Ein Autofahrer blieb darin stecken, der ihm nachfolgende einbeinige Kläger und

---

[401]) Eldredge, 23 Pa.B.Ass'n Q. 158 (1952); Illinois Cent. Ry. v. Bloodworth, 166 Miss. 602, 145 So. 333, 336 (1933); Mondy v. New York, Chicago & St.L.R.R., 385 Ill. 446, 53 N.E.2d 406, 409 (1944).

[402]) Green, 28 Texas L.Rev. 755, 771 (1950).

[403]) Texas & Pacific Ry. v. Bigham, 90 Texas 223, 38 S.W. 162 (1896); vgl. oben § 39.

[404]) 90 Texas 223, 228 (1896).

[405]) 90 Texas 223, 227 (1896).

[406]) San Antonio & A.P. Ry. v. Behne, 231 S.W. 354 (1921).

[407]) aaO S. 356. Fraglich war hier in Wirklichkeit das Vorliegen von Negligence auf seiten der Beklagten, die möglicherweise verabsäumt hatte, beim Bau der Brücke für genügenden Durchfluß zu sorgen. Verdunkelt wird dieser Punkt durch die Tatsache, daß insofern eine Statute-Verletzung geltend gemacht wird.

[408]) Hines v. Morrow, 236 S.W. 183 (1921). Vgl. hierzu die ergänzenden Ausführungen unten § 73.

Berufungsbeklagte mußte ebenfalls anhalten. Beim Herausziehen des steckengebliebenen Fahrzeuges geriet der Kläger mit seinem Holzbein in ein Schlammloch, und sein gesundes Bein verfing sich im Zugseil. Dabei zog er sich so schwere Beinverletzungen zu, daß auch sein zweites Bein amputiert werden mußte. Das Gericht war ihm günstig gesonnen. Es erklärte in diesem Falle, der Beklagte habe ›in the light of common experience as applied to the ordinary affairs of men‹ einen solchen Schaden vorhersehen können[409]), und verurteilte die Gesellschaft zur Zahlung von Schadensersatz.

Im Falle Carey aus dem Jahre 1939[410]) hielt es das Gericht für vorhersehbar, daß eine schlecht verstaute Ölkanne vom fahrenden LKW fiel, daß sich beim Aufprallen der Verschluß löste und den am Rande der Straße kampierenden Kläger am Kopf traf. Als nicht vorhersehbar wurde dagegen angesehen, daß die Ehefrau beim Anblick ihres blutüberströmten Mannes einen Nervenschock erleiden würde[411]).

Die Vorhersehbarkeit verneint wurde weiter in einem im Jahre 1943 entschiedenen Falle[412]): Die Beklagte und Berufungsklägerin, eine Baufirma, hatte mit Dynamit eine Sprengung durchgeführt. Das Geräusch hatte einen knappen Kilometer entfernt eine Kuh erschreckt, als sie gerade von der Klägerin gemolken wurde; die Kuh hatte die Klägerin getreten.

Schließlich[413]) berief sich der U.S. Court of Appeals (5th Circuit) bei der Anwendung texanischen Rechtes ausdrücklich auf die Vorhersehbarkeitsregel[414]); es ging in dieser Entscheidung um das Texas City Disaster, das im Jahre 1947 500 Tote und 3 000 Verletzte gefordert hat. Die Klägerin klagte als Eigentümerin des betreffenden Schiffes auf Haftungsbeschränkung[415]). Der Klage wurde mit der Begründung stattgegeben, der Kapitän habe zwar ein Feuer vorhersehen können, nicht aber die Explosion[416]); daher sei die Klägerin für Personen- und Sachschäden nicht haftbar[417]).

---

409) 236 S.W. 183, 187 (1921).

410) Carey v. Pure Distributing Corporation, 133 Texas 31, 124 S.W.2d 847 (1939). Vgl. die ausführliche Tatbestandsdarstellung oben § 39.

411) 133 Texas 31, 36 (1939).

412) Uvalde Construction Co. v. Hill, 142 Texas 19, 175 S.W.2d 247 (1943). Das Gericht glaubt hier jedoch auf Andeutungen nicht verzichten zu können, nach denen die Kuh als ›intervening agent‹ anzusehen ist. 142 Texas 19, 22 (1943).

413) Vgl. außerdem: Baumler v. Hazelwood, 347 S.W.2d 560, 564 (1961); Atchison v. Texas & Pacific Ry., 143 Texas 466, 186 S.W.2d 228 (1945); Price v. Yellow Pine Paper Mill Co., 240 S.W. 588, 594 (1922); Payne v. Young, 241 S.W. 1094, 1097 (1922).

414) Republic of France v. U. S., 290 F.2d 395 (1961).

415) Limitation of Liability Act, 46 USCA, §§ 182–189.

416) Die Sprache zeigt starke Anklänge an den englischen Wagon-Mound-Case, der im Zeitpunkt der amerikanischen Entscheidung etwas mehr als 1/4 Jahr alt war; es findet sich aber kein entsprechendes Zitat.

417) Vgl. auch die beachtliche diss.op. von Hutcheson, Cir.J., 290 F.2d 395, 402 (1961).

§ 62. Weitere Entscheidungen

In einem berühmten New Yorker Fall[418]) hatten zwei Autofahrer einen Unfall verursacht, bei dem der eine Wagen auf die Veranda eines Hauses geschleudert worden war. Als er nach 20 Minuten aus den Mauertrümmern herausgezogen wurde, löste sich ein loser Stein und fiel einer Mieterin des Hauses auf den Kopf, die gekommen war, um nach dem Rechten zu sehen; die Frau war auf der Stelle tot. Der Ehemann verklagte die beiden Versicherungsgesellschaften der beteiligten Kraftfahrer auf Schadensersatz. Das Gericht bejahte die Haftung der Beklagten mit der Begründung, die beiden Fahrer hätten vorhersehen können, daß der Wagen aus dem demolierten Gebäude wieder hätte entfernt werden müssen; daß sich dabei ein Stein lösen und einem Passanten auf den Kopf fallen konnte, sei in einer Großstadt ebenfalls vorhersehbar gewesen[419]).

Zu nennen sind noch zwei Entscheidungen mit nahezu übereinstimmendem Sachverhalt[420]): Beklagte (oder Berufungsklägerin) war jeweils eine Eisenbahngesellschaft, deren Zug mit überhöhter Geschwindigkeit auf einem Bahnübergang einen Passanten erfaßt und gegen den Kläger geschleudert hatte, der sich in einiger Entfernung davon befand; der Kläger erlitt jeweils schwere Verletzungen. Die beiden Gerichte erklärten übereinstimmend, der Schaden sei nicht als ›natural and probable consequence‹ des Fehlverhaltens des Lokomotivführers anzusehen, weil »such an injury can not be said to be one which the most purdent man would have anticipated«[421]). Ein nur insofern tatbestandlich andersgelagerter Fall, als das Wurfgeschoß ein Pferd war, ist mit entgegengesetztem Ergebnis entschieden worden, weil darin nicht auf Vorhersehbarkeit abgestellt wird, sondern darauf, ob sich ein vernünftiger Mensch den Schadensfall als möglich vorgestellt hätte, wenn er daran gedacht hätte[422]).

(3) Natural and probable consequence rule und Intervening-Force-Lehre

§ 63. Allgemeines

Alle weiteren Entscheidungen, in denen mit der ›natural and probable consequence rule‹ gearbeitet wird, weisen eine seltsame Verbindung von Vorher-

---

[418]) In re Guardian Casualty Co., 2 N.Y.S.2d 232 (1938).

[419]) 2 N.Y.S.2d 232, 234 (1938). Die Entscheidung wurde noch im selben Jahr vom Court of Appeals of the State of New York bestätigt: 278 N.Y. 674 (1938). In einem tatbestandlich ähnlich gelagerten Fall ist die Haftung wegen fehlender Negligence verneint worden: Leachman v. City of Louisville, 270 Ky. 260, 109 S.W.2d 614, 615 (1937).

[420]) Wood v. Pennsylvania R.R., 177 Pa. 306, 35 A. 699 (1896); Evansville & T.H. Ry. v. Welch, 25 Ind.App. 308, 58 N.E. 88 (1900).

[421]) 25 Ind.App. 308, 312 (1900); ähnlich: 117 Pa. 306, 311 (1896).

[422]) Kommerstad v. Great Northern Ry., 120 Minn. 376, 139 N.W. 713, 714 (1913); bestätigt: 128 Minn. 505, 151 N.W. 177 (1915).

sehbarkeitstest und Intervening-Force-Lehre auf[423]). So heißt es in der berühmtesten und ältesten dieser Entscheidungen[424]): »We do not say that even the natural and probable consequences ... are in all cases to be chargeable ... They are not when there is a sufficient and independent cause operating between the wrong and the injury.« Es war in dem Falle um die Frage gegangen, ob ein ungewöhnlich starker Wind, der das Feuer zum Sägewerk des Klägers getragen hatte, zur Haftungsverneinung führen sollte[425]).

In einer Entscheidung aus demselben Jahr[426]) ging das Gericht einen Schritt weiter und forderte Vorhersehbarkeit der ›intervening force‹, um die Haftung bejahen zu können. Hier hatte der Beklagte den Schafstall des Klägers nicht verriegelt; die Schafe waren entwichen und von Bären gefressen worden. Das Gericht überließ die Entscheidung darüber, ob das Auftreten von Bären vorhersehbar gewesen war, der Jury[427]). Entsprechend war in einem anderen Falle fraglich[428]), ob der Kläger hatte voraussehen können, daß ein unbekannter Junge in seinem Hause vor der Klägerin die Fahrstuhltür öffnen würde, ohne daß der Fahrstuhl in dem betreffenden Stockwerk hielt; die Klägerin war in den Schacht gestürzt[429]).

§ 64. Entscheidungen

In einem Fall, der einer schon angesprochenen Fallgruppe angehört[430]), wurde ebenfalls mit dem Merkmal der Zwischenursache gearbeitet[431]): Der Eisenbahnzug des Beklagten hatte bei überhöhter Geschwindigkeit ein Auto erfaßt und gegen einen Weichenumstellhebel geschleudert; die Weiche wurde umgestellt, und der Zug lief auf einem falschen Gleis auf abgestellte Waggons auf. Bei dem Aufprall wurde der in dem Zug reisende Kläger von seinem Sitz geschleudert und schwer verletzt. Seine Klage auf Schadensersatz wurde mit der Begründung abgewiesen, sein Schaden beruhe nicht auf dem Verhalten

---

423) Vgl. etwa noch: Pennsylvania R.R. v. Snyder, 55 Ohio 342, 45 N.E. 559, 562 (1896); Stone v. Boston & A. R.R., 171 Mass. 536, 51 N.E. 1, 3 (1898); Brauer v. New York Cent. & H. R.R., 91 N.J.L. 190, 103 A. 166, 167 (1918); Donald v. Long Branch Coal Co., 86 W.Va. 249, 103 S.E. 55, 57 (1920); Dalton v. Great Atl. & Pac. Tea Co., 241 Mass. 460, 135 N.E. 318, 319 (1922); Henningsen v. Makowitz, 230 N.Y.S. 313, 315 (1928); Morrison v. Medaglia, 287 Mass. 46, 191 N.E. 133, 134 (1934); Greiving v. La Plante, 156 Kan. 196, 131 P.2d 898, 901 (1942); Diehl v. Fidelity Phil Trust Co., 159 Pa.Super. 513, 49 A.2d 190, 192 (1946); Walsh v. City of Pittsb., 379 Pa. 229, 108 A.2d 769, 772 (1954); Lehigh Foundries, Inc., 388 Pa. 1, 130 A.2d 123, 130 (1957).

424) Milwaukee & St.P. Ry. v. Kellogg, 94 U.S. 469, 475 (1876); vgl. dazu oben § 38.

425) aaO. Die Frage war der Jury vorbehalten.

426) Gilman v. Noyes, 57 N.H. 627 (1876); vgl. hierzu oben § 51.

427) aaO S. 630 (Cushing, C.J.).

428) Cole v. German Savings & Loan Society, 124 F. 113 (1903).

429) Das Gericht verneinte die Haftung des Hauseigentümers wegen fehlender Vorhersehbarkeit und erklärte, allein der Junge sei haftbar.

430) Vgl. oben § 62.

431) Engle v. Director General of Railroads, 78 Ind. App. 547, 133 N.E. 138 (1921).

des Lok-Führers, sondern allein auf dem des dazwischentretenden Autofahrers, weil niemand diesen Schaden hätte vorhersehen können[432]).

In einem anderen Falle hatte der Beklagte mit seinem Tanklastzug einen Bahnübergang überqueren wollen, obwohl ein Zug herannahte. Der Zug hatte den Wagen des Beklagten erfaßt und gegen ein Wartehäuschen der Bahn geschleudert, in dem sich der Ehemann der Klägerin befunden hatte; er war dabei ums Leben gekommen[433]). Das Gericht gab der Klage statt. Es führte aus, es sei nicht angängig, Vorhersehbarkeit des Schadens im Zeitpunkt der Schädigerhandlung zu fordern; denn Negligence-Fälle zeichneten sich gerade durch unerwartete Schäden aus. Da hier die Zwischenursache ›Zug‹ und die Folgen einer Kollision des Zuges mit dem Auto vorhersehbar gewesen seien, liege keine Unterbrechung des Kausalzusammenhangs vor[434]).

In anderen Entscheidungen wurden die Fragen geprüft, ob ein Elektrizitätswerk, das seine Leitungen nicht ordnungsgemäß abgesichert hat, haften soll, wenn ein unbeteiligter Kranführer die Drähte zerstört und ein Dritter dadurch getötet wird[435]), ob eine Eisenbahngesellschaft für einen Sittenstrolch aufzukommen hat, der die Klägerin in einem Bahnhofsraum[436]) oder im Büro auf einsamem Bahnhofsgelände[437]) anfällt. Die Kombination der Formeln findet sich darüber hinaus auch dort, wo eine Zwischenursache überhaupt nicht ersichtlich ist[438]).

§ 65. Würdigung

Es ist gesagt worden, daß die ›natural and probable consequence rule‹ ihre Bedeutung ausschließlich im Hinblick auf Zwischenursachen habe; ›natural‹ bedeute das Fehlen solcher Zwischenursachen, und ›probable‹ zeige das Erfordernis der Vorhersehbarkeit der Zwischenursachen, wenn trotzdem die Haftung bejaht werden solle[439]). Es hieße aber das Wesen der Vorhersehbarkeitstheorie verkennen, wollte man zuviel Gewicht auf das Merkmal der Zwischenursachen legen[440]); im Grunde will die Vorhersehbarkeitslehre gerade

---

432) 133 N.E. 138, 140 (1921).

433) Robinson v. Standard Oil Co., 89 Ind.App. 167, 166 N.E. 160 (1929).

434) 166 N.E. 160, 161 (1929). Für eine kurze Einordnung in die Wurfgeschoßentscheidungen vgl. Comment, 28 Mich.L.Rev. 467 (1929).

435) Merlo v. Public Service Co., 381 Ill. 300, 45 N.E.2d 665 (1942). Die Klage wurde hinsichtlich der Elektrizitätsgesellschaft abgewiesen, gegenüber der Kraninhaberin wurde ihr stattgegeben.

436) Neering v. Illinois Cent. R.R., 383 Ill. 366, 50 N.E.2d 497 (1943) (klagabweisendes Urteil erster Instanz aufgehoben; Zurückverweisung).

437) Lillie v. Thompson, 332 U.S. 459 (1947); der Fall wurde der Jury zur Entscheidung überwiesen.

438) Mendelson v. Davis, 281 F. 18 (1922); Johnson v. Union Furniture Co., 31 Cal. App.2d 234, 87 P.2d 917 (1939); vgl. auch Hoag v. Lake Shore & Mich. So. R.R., 85 Pa. 293 (1877).

439) McLaughlin, 39 Harv.L.Rev. 149, 183 (1925). Eitel v. Times, Inc., 221 Or. 585, 352 P.2d 485, 490 (1960).

440) Vgl. die Besprechung der Intervening-Force-Lehre im Rahmen des Directness-Tests, oben § 50.

von einer so mechanischen Betrachtungsweise abrücken. Es erscheint daher einleuchtender, das Vorhersehbarkeitserfordernis bei Zwischenursachen im allgemeinen Zusammenhang mit der Vorhersehbarkeit eines Schadens zu sehen. Die Argumentation, eine Zwischenursache sei vorhersehbar und unterbreche daher den Kausalzusammenhang nicht, ist nichts anderes, als wenn man sagt, trotz Zwischenursache sei der Schaden vorhersehbar gewesen. So ist die Erwähnung des Begriffs ›intervening forces‹ im Falle Wagon Mound zu verstehen[441]). Ganz sicher soll die Intervening-Force-Lehre nicht heißen, es werde auf den Kausalzusammenhang zwischen Schädigungshandlung und Schaden verzichtet, sobald man mit der Vorhersehbarkeit arbeitet[442]).

(4) Sorgfaltspflicht

§ 66. Unterschied nur terminologischer Art

Die Vorhersehbarkeitsregel findet sich endlich im Gewande der ›duty to take reasonable care‹[443]). Davon, daß es sich bei der Frage der Einordnung des Vorhersehbarkeitsmerkmals in den Haftungstatbestand nur um terminologische Unterschiede handelt, zeugt eine Entscheidung des Supreme Court of Pennsylvania aus dem Jahre 1951[444]), die wieder der Fallgattung ›Verletzung durch menschliches Wurfgeschoß‹[445]) angehört. Das Gericht erklärte ausdrücklich, es wolle das Vorhersehbarkeits-Merkmal nicht mehr bei der Bestimmung der Proximate Cause angewandt wissen[446]); ob statt dessen die Frage der Duty oder die der Pflichtverletzung damit bestimmt werden soll, geht nicht klar aus dem Urteil hervor[447]). Soviel wird aber deutlich, daß keine anderen Überlegungen angestellt werden als bei der herkömmlichen Lösungsweise[448]). Allerdings wurde die Klage bezeichnenderweise unter Ausschluß der Jury-Mitwirkung abgewiesen[449]).

---

441) (1961) 1 All E.R. 404, 416.

442) Honoré, 39 Canad.B.Rev. 267, 272 (1961).

443) Aus geschichtlicher Perspektive stellt die Verwendung des Vorhersehbarkeitsmerkmals für die Duty-Bestimmung eine Generalisierung dar, eine Abkehr von der vorher praktizierten Einzelfall-Regelung; Roberts, 50 Corn.L.Q. 191, 209 (1965); Green, Traffic Victims 53 (1958).

444) Dahlstrom v. Shrum, 368 Pa. 423, 84 A.2d 289 (1951). Dazu: Eldredge, 23 Pa.B.Ass'n Q. 158 (1952). Unter Berufung auf Dahlstrom: McNello v. John B. Kelly, Inc., 283 F.2d 96, 100 (3d Cir 1960).

445) Vgl. oben § 64.

446) 368 Pa. 423, 428 (1951). Damit rückt das Gericht ausdrücklich von seiner Entscheidung in Sachen Wood ab; vgl. oben § 62.

447) aaO S. 428.

448 aaO S. 425.

449) Es wird im 3. Teil der Arbeit zu zeigen sein, daß die Hauptbedeutung der Duty in der Ausschaltung der Jury liegt.

Die Entscheidungen, in denen das Bestehen einer Sorgfaltspflicht mit Hilfe des Vorhersehbarkeitstests geprüft wird, hatten zu Beginn der Entwicklung einen bestimmten Falltyp zur Grundlage: Zwischen A und B bestehen Vertragsbeziehungen; im Zusammenhang damit wird C geschädigt. Es sind dies die Fälle, in denen das alte Common Law mit der Begründung zu einer rigorosen Haftungsverneinung gekommen war, ein Vertrag entfalte Wirkungen ausschließlich für die Vertragsparteien und nicht für Dritte (privity of contract)[450]). Auf dem Wege über das Vorhersehbarkeitsmerkmal wurde diese Ausschließlichkeitsregel aufgeweicht und beseitigt: War die Schädigung des Dritten für die schädigende Vertragspartei vorhersehbar, wurde die Haftung bejaht[451]).

Die erste Entscheidung, die auf diese Weise von dem Prinzip der Haftungsverneinung abwich, stammte vom New York Court of Appeals[452]). Es ging darin um die Schadensersatzklage einer kranken Ehefrau gegen einen Arzneimittelhersteller. Der Ehemann der Klägerin hatte in einer Apotheke infolge falscher Flaschen-Etikettierung statt eines Löwenzahnpräparats giftigen Belladonna-Extrakt erhalten. Das Gericht bejahte die Haftung des Beklagten so: Das Fehlen vertraglicher Beziehungen zwischen den Parteien und die Existenz eines Vertrages zwischen Apotheker und Beklagten hinderten dann eine Haftung nicht, wenn »that which actually happened could have been expected from sending the poison falsely labeled into the market«[453]). Dreißig Jahre später berief sich das Gericht auf diese Entscheidung und gab der Schadensersatzklage eines Malergesellen statt[454]), der beim Anstreichen der Gerichtskuppel durch das Zusammenbrechen des Malergerüstes schwer verletzt worden war.

Ein Jahr später hatte der englische Court of Appeal ebenfalls über einen Malergerüstunfall zu befinden[455]); auch dieser Kläger war erfolgreich. Brett, M. R., stellte in seinem berühmten Votum[456]) zum ersten Male allgemeine Kriterien für die Bestimmung der Sorgfaltspflicht auf[457]): »Whenever one person is by circumstances placed in such a position with regard to another that everyone of ordinary sense who did think would at once

---

450) Leitentscheidung ist Winterbottom v. Wright, 10 M. & W. 109, 62 R.R. 534, 538 (1842); das Gericht verneinte die Haftung eines Postkutschenbauers den Fahrgästen gegenüber, die bei einem Unfall verletzt worden waren. So auch noch Hanson v. Blackwell Motor Co., 255 P. 939, 941 (1927).

451) Damit wird die Vorhersehbarkeit zur Haftungsausweitung verwandt. In aller Regel führt dieses Merkmal zur Haftungsbeschränkung.

452) Thomas v. Winchester, 6 N.Y. 397, 57 Am.Dec. 455 (1852).

453) 6 N.Y. 397, 410, 57 Am. Dec. 455, 459 (1852).

454) Devlin v. Smith, 89 N.Y. 470, 478 (1882).

455) Heaven v. Pender, (1883) L.R. 11 Q.B.D. 503, 52 L.J.Q.B. 702.

456) »The most clarifying and far reaching development of modern tort law stems from the brilliant generalization of Brett...« Green, Traffic Victims 52 (1958).

457) Die beiden anderen an der Entscheidung mitwirkenden Richter vermieden es absichtlich, derart allgemeine Prinzipien aufzustellen; vgl. Cotton, L.J., (1883) L.R. 11 Q.B.D. 503, 516.

recognise that if he did not use ordinary care in his own conduct with regard to those circumstances he would cause danger of injury to the person or property of the other, a duty arises to use ordinary care to avoid such danger«[458]).

Daß diese Regel zu weit war, mußte Brett, M. R., selber einsehen, nachdem ein untergeordnetes Gericht unter Berufung auf sein Votum einer Klage stattgegeben hatte, in der es nur um eine Vermögensschädigung ging[459]). Als ein ähnlicher Fall von seinem Gericht zu entscheiden war[460]), beschränkte er – nunmehr als Lord Esher, M. R. – sein Votum in Heaven auf folgende Tatsachenlage: »If one man is near to another, or is near to the property of another, a duty lies upon him not to do that which may cause a personal injury to that other, or may injure his property«[461]). Diese Worte enthalten in zweierlei Hinsicht eine Einschränkung: Die weite Duty-Definition soll sich nur auf bestimmte Rechtsgüter beziehen, nämlich auf die körperliche Unversehrtheit und das Eigentum; weiter soll sie beschränkt sein auf positives Handeln; Schädigungen durch Unterlassen sollen nicht davon erfaßt werden[462]).

Als grundsätzlich richtig, aber einengungsbedürftig wird das Heaven-Votum in einer berühmten amerikanischen Entscheidung aus dem Jahre 1916 bezeichnet, in der das führende Votum aus der Feder von Judge Cardozo stammt[463]): Ein Grabsteinhändler namens Donald MacPherson war im Jahre 1911 mit seinem neuen Buick mit ca. 25 km/h Geschwindigkeit gefahren, als sich ein Rad gelöst hatte und der Kläger von dem schleudernden Fahrzeug geworfen worden war. Er drang mit seiner Schadensersatzklage gegen den Auto-Hersteller durch. Zur Begründung führte Cardozo, J., aus, Haftungsvoraussetzung sei zunächst die Kenntnis einer Gefahr, die sich nicht nur möglicherweise, sondern wahrscheinlich verwirkliche. Hinzukommen müsse die Kenntnis, daß die gefährliche Sache nicht nur den Vertragspartnern, sondern auch Dritten zugänglich sein werde[464]).

Deutlich beeinflußt von dem MacPherson-Fall – wie auch vom Palsgraf-Case – zeigt sich eine Entscheidung des House of Lords aus dem Jahre 1932[465]). Die Klägerin war von ihrer Freundin in einer Gaststätte zu einer Flasche Ingwerbier eingeladen worden. Als sie die Flasche nahezu geleert hatte, entdeckte sie darin eine halbverweste Schnecke. Sie erlitt einen derartigen Schock, daß sie physischen wie psychischen Schaden nahm. Das Gericht gab

---

458) aaO S. 509.
459) Cann v. Willson, (1888) 39 Ch.D. 39.
460) Le Lievre v. Gould, (1893) 1 Q.B. 491, 62 L.J.Q.B. 353. Es handelte sich hier um falsche Auskünfte, die der Beklagte dem Kläger über das Fortschreiten eines Baus gegeben hatte.
461) (1893) 1 Q.B. 491, 497.
462) Zustimmend: 2 Harper & James 1017 (1956).
463) MacPherson v. Buick Motor Co., 217 N.Y. 382, 111 N.E. 1050 (1916).
464) 217 N.Y. 382, 389 (1916). Ähnlich auch Cardozo, J., in Glanzer v. Shepard, 233 N.Y. 236, 135 N.E. 275 (1922).
465) Donoghue v. Stevenson, (1932) A.C. 562, (1932) All E.R.Rep. 1. Dazu Pollock, 49 L.Q.R. 22 (1933).

ihrer Klage gegen den Hersteller statt, versuchte aber, die Heaven-Grundsätze etwas einzuschränken. Es heißt in dem herausragenden Votum Lord Atkins: »The rule that you are to love your neighbour becomes in law, you must not injure your neighbour. You must take reasonable care to avoid acts or omissions which you can reasonably foresee would be likely to injure your neighbour. Neighbours are persons who are so closely and directly affected by my act that I ought reasonably to have them in contemplation as being so affected when I am directing my mind to the acts or omissions which are called in question«[466]).

§ 68. Palsgraf

Die Verwendung des Vorhersehbarkeitsmerkmals für die Bestimmung der Sorgfaltspflicht ist nicht auf den genannten Falltyp beschränkt. Beredtes Zeugnis gibt hiervon die Palsgraf-Entscheidung des New Yorker Court of Appeals[467]). Es ging darin um die Schadensersatzklage einer Frau, die auf einem New Yorker Untergrundbahnhof von einer umstürzenden Münzwaage verletzt worden war[468]).

Chief Justice Cardozo kommt mit Hilfe des Vorhersehbarkeitsmerkmals zur Haftungsverneinung[469]). Er erklärt, eine allgemeine Feststellung, daß die Leute der Beklagten fahrlässig gewesen seien, genüge nicht, vielmehr müsse das Vorliegen von Negligence jeweils im Hinblick auf den besonderen Kläger nachgewiesen werden[470]). Hierfür schlägt er den Vorhersehbarkeitstest vor: Nur der Kläger soll Ersatz verlangen können, mit dem der Schädiger bei Begehung der Tat rechnen konnte[471]). Es heißt wörtlich in dem Votum: »The orbit of the danger as disclosed to the eye of reasonable vigilance would be the orbit of the duty«[472]). Und: »The risk reasonably to be perceived defines the duty to be obeyed, and risk means relation; it is the risk to another or to others within the range of apprehension«[473]). Mit diesen Ausführungen lag das Ergebnis auf der Hand: Eine Schädigung der Klägerin war für die Schaffner mit Sicherheit unvorhersehbar[474]). Die weitere Frage, ob sich die Vorhersehbar-

---

[466]) (1932) A.C. 562, 580. Der Gedanke der Nächstenliebe ist schon vorher für rechtliche Zwecke nutzbar zu machen versucht worden: Barger v. Barringer, 151, N.C. 433, 66 S.E. 439, 442 (1909) (Brown, J.).

[467]) Palsgraf v. Long Island R.R., 248 N.Y. 339, 162 N.E. 99 (1928).

[468]) Für Einzelheiten vgl. oben § 37.

[469]) Schon 1916 hat Cardozo, J., das Vorhersehbarkeitsmerkmal zu Zwecken der Haftungsbegrenzung verwandt: Perry v. Rochester Lime Co., 219 N.Y. 60, 63, 113 N.E. 529 (1916).

[470]) 248 N.Y. 339, 341 (1928). In diesem Punkt unterscheidet sich Cardozo, C.J., grundlegend von Andrews, J. Vgl. oben § 37.

[471]) Als Schlagwort hat sich für diese Lehre der Begriff des ›unforeseeable plaintiff‹ gebildet.

[472]) 248 N.Y. 339, 343 (1928).

[473]) aaO S. 344.

[474]) »Here was nothing in the situation to suggest to the most cautious mind that the parcel wrapped in newspaper would spread wreckage through the station.« aaO S. 345.

keit auch auf die Natur des geschädigten Rechtsguts erstrecken muß, deutet Cardozo, C. J., zwar an, entscheidet sie aber nicht[475]).

Die Entscheidung hat zu zahlreichen Zweifelsfragen Anlaß gegeben[476]). Namentlich ist gefragt worden, welchen Punkt im Negligence-Tatbestand Cardozo, C. J., eigentlich behandelt hat: das Bestehen einer Sorgfaltspflicht, den Umfang dieser Pflicht oder ›evidence of negligence‹[477]). Nach der in dem Votum gebrauchten Terminologie möchte man meinen, daß das Bestehen der Duty geprüft wurde[478]); andererseits besteht im Grunde genommen kein Zweifel daran, daß der Beklagten gegenüber der Klägerin als einem Fahrgast eine sogar erhöhte Sorgfaltspflicht oblegen hat[479]). Es ist daher anzunehmen, daß Cardozo, C. J., entschieden hat, daß die Leute der Beklagten die gegenüber der Klägerin bestehende Sorgfaltspflicht nicht verletzt haben, da sie mit einer Schädigung so weit entfernt stehender Fahrgäste nicht haben rechnen können[480]); das Gericht hat diese Frage dann als Rechtsfrage unter Übergehung der Jury entschieden[481]).

Wo immer man systematisch die Vorhersehbarkeits-Prüfung einordnen will, so ist doch nicht zu verkennen, daß das Erfordernis des vorhersehbaren Klägers die Entscheidung nicht trägt[482]). Von Cardozo, J., stammt die führende Entscheidung in einer Fallgruppe, in der der Kläger stets zumindest ebenso unvorhersehbar ist wie Mrs. Palsgraf[483]): Es sind dies die Rescue-Fälle, in denen ein Retter selbstlos hinzuspringt, wenn der Beklagte einen Dritten gefährdet; der Schadensersatzklage des geschädigten Retters wird regelmäßig

---

475) aaO S. 346 f.

476) Vgl. namentlich den vorzüglichen Aufsatz von Cowan, The Riddle of the Palsgraf Case, 23 MinnL.Rev. 46 (1938). Angesichts der fortwährenden Diskussion über diesen Fall wäre es makaber, wenn eine Mutmaßung zuträfe, die von Rob. Keeton schmunzelnd vorgebracht wird: Die Münzwaage ist danach von Jugendlichen bei einem Anrempelspiel umgestoßen worden, Rob. Keeton, Legal Cause 122 (1963).

477) Kane v. Burrillvile Racing Ass'n, 73 R.I. 264, 54 A.2d 401, 403 (1947).

478) So: Cowan, 23 Minn.L.Rev. 46, 53 (1938); Buckland, 51 L.Q.R. 637, 644 (1935).

479) Green, 60 Mich.L.Rev. 543, 566 (1962); so auch die Vorinstanz: vgl. oben § 37.

480) Page Keeton, 26 Tul.L.Rev. 355, 368 (1952).

481) So wohl Crane, J., der sich im Falle Palsgraf der diss.op von Andrews, J., angeschlossen hatte, in O'Neill v. City of Port Jervis, 253 N.Y. 423, 171 N.E. 694, 697 (1930). – Cardozo, C.J., scheint sehr daran gelegen zu haben, daß der Fall von der Jury ferngehalten wurde. Aus diesem Grunde hat Green seinem Votum anfangs zugestimmt; vgl. Green, 30 Col.L.Rev. 789 (1930). Später hat Green angefangen, Cardozo stark zu kritisieren; vgl. Green, 41 Texas L.Rev. 42, 62 (1962).

482) Schon richtig erkannt: Note, 29 Col.L.Rev. 53, 58 (1929). – Wie an anderer Stelle zu zeigen sein wird, ist das Gericht zu dem Ergebnis, daß die Eisenbahngesellschaft nicht haften soll, aus anderen Gründen gekommen, der Standort der Klägerin war ohne Bedeutung.

483) Wagner v. International Ry., 232 N.Y. 176, 133 N.E. 437 (1921). Seavey, Cogitations 35 (1954), scheint zwar der Ansicht zu sein, der Schädiger könne das Hinzuspringen des Retters vorhersehen, will dies aber auf die Fälle instinktiven Handelns beschränkt wissen.

stattgegeben[484]). Die Lehre von dem ›foreseeable plaintiff‹ erweist sich als Irrlehre; man kommt um die Feststellung nicht herum, daß hier ein großer Richter einen großen Fehler gemacht hat, der leider verheerende Folgen hatte[485]).

(5) Anhang

§ 69. Vertragshaftung

Für das Gebiet der Vertragshaftung gilt nach nahezu einhelliger Ansicht die Vorhersehbarkeitsregel[486]). Leading Case ist eine Entscheidung des Court of Exchequer vom 23. 2. 1854, in der es um den Ersatz entgangenen Gewinnes ging[487]): Die Kläger waren die Eigentümer einer Mühle, die dem Beklagten, einem Fuhrmann, eine gebrochene Kurbelwelle übergeben hatten, damit er sie zur Reparatur brachte. Der Beklagte hatte den Transport verzögert; in dieser Zeit mußte die Mühle stillstehen, was dem Beklagten nicht bekannt war. Das Gericht wies die Kläger mit ihrer Klage ab. Baron Alderson stellte für den Umfang der Vertragshaftung zwei Regeln auf. Zunächst sollen solche Schadensfolgen einer Vertragsverletzung ersetzt werden, die vernünftigerweise als die natürliche Folge angesehen werden, also dem gewöhnlichen Lauf der Dinge entsprechen[488]). Darüber hinaus sind auch solche Folgen ersatzfähig »as may reasonably be supposed to have been in the contemplation of both parties, at the time they made the contract, as the probable result of the breach of it«[489]). Das Gericht verneinte die Haftung im vorliegenden Fall nach beiden Regeln.

Den gegen die Hadley-Entscheidung zu erhebenden Bedenken trägt eine Entscheidung des Court of Appeal aus dem Jahre 1949 bis zu einem gewissen Grade Rechnung[490]); auch hier ging es um entgangenen Gewinn: Der Kläger

---

484) »The wrongdoer may not have foreseen the coming of a deliverer. He is accountable as if he had.« Cardozo, J., in Wagner v. International Ry., 232 N.Y. 176, 180, 133 N.E. 437, 438 (1921). Ebenso: Hatch v. Globe Laundry Co., 132 Me. 379, 171 A. 387 (1934).

485) So namentlich Sinram v. Pennsylvania R.R., 61 F.2d 767 (2d Cir. 1932); Bourhill v. Young, (1943) A.C. 92, (1942) 2 All E.R. 396: Bourhill ist als die englische Version der Palsgraf-Entscheidung bezeichnet worden; weit verhängnisvoller ist aber, daß der Privy Council im Falle Wagon Mound noch im Jahre 1961 der Palsgraf-Lösung aufgesessen ist, die in den Vereinigten Staaten längst aufgegeben ist – wenn sie überhaupt jemals der Sache nach von Wirkung gewesen ist; vgl. Malone, 43 Calif.L.Rev. 740, 741 (1955). Die amerikanischen Gerichte haben der Palsgraf-Entscheidung eigentlich nur dadurch ihren Tribut gezollt, daß sie sie zitierten, vgl. etwa Flynn v. Gordon, 86 N.H. 198, 165 A. 715, 717 (1933); Hetrick v. Marion-Reserve Power Co., 141 Ohio 347, 48 N.E.2d 103, 109 (1943).

486) Bohlen, Studies 1 (1926); Smith, 25 Harv.L.Rev. 103, 126 (1912).

487) Hadley v. Baxendale, (1854) 9 Exch. 341, 156 E.R. 145.

488) (1854) 9 Exch. 341, 354.

489) aaO (vor.Anm.).

490) Victoria Laundry, Ltd. v. Newman, (1949) 2 K.B. 528; (1949) 1 All E.R. 997.

wollte seinen Reinigungsbetrieb vergrößern und hatte zu diesem Zweck vom Beklagten einen Kessel gekauft, der ca. 20 Wochen zu spät geliefert wurde; er verlangte mit der Klage Ersatz des nicht erzielten Gewinnes. In erster Instanz wurde die Klage abgewiesen – offensichtlich unter Berufung auf Hadley. In zweiter Instanz war der Kläger erfolgreich. Lord Justice Asquith interpretierte die beiden Hadley-Regeln so: Beiden sei gemeinsam, daß sie auf die Voraussicht im Zeitpunkt des Vertragsschlusses abstellten; diese Voraussicht sei von der Kenntnis abhängig, die die Vertragsparteien zu dem betreffenden Zeitpunkt hatten. Bei dieser Kenntnis handle es sich in Regel 2 um die tatsächliche Kenntnis, in Regel 1 dagegen um das Kennen-Müssen: »Everyone, as a reasonable person, is taken to know the ›ordinary course of things‹ and consequently what loss is liable to result from a breach of contract in that ordinary course«[491]). Mit anderen Worten – so formuliert Asquith, L. J. – müsse der Schaden ›on the cards‹ sein[492]).

(6) Würdigung

§ 70. Kritik des Begriffs

Die dargestellten Entscheidungen rufen den Eindruck hervor, daß dem Begriff der Vorhersehbarkeit die verschiedensten Bedeutungen untergelegt werden[493]). In erster Linie ist der Grund für diese Unklarheiten bei dem Begriff selber zu suchen.

Das Wort ›vorhersehen‹ deutet auf den physischen Akt des Sehens hin; durch die Vorsilbe ›vorher‹ wird der Vorgang aber von der Welt des Gegenständlichen in die des Gedanklichen verpflanzt: Es geht um die Vorausberechnung von Wirkungen[494]). Obwohl es sich damit nicht mehr um das physische Sehen handelt, behält der Ausdruck ›vorhersehen‹ einen starken subjektiven Einschlag. Die Untersuchung der Frage, was vorhersehbar war, scheint danach an der Person des Schädigers orientiert zu sein. In Wirklichkeit sollte die Person des Schädigers aber zurückstehen und dem ›reasonable man‹ Platz machen[495]). Wenn man die Vorhersehbarkeit, die diese imaginäre Gestalt hatte, messen soll, so mag das ein plastisches Bild für die Laienrichter in der Jury sein, es hat aber im Grunde mit ›Vorhersehbarkeit‹ nichts mehr zu tun.

---

[491]) (1949) 2 K.B. 528, 539.

[492]) (1949) 1 All E.R. 997, 1003. Dieser Ausdruck wird von Beney, Foresight Saga 4, 9 (1962), für das gesamte Schadensersatzrecht vorgeschlagen. Vgl. auch schon die beachtliche diss.op. von Finch, J., in Emery v. Rochester Telephone Corp., 271 N.Y. 306, 312, 3 N.E.2d 434 (1936).

[493]) Vgl. Green, 28 Texas L.Rev. 755, 772 (1950); Feezer, 27 N.Y.U.L.Rev. 647, 649 (1952).

[494]) In diesem Sinne: Cowan, 23 Minn.L.Rev. 46, 64 (1938); Levitt, 21 Mich.L.Rev. 34, 50 (1922).

[495]) Was hätte der ›reasonable man‹ vorausgesehen? Sichere Aussagen sind kaum möglich; Terry, Leading Principles 562 (1884); Green, 28 Texas L.Rev. 755, 772 (1950).

Weiter leidet die Paktikabilität des Begriffes an einer psychologischen Schwäche: In dem Zeitpunkt, in dem die Frage nach der Vorhersehbarkeit vom Richter oder der Jury beantwortet wird, ist die tatsächliche Entwicklung schon so weit fortgeschritten, daß ein Schaden eingetreten ist[496]); es besteht die Gefahr, daß die Beantwortung der Frage davon beieinflußt wird[497]). Andererseits kann eine Beeinflussung auch dadurch eintreten, daß ein vorhersehbarer Schaden nicht eintritt, wohl aber einer, mit dem man nicht gerechnet hat; es ist dann besonders schwierig, den zweiten Schaden als ›vorhersehbar‹ zu bezeichnen[498]). Wenn sich diese beiden Wirkungen in Einzelfällen auch gegenseitig aufheben mögen, so wird doch dadurch Unsicherheit ins Haftungsrecht getragen, so daß Zweifel an der Brauchbarkeit des Vorhersehbarkeitsmerkmals aufkommen.

§ 71. Intensität der Vorhersehbarkeit

Die Vorhersehbarkeitsskala erstreckt sich von der Gewißheit, mit der man einen Schadenseintritt erwartet, über die Wahrscheinlichkeit bis hin zur bloßen Möglichkeit, die nicht auszuschließen ist[499]). Während die Gewißheit zur Haftung für Vorsatz führt, sind sowohl Möglichkeit als auch Wahrscheinlichkeit des Schadenseintritts für den Bereich der Fahrlässigkeitshaftung von Bedeutung[500]). Ersetzt man den Begriff ›Vorhersehbarkeit‹ kurzerhand durch ›Wahrscheinlichkeit‹, so legt man sich in der Skala unnötig fest[501]). Andererseits wird nicht verkannt, daß in der Praxis weitgehend eine Gleichsetzung vorgenommen wird, bei der allerdings differenziert wird, wie das Wort ›Wahrscheinlichkeitsgrad‹ zeigt.

Was den Intensitätsgrad der zu fordernden Vorhersehbarkeit angeht, so wird gesagt, daß die Anforderungen an die Vorhersehbarkeit um so geringer sind, je größer der vorherzusehende Schaden ist[502]). Dies soll ein Beispiel verdeutlichen: Wenn ein Lokomotivführer mit geschlossenen Augen durch eine einsame Landschaft fährt und auf einem Bahnübergang einen Menschen erfaßt, weil er kein Signal gegeben hat, so wird man hier die bloße Möglich-

---

[496]) Edgar, 9 St. John's L.Rev. 84, 92 (1934) (»happening has made it certain«); Lord Wright, Legal Essays 96, 101 (1939) (»facts have superseded any such speculations«).

[497]) Die Jury bejaht dann zu schnell Vorhersehbarkeit.

[498]) Cowan, 23 Minn.L.Rev. 46, 52 (1938).

[499]) Terry, 28 Harv.L.Rev. 10, 18 (1914); Bingham, 9 Col.L.Rev. 136, 139 (1909).

[500]) Es muß betont werden, daß die Grenzen zwischen den Begriffen flüssig sind und man sich daher begriffsmäßig nicht festlegen sollte. Anderer Ansicht ist der Engländer Goodhart, der darauf besteht, daß die Vorhersehbarkeit eines Schadens als möglich ausreiche; Goodhart, Essays 110, 126 (1931).

[501]) Es kommt hinzu, daß ›Wahrscheinlichkeit‹ auch im Prozeßrecht eine Rolle spielt: Eine Tatsache ist als erwiesen anzusehen, wenn ihr Vorliegen zumindest wahrscheinlicher ist als das Nicht-Vorliegen; vgl. Gulf Refining Co. v. Williams, 183 Miss. 723, 185 So. 234, 236 (1938); Sims v. Dixon, 224 Or. 45, 355 P.2d 478, 480 (1960).

[502]) Vgl. Cowan, 23 Minn.L.Rev. 46, 64 (1938).

keit eines Schadenseintritts für die Haftungsbejahung genügen lassen, weil der vorhersehbare Schaden groß war[503]). Wenn dagegen ein Fußgänger mit verbundenen Augen durch die einsame Landschaft läuft und dabei einen anderen Menschen anrennt, so würde er nicht zur Haftung herangezogen werden, weil hier nur die Möglichkeit eines zudem unbedeutenden Schadens vorherzusehen war[504]). Anders wäre es, wenn der Fußgänger auf diese Weise die Bahnhofshalle durchqueren würde; in diesem Falle wäre ein Schaden wahrscheinlich, wenn auch unbedeutend.

Man kommt zu dem Ergebnis, daß das Vorhersehbarkeitserfordernis im Zusammenhang mit Haftungsbegrenzungsfragen nichts anderes darstellt als das Vorhersehbarkeitserfordernis im Negligence-Tatbestand, das neben den anderen Merkmalen an der Interessenabwägung teilnimmt[505]). Wenn in der Praxis allein mit dem Vorhersehbarkeitserfordernis gearbeitet wird[506]), darf es nicht verwundern, daß die Bejahung oder Verneinung des Vorliegens von Vorhersehbarkeit oft willkürlich erscheint.

§ 72. Vereinfachung des Haftungsrechts?

Die Vereinfachung des Haftungsrechts soll sich in erster Linie dadurch ergeben, daß mit Hilfe der Vorhersehbarkeitslehre die zwei Fragen nach Haftungsgrund und Haftungsumfang zu einer einzigen Frage verschmolzen werden[507]): War die Gefahr des Eintritts dieses Schadens für einen vernünftigen Menschen vorhersehbar? Nach dem herkömmlichen Recht, für das der Smith-Case Leitentscheidung war[508]), wurde ausdrücklich unterschieden zwischen dem Vorliegen von Negligence und dem Umfang der Haftung. Dieses Vorgehen wurde in der Wagon-Mound-Entscheidung in Grund und Boden verdammt[509]). Freilich schließt die Vorhersehbarkeitstheorie die Möglichkeit einer Differenzierung im dargestellten Sinne nicht ohne weiteres aus. Die ›natural and probable consequence rule‹ erlaubt zunächst die Prüfung des Vorliegens von Negligence und fragt sodann, ob der Schaden auch vorhersehbar war[510]). Obwohl man annehmen sollte, daß damit zweimal dasselbe

---

503) Obgleich in den Vereinigten Staaten keine besondere Gefährdungshaftung für Eisenbahnen besteht, kommt man zu sehr strenger Haftung, wobei immer der Gedanke mitschwebt, daß die Eisenbahn ein ›gefährliches Instrument‹ ist.

504) Vgl. hierzu den Cricketball-Fall Bolton v. Stone, (1951) A.C. 850, (1951) 1 All E.R. 1078, wo die Klägerin, Miss Stone, ersatzlos bleibt; dazu: Goodhart, 67 L.Q.R. 460, 463 (1951). Dagegen wird für die Explosion in einer Munitionsfabrik grundsätzlich gehaftet: Read v. Lyons & Co., (1947) A.C. 156, 172, (1946) 2 All E.R. 471.

505) Vgl. oben § 14.

506) Vgl. oben § 36.

507) Prosser, 38 Calif.L.Rev. 369, 395 (1950); Fleming, 39 Canad.B.Rev. 489, 510 (1961); Williams, 77 L.Q.R. 179 (1961).

508) Vgl. oben § 37.

509) (1961) 1 All E.R. 404, 414.

510) Goodhart, Essays 110, 126 (1931), scheint dies zum Anlaß zu nehmen, diese Theorie abzulehnen.

geprüft wird[511]), stellt sich heraus, daß das nicht notwendig der Fall zu sein braucht[512]).

In vielen Entscheidungen, in denen nur mit einer Frage vorgegangen wurde, ist das Merkmal der Vorhersehbarkeit gekünstelt und überspannt angewandt worden[513]). Wenn jemand seinen Wagen nicht gehörig auf seine Sicherheit hin untersucht, sieht er bestimmt nicht voraus, daß er infolge schadhafter Bremsen ins Schleudern geraten, in Richtung auf ein spielendes Kind fahren und einen zur Rettung des Kindes hinzuspringenden Erwachsenen erfassen kann[514]). Ebensowenig haben die beiden New Yorker Autofahrer als Folge ihres vorschriftswidrigen Fahrens vorhergesehen, daß beim Herausziehen des einen Wagens aus dem Haus eine Hausbewohnerin von einem Stein getroffen werden würde[515]).

Um das dem Gerechtigkeitsgefühl entsprechende Ergebnis in diesen Fällen zu rechtfertigen, kommt man notwendigerweise zu einer Aufteilung der Prüfung in zwei Fragen. Es ist auszugehen von einer Untersuchung der Negligence, im Rahmen derer das Vorhersehbarkeitsmerkmal eine erhebliche Rolle spielt. Die Beklagten in den eben genannten Fällen waren fahrlässig in diesem Sinne. Ein weiterer Punkt ist dann, ob ein solcher Schädiger für den eingetretenen Schaden haftbar gemacht werden soll. Insoweit wird die Frage nicht mehr nach der Vorhersehbarkeit gestellt, sondern danach, ob im Zeitpunkt der Tat der eingetretene Schaden wirklich unvorhersehbar, unerwartet oder aus dem Rahmen fallend war[516]). Da die eingetretenen Schäden hier durchaus im Bereich des Möglichen lagen, wurde die Haftung zu Recht auf sie erstreckt.

Man spricht im Falle des nicht Unvorhersehbaren von theoretischer Vorhersehbarkeit im Gegensatz zur praktischen Vorhersehbarkeit als Negligence-Test[517]). Es ist sicherlich ein Nachteil, daß in zwei so verschiedenen Fällen derselbe Begriff – Vorhersehbarkeit – gebraucht wird. Man darf aber nicht vergessen, daß sich dieses terminologische Problem der Praxis nicht stellt. Die Zivilgeschworenen wären ohne Frage überfordert, wenn sie das Vorhersehbarkeitsmerkmal in zweierlei Bedeutung anwenden müßten. Im Zweifel würden sie nicht anders verfahren als bisher.

Es zeigt sich somit, daß die gepriesene Haftungsrechtsvereinfachung nur

---

511) Rob. Keeton, Legal Cause 19 (1963).

512) Vgl. Campbell, (1938) Wis.L.Rev. 402, 404.

513) »It is straining the idea of foreseeability past the breaking point.« Bohlen, 47 Harv.L.Rev. 556, 557 (1934).

514) In diesen Rescue-Cases wird der Klage stets stattgegeben; vgl. Illinois Cent. Ry. v. Siler, 229 Ill. 390, 82 N.E. 362, 363 (1907).

515) In re Guardian Casualty Co., 2 N.Y.S.2d 232 (1938); vgl. die Darstellung oben § 62. Vgl. auch den Fall Comstock v. Wilson, 257 N.Y. 231, 177 N.E. 431 (1931): Hier war die Ehefrau des Klägers erst Minuten nach dem Unfall infolge eines Schwächeanfalls mit dem Kopf auf das Straßenpflaster aufgeschlagen und an einem Schädelbasisbruch gestorben. Der Klage wurde stattgegeben.

516) Hart & Honoré 239 (1959).

517) Hart & Honoré 238–243 (1959); Middleton, (1961) Jur.Rev. 283, 298; Fleming, 39 Canad.B.Rev. 489, 510 (1961).

eine scheinbare ist. Die Verschmelzung der zwei Haftungsfragen wird nur dadurch erreicht, daß man sie gewaltsam in einen Topf wirft und der Jury zur weiteren Verwendung vorsetzt.

§ 73. Schadensbeschreibung

Die bisherige Erkenntnis, daß der Vorhersehbarkeitsbegriff nicht aus einem Guß ist, findet Unterstützung auch in folgendem: Jedes Ergebnis hängt in erheblichem Maße davon ab, wie vorhersehbarer und eingetretener Schaden beschrieben werden[518]). In allen diesen Fällen werden eingetretener und vorhersehbar gewesener Schaden daraufhin überprüft, ob sie sich entsprechen. Je allgemeiner dabei die Beschreibung des jeweiligen Schadens oder Risikos erfolgt, desto eher wird man zu dem Ergebnis kommen, daß eine Entsprechung vorliegt[519]). Als Beispiel sei der texanische Holzbeinfall genannt, wo der Kläger bei einem Unfall unter einer Eisenbahnbrücke auch sein gesundes Bein einbüßte[520]). Trotz des abenteuerlichen Geschehensablaufs war der Kläger mit seiner Klage erfolgreich, weil sein Prozeßbevollmächtigter dem Gericht den Schadensverlauf unter Weglassung aller Einzelheiten, auf eine kurze Formel gebracht, so schilderte[521]): »The appellee was on the highway, using it in a lawful manner, and slipped into this hole, created by the appellant's negligence, and was injured in undertaking to extricate himself«[522]). Wäre die Unfallbeschreibung detaillierter erfolgt, so wäre die Haftung möglicherweise an fehlender Vorhersehbarkeit gescheitert. In diesem Falle konnten Einzelheiten unerwähnt bleiben. Darüber jedoch, wann das der Fall ist, sagt die Vorhersehbarkeitstheorie nichts[523]).

§ 74. Proportionalität von Schuld und Haftung

Unabhängig von den hier dargestellten Schwächen der Vorhersehbarkeitstheorie überzeugt auch das Hauptargument der Anhänger dieser Lehre nicht[524]). Es heißt, nur diese Theorie begrenze die Haftung in Übereinstim-

---

518) Hart & Honoré 92, 154, 232 (1959); Fleming, 39 Canad.B.Rev. 489, 526 (1961); Rob. Keeton, Legal Cause 86 (1963); vgl. auch Morison, 34 A.L.J. 317, 321 (1961).

519) Page Keeton, 16 Texas L.Rev. 1, 19 (1937); Prosser, Torts 307 (3.A. 1964).

520) Hines v. Morrow, 236 S.W. 183, (1921). Für eine ausführliche Sachverhaltsschilderung vgl. oben § 61.

521) Hierauf weist hin: Morris, Studies 244, 254 (1952). Zustimmend: Green, 28 Texas L.Rev. 471, 473 (1950); Prosser, Torts 308 (3.A. 1964).

522) 236 S.W. 183, 187 f (1921).

523) Vgl. Gregory, 6 U.Chi.L.Rev. 36, 50 (1938). Als Beispielsfall vgl. auch Danner v. Arnsberg, 362 P.2d 758, 761 (1961).

524) Auch häufig geäußert wird das Argument, diese Lehre sei gerechter, da hier nicht – wie beim Directness-Test – das kleinste Versehen den Unachtsamen über ruinöse Haftung ins Verderben stürzen könne; vgl. Prosser, Selected Topics 191, 216 (1953).

mung mit den tragenden Grundsätzen des Negligence-Rechts[525]). In der Tat erscheint es einleuchtend, daß dasselbe Merkmal, das für die Begründung der Haftung gewählt wird, auch für die Begrenzung ihres Umfangs Verwendung findet[526]). Damit würde dem Verschuldensprinzip umfassend zur Wirkung verholfen[527]).

Das Merkmal der Vorhersehbarkeit trägt eine starke moralische Kennzeichnung[528]). Eine Haftung von der Vorhersehbarkeit eines Schadens abhängig zu machen, bedeutet letztlich, daß der Schädiger für sein Fehlverhalten ggf. bestraft wird[529]) und daß Schädigungen dieser Art für die Zukunft verhütet werden sollen[530]).

Wenn dem Negligence-Recht nur diese Aufgaben obliegen würden, wäre die Vorhersehbarkeitstheorie nur schwer zu entkräften. Das Negligence-Recht hat aber heute eine solche Fülle von Funktionen – von denen die Schadensverteilungsfunktion nur eine ist –, daß man gar nicht mehr von einem einheitlichen Begriff der Negligence sprechen kann: Negligence kann in jedem tatsächlichen Zusammenhang etwas anderes bedeuten[531]). Aus diesem Grunde kann man nicht sagen, daß der Begriff der Negligence zwangsläufig zur Vorhersehbarkeit führt, wenn es um Fragen der Haftungsbegrenzung geht.

§ 75. Vorschlag

In allen Fällen, in denen nicht mit dem Duty-Merkmal gearbeitet werden kann[532]), sollte zwischen Haftungsgrund und Haftungsumfang sauber unterschieden werden. Während Negligence als Haftungsgrund immerhin bestimmbar erscheint[533]), ist die Frage offen, wie der Haftungsumfang bestimmt

---

[525]) Fleming, Torts 186 (2. A. 1961).

[526]) »Prima facie at least, the reasons for creating liability should limit it.« Seavey, 52 Harv.L.Rev. 372, 386 (1939).

[527]) Vgl. insbesondere Goodhart, Essays 110, 125 f. (1931).

[528]) Cowan, 23 Minn.L.Rev. 46, 59 (1938).

[529]) Burke, Darval & Merkel, 3 Melb.U.L.Rev. 197, 202 (1961); vgl. auch L. P. Wilson, 2 Okla.L.Rev. 275, 287 (1949).

[530]) Edgerton, 72 U.Pa.L.Rev. 343, 355 (1924); Morris, 101 U.Pa.L.Rev. 189, 205 (1952); Green, Traffic Victims 54 (1958).

[531]) Diese Erkenntnis ist der Ansatzpunkt für Kritik an der Monographie ›Legal Cause in the Law of Torts‹ von Robert Keeton: siehe Malone, 17 J.Leg.Ed. 97 (1964); Thode, 42 Texas L.Rev. 275 (1963). Obwohl im Ton bemerkenswert unterschiedlich, sind sich beide Rezensenten im Ergebnis einig. Robert Keeton hat auch den Begriff des ›Conditional Fault‹ entwickelt: 72 Harv.L.Rev. 401 (1959); vgl. dazu die vorzügliche Kritik von Probert, 49 Ky.L.J. 114, 119 (1960). Vgl. auch schon Probert, 52 N.W.U.L.Rev. 295, 297 (1957). Schließlich vgl. auch Fl. James, 8 Buff.L.Rev. 315, 325 (1959). Alle Stimmen sind gegen Keetons beinahe ›britische‹ Ansicht gerichtet, es gebe noch ein einheitliches Negligence-Concept.

[532]) Vgl. hierzu den 3. Teil der Arbeit.

[533]) Es wäre möglich, daß der Richter diese Frage im Rahmen der Duty-Prüfung entscheidet, damit sich die Jury allein auf Frage 2 konzentrieren kann.

werden kann. Der Begriff der Vorhersehbarkeit eignet sich aus den genannten Gründen nicht für diese Aufgabe; Directness hilft auch nicht weiter.

Dem Inhalt nach könnte man an die Adäquanztheorie des deutschen Rechts denken. Der Begriff der Adäquanz ist aber in seiner Abstraktion für die Zivilgeschworenen denkbar ungeeignet. Statt dessen ist hier vorzuschlagen, mit der Formel ›on the cards‹ zu arbeiten[534]), die von Lord Justice Asquith in einem Fall aus dem Vertragsrecht geprägt worden ist[535]). Entscheidend ist danach, womit ein normaler Mensch rechnen konnte, was ›on the cards‹ war. Diese Formel hat zahlreiche Vorteile über andere Regeln: Sie ist prägnant und plastisch und somit verständlich für die Laienrichter in der Jury. Darüber hinaus scheint sie auf halber Strecke zwischen Directness-Test und Vorhersehbarkeitstheorie angesiedelt zu sein[536]). Schließlich wäre es wohl auch zu verschmerzen, wenn diese Formel zugleich die Funktion der Negligence-Prüfung mit übernehmen würde.

---

[534]) So auch Beney, Foresight Saga 4, 9 (1962). In derselben Richtung liegt der Ausdruck ›not highly extraordinary‹, den das Restatement gebraucht; Restatement/Torts § 433 (b) (1934). Vgl. auch 2 Harper & James 1019 (1956).

[535]) Victoria Laundry, Ltd. v. Newman, (1949) 2 K.B. 528, (1949) 1 All E.R. 997, 1003; vgl. oben § 69.

[536]) So ist Asquith, L.J., von der Vorhersehbarkeitstheorie dorthin gelangt, während Beney vom Directness-Test kommt.

3. Teil

DIE RECHTSPFLICHT-LEHRE

§ 76. Allgemeines

Frühere Juristengenerationen haben sich zur Lösung von Haftungsbegrenzungsfragen der Proximate-Cause-Formel bedient; statt dessen wird heute vielfach mit dem Duty-Merkmal gearbeitet[1]). Dies gilt sowohl für die Haftung wegen Negligence als auch für die Gefährdungshaftung, wobei in beiden Fällen die Haftung entweder auf einem Gesetz (statute) oder auf dem allgemeinen Common Law beruhen kann[2]). Negligence- und Gefährdungshaftung haben miteinander gemein, daß die Rechtsordnung bestimmten, von dritter Seite Geschädigten ihren Schutz angedeihen läßt, der sich darin ausdrückt, daß die Geschädigten vom Schädiger den Schaden ersetzt verlangen können[3]). Schlagwortartig sagt man sonst: »The law does not spread its protection so far«[4]).

Es ist anerkannt, daß eine gesetzliche Verpflichtung nur besteht, »if the court or the Legislature says there is a duty«[5]). Bei der Bestimmung des Vorliegens einer Duty handelt es sich um das »problem of the degree to which one's uncontrolled and undisciplined activities will be curtailed by the courts in regognition of the needs of organized society«[6]).

---

[1]) 2 Harper & James 1022 (1956). Zustimmend: Page Keeton, 26 Tul.L.Rev. 355, 356 (1952). Vgl. auch die Veränderung, die das Restatement/Torts von 1948 gegenüber dem von 1934 gefunden hat, und die Begründung dafür: § 281, comment e und Illustration 2.

[2]) Da die Gefährdungshaftung die Ausnahme darstellt, findet sie sich zumeist in Gesetzen, ist aber auch ohne ausdrückliche Gesetzesvorschrift denkbar, z. B. bei Sprengungen mit Dynamit. Vgl. z. B. Exner v. Sherman Power Const. Co., 54 F. 2d 510, 513 (2d Cir. 1931).

[3]) Gregory, 6 U.Chi.L.Rev. 36, 57 (1938).

[4]) Holmes, J., in Robins Dry Dock & Repair Co. v. Flint, 275 U.S. 303, 309 (1927). Auch: Green, 41 Texas L.Rev. 42, 45 und 59 (1962); ders., 28 Texas L.Rev. 755, 756 (1950); ders., 61 Col.L.Rev. 1401, 1407 (1961).

[5]) Amaya v. Home Ice, Fuel & Supply Co., 59 Cal.2d 295, 309, 379 P.2d 513 (1963).

[6]) Elbert v. City of Saginaw, 363 Mich. 463, 476, 109 N.W.2d 879 (1961). Ebenso: Learned Hand, Cir.J., in Sinram v. Pennsylvania R.R., 61 F.2d 767, 771 (2d Cir. 1932).

§ 77. *Relativität*

Wenn man nach dem Grund fragt, warum das Gesetz bestimmte Leute schützt, so ist die Antwort für den Fall der Gefährdungshaftung einfach zu finden: Wer schaden-trächtige Aktivitäten entwickelt, die wegen ihrer Bedeutung nicht verboten werden können, haftet zum Ausgleich für jeden eintretenden Schaden[7]). Stets muß also geprüft werden, ob die Schäden überhaupt in irgendeinem Zusammenhang mit der gefährlichen Tätigkeit stehen, um deretwillen die strenge Haftung auferlegt wurde. Die Haftung für Negligence auf der anderen Seite gründet sich auf bestimmte Verhaltensweisen, aus denen in aller Regel ein Schaden entsteht. Zu fragen ist hier somit, ob der eingetretene Schaden in einer inneren Beziehung zu dem Grund steht, aus dem heraus die Rechtsordnung dem Schädiger eine besondere Verhaltenspflicht auferlegt hat.

Damit kommt die Lehre von der Relativität der Negligence in die Diskussion, nach der eine Handlung nicht generell mit dem Stempel der Negligence versehen wird[8]). Vielmehr wird jeweils der auf seiten des Klägers eingetretene Schaden mitberücksichtigt[9]). Genauer gesagt, wird das Vorliegen von Negligence im Hinblick auf den Kläger, die eingetretene Schadensart und die besondere Art der Schadensgefahr geprüft[10]). Für jeden dieser drei Fälle muß dem Beklagten die Verpflichtung oblegen haben, sich der erforderlichen Sorgfalt gemäß zu verhalten.

§ 78. *Ausrichtung auf den Kläger*

Was das namentlich durch die Palsgraf-Entscheidung[11]) aufgestellte Erfordernis der Duty gegenüber dem besonderen Kläger oder der Personengruppe

---

7) Fl. James, 3 Utah L.Rev. 275, 284 (1953).

8) Es sind dies dieselben Überlegungen, die schon bei der Besprechung des Vorhersehbarkeitsmerkmal angestellt worden sind (oben § 74). Robert Keeton will das Relativitäts-Denken in der Tat auf dieses Merkmal der Vorhersehbarkeit beschränkt wissen, ist aber bereit, insofern entweder mit der Duty oder der Proximate Cause zu arbeiten. Rob. Keeton, Legal Cause in the Law of Torts (1963). Dem steht ein Anhänger der Lehre von der absoluten Negligence etwas hilflos gegenüber: Honoré, Buchbespr., 77 Harv.L.Rev. 595, 598 (1964). Über Keeton hinausgehend, muß gesagt werden, daß die ›Relativitäts-Theorie‹ keineswegs auf Fälle der Vorhersehbarkeit beschränkt ist. Das wird in gewisser Weise von Keeton selbst eingeräumt. A.a.O. S. 88; er spricht aber von einer »entsprechenden Anwendung der Risk Theory in Fällen von Gefährdungshaftung, aaO S. 104.

9) Dies steht also deutlich im Gegensatz zu der oben (§ 40) dargestellten ›absoluten‹ Negligence. Vgl. Alb.A. Ehrenzweig, 8 U.Chi.L.Rev. 729, 730 (1941). Vgl. auch Prosser, 52 Mich.L.Rev. 1, 12 (1953).

10) Green, 28 Texas L.Rev. 755 (1950).

11) Vgl. oben § 68, wo sich auch eine Kritik am Vorgehen Cardozos findet. Vgl. hierzu im einzelnen auch Cowan, 23 Minn.L.Rev. 46, 50 (1938). Zu denken ist viel eher an jenen bekannten Lehrbuchfall, wo jemand mit seinem Auto über ein wertlos aussehendes Paket fährt, in dem sich ein Kind versteckt hat: Barker v. City of Philadelphia, 134 F.Supp. 231 (1955); Meeks Motor Freight, Inc. v. Ham's Adm'r, 302 Ky. 71, 193 S.W.2d 745 (1945). Vgl. auch Boyd v. City of Deluth, 126 Minn. 33, 147 N.W. 710 (1914).

betrifft, der er angehört[12]), so muß unterschieden werden, ob das Verhalten des Beklagten in einem positiven Handeln oder in einem Unterlassen besteht. Soweit ein positives Handeln vorliegt, kann grundsätzlich davon ausgegangen werden, daß jeder sich vorsichtig verhalten muß und Schädigungen Dritter nach Möglichkeit zu vermeiden hat[13]). Der von Brett, M.R., in Heaven v. Pender vorgeschlagene Danger-Test[14]) darf hier aber nicht mehr bedeuten, als daß jedenfalls solchen Personen gegenüber keine Sorgfaltspflicht besteht, mit deren Anwesenheit der Schädiger im Zeitpunkt der Schadenshandlung nach allgemeiner Lebenserfahrung nicht zu rechnen brauchte[15]).

Aus dieser Formulierung »nicht zu rechnen brauchte« läßt sich unschwer herauslesen, daß hier rechtspolitische Gesichtspunkte entscheidend sind. Zeugnis hiervon gibt insbesondere der Fall Carey[16]). Der Beklagte hatte darin zwar gegenüber dem Ehemann eine Sorgfaltspflicht-Verletzung begangen, nicht aber auch gegenüber der Ehefrau, die unmittelbar neben ihm gestanden hatte. Das Berufungsgericht gab eine Begründung, deren Sinn unklar blieb; es ist darin die Rede von Proximate Cause und fehlender Vorhersehbarkeit hinsichtlich des Schadens der Klägerin[17]). In Wirklichkeit geht es nur darum, daß das Gericht der Klägerin für ihren Nervenschock keinen Schadensersatz zubilligen will. Wäre auch die Klägerin körperlich verletzt worden, so bestünde an der Haftung des Beklagten insoweit kein Zweifel. Überhaupt ist die Haftung für Nervenschockschäden vielfach gerade mit der Begründung abgelehnt worden, der Schädiger habe den Geschädigten nicht vorhersehen können[18]). Eigentlicher Ablehnungsgrund war in allen diesen Fällen, daß solche Schäden aus rechtspolitischen Gründen nicht für ersatzfähig angesehen werden.

So wird man den nächtlichen Warenhausdieb, der von einer umstürzenden Linoleumrolle getroffen und verletzt wird, ersatzlos ausgehen lassen, obwohl mit nächtlichen Warenhausdieben generell gerechnet werden kann, wie das

---

[12]) Es ist ausreichend, daß Negligence gegenüber der Klasse oder dem Kreis des Klägers vorliegt. Vgl. oben § 68 Anm. 485. In diesem Zusammenhang ist oft von dem Institut der übertragenen Fahrlässigkeit (Transferred Negligence) die Rede. Vgl. dazu: Cowan, 23 Minn.L.Rev. 46, 50 (1938); Alb.A. Ehrenzweig, 8 U.Chi.L.Rev. 729, 731 (1941); Williams, 77 L.Q.R. 179, 185 (1961).

[13]) Seavey, 56 Harv.L.Rev. 72, 82 u. 87 (1942); Powell-Smith, 114 L.J. 801 (1964); Haley v. London Electricity Board, (1964) 3 All E.R. 185; Cowan, 23 Minn.L. Rev. 46, 54 (1938).

[14]) Heaven v. Pender, (1883) L.R. 11 Q.B.D. 503, 509, 52 L.J.Q.B. 702. Siehe oben § 67. Wie die Heranziehung dieser Entscheidung an dieser Stelle andeutet, ist die Warenherstellerhaftung mit Hilfe des Konzepts von der Schutzrichtung der Duty auf den besonderen Kläger entwickelt worden. Vgl. Gregory, 6 U.Chi.L.Rev. 36, 42 (1938).

[15]) Vgl. P.S. James, Torts 115 (2.A. 1964).

[16]) Carey v. Pure Distributing Corporation, 133 Tex. 31, 124 S.W.2d 847 (1939). Eine ausführliche Tatbestandsschilderung findet sich oben § 39.

[17]) aaO S. 36. Vgl. hierzu recht eindrucksvoll: Honoré, 77 Harv.L.Rev. 595, 599 (1964).

[18]) Auf diese Weise ist die Palsgraf-»Doktrin« des »Unforeseeable Plaintiff« erst nach England gebracht worden; die Bourhill-Entscheidung handelt vom Ersatz für einen Nervenschock. Vgl. oben § 68.

Vorhandensein von Sicherheitsvorkehrungen und Wachmännern zeigt. Der Grund für die Nicht-Haftung ist, daß es nicht rechtens sein kann, jemandem Sorgfaltspflichten gegenüber solchen Personen aufzuerlegen, die erstere gerade schädigen wollen, soweit dies nur eindeutig nachgewiesen ist. Dieser Gedanke kommt auch im Falle des Schwarzfahrers zum Ausdruck, der bei dem Zusammenstoß des Güterzuges, mit dem er fährt, verletzt wird[19]. Anders könnte die Rechtslage hinsichtlich des Schwarzfahrers sein, der mit einem Personenzug fährt; denn insofern wäre es vielleicht nicht auszuschließen, daß er doch noch eine Fahrkarte nachlösen wollte. Dieselbe Überlegung greift Platz bei dem Taschendieb im Warenhaus, der verunglückt; auch in diesem Fall läßt sich nicht sicher sagen, daß er ausschließlich zu Diebstahlzwecken das Haus betreten hat.

Unter dieser Blickrichtung müssen ganz allgemein die Fälle betrachtet werden, in denen jemand ein fremdes Grundstück betritt und dabei zu Schaden kommt, weil sich das Grundstück nicht in verkehrssicherem Zustand befindet[20]. Sobald dieses Grundstück allgemein dem Verkehr eröffnet ist, muß es der Eigentümer in sicherem Zustand halten und kann nur in Ausnahmefällen damit gehört werden, dem besonderen Kläger gegenüber habe ihm keine Sorgfaltspflicht oblegen[21]. Eine Pflichtverletzung würde in diesen Fällen grundsätzlich durch positives Handeln erfolgen (schlechte Wartung). Anders ist es bei Privat-Grundstücken, denen ein Fremder grundsätzlich fernzubleiben hat[22].

---

19) Garland v. Boston & Maine R.R., 76 N.H. 556, 86 A. 141 (1913). In dieser Entscheidung weist Peasley, J., darauf hin, daß sich Robinson Crusoe auf seiner Insel so lange sorglos verhalten durfte, bis er die Fußspuren im Sand entdeckt hatte (aaO S. 563).

20) Gregory, 6 U.Chi.L.Rev. 36, 42 (1938). Vgl. auch Eldredge, 84 U.Pa.L.Rev. 467 (1936); Webel v. Yale University, 125 Conn. 515, 7 A.2d 215, 217 (1939); Wood v. Prudential Ins.Co., 212 Minn. 551, 4 N.W. 2d 617, 619 (1942). Dem Grundstücksinhaber wird aber keineswegs die absolute Verpflichtung auferlegt, jeden Schaden zu vermeiden. So ist etwa bei einem Kinobesitzer gesagt worden, er brauche für das Stürzen des Klägers in dem dunklen Kino nicht aufzukommen, weil er nicht fahrlässig gehandelt habe: Beck v. Stanley Company of America 355 Pa. 608, 50 A.2d 306, 309 (1947). Entsprechend bei einem Zug-Trittbrett: Patton v. Texas & Pacific Ry., 179 U.S. 658, 664 (1901). Zweifelhaft dagegen: Clark v. Chase Hotel Co., 230 Mo.App. 739, 74 S.W. 2d 498, 502 (1934), wo nicht viel mehr festgestellt wird, als daß ein türkisches Bad kein ›place of amusement‹ sei.

21) Vgl. aber Greenfield v. Miller, 173 Wis. 184, 180 N.W. 834, 837 (1921); Terry v. Timberlake, 348 S.W. 2d 919, 920 (1961): Wo es sich um reine gesellschaftliche Verpflichtungen handelt, scheint immer der Gedanke des Handelns auf eigene Gefahr mitzuschweben. Gerade dieses Teilgebiet des Rechts zeichnet sich durch eine besondere Zopfigkeit aus, was schon darin zum Ausdruck kommt, daß der Gesetzgeber in England im Jahre 1957 mit dem Occupiers Liability Act eingreifen mußte, durch den in s.1 namentlich die Unterscheidung zwischen ›invitees‹ und ›licensees‹ zugunsten des Begriffs des ›visitor‹ aufgehoben worden ist. Für eine Kritik dieses alten Common-Law-Zopfes vgl. die Supreme-Court-Entscheidung in Sachen Kermarec v. Compagnie Générale Transatlantique, 358 U.S. 625, 630 (1959). Die Entwicklung geht ohne Frage zu einer ›single duty of reasonable care in all the circumstances.‹ So Peck, 48 Minn.L.Rev. 265, 310 (1963). Vgl. Goodhart, 78 Harv.L.Rev. 23, 25 (1964).

22) Vgl. unten § 80.

§ 79. Zwei Unterfälle

An der Haftung für vorgeburtliche Schädigungen besteht heute kein ernsthafter Zweifel mehr; aus dem Thema »The Unborn Child« im Jahre 1942[23]) ist »The Unborn Plaintiff« im Jahre 1965[24]) geworden. Wer eine Frau verletzt, wird kaum voraussehen, daß er einen Nasciturus ebenfalls verletzen könnte[25]); trotzdem haftet er dem Kind, sobald es geboren ist. Auf eine entsprechende Vorhersehbarkeit kann es nicht ankommen, da der Schädiger sein Verhalten ohnehin nicht geändert hätte. Man muß also auch hier fragen, ob der Schädiger aus einem besonderen Grunde mit dem ungeborenen Kind im Bauch der Mutter nicht zu rechnen brauchte. Ein Grund für diese Annahme ist nicht ersichtlich[26]). Sogar der Klage eines aus einer Verwaltigung hervorgegangenen Kindes gegen das Krankenhaus, in dem sich das Verbrechen abgespielt hat, wird eine Chance beigemessen[27]). Fraglich ist dagegen noch, ob ein uneheliches Kind seinen Erzeuger mit der Begründung auf Schadensersatz verklagen kann, es sei mit dem Makel der Unehelichkeit auf die Welt gekommen[28]); hierbei handelt es sich aber um die Frage des Ersatzes immaterieller Schäden. Einem nondum conceptus schließlich gegenüber würde wohl keine Sorgfaltspflicht auferlegt werden; wieder wären praktische Erwägungen ausschlaggebend.

Übereinstimmung besteht auch darüber, daß der geschädigte Samariter in den Rescue-Fällen Schadensersatz erhalten muß, obwohl eine Schädigung dieser Personen im Zeitpunkt der Schädigung nicht vorhersehbar ist[29]). Den Schädigern obliegt den Rettern gegenüber sehr wohl eine Sorgfaltspflicht; denn ihr Verhalten hat schließlich zur Schädigung dieser Leute geführt[30]). Sie können nicht einwenden, das Verhalten der Retter selber sei Schadensursache; denn diese Geschädigten haben sie nicht schädigen, sondern im Gegenteil die unheilvollen Wirkungen ihres Verhaltens abmildern wollen[31]). Die Frage, ob den Schädigern aus irgendeinem Grunde keine Sorgfaltspflicht auferlegt werden soll, muß also verneint werden[32]).

---

[23]) Winfield, 8 Cambr.L.J. 76 (1942).

[24]) Gordon, 63 Mich.L.Rev. 579 (1965). Im Hinblick auf contergan-bedingte Schäden ist diese Frage von besonderer Aktualität.

[25]) Gordon, aaO S. 597.

[26]) Gordon, aaO S. 600. Anders Rob. Keeton, Legal Cause 83 (1963).

[27]) Vgl. TIME Magazine v. 9. 7. 1965, S. 37.

[28]) Bisher ist einer solchen Klage nicht stattgegeben worden: Vgl. Zepeda v. Zepeda, 41 Ill.App.2d 240, 190 N. E. 2d 849 (1963).

[29]) Siehe oben §§ 51, 68. Vgl. Magrunder, 49 Harv.L.Rev. 1033, 1042, (1936). Die Gerichte scheuen sich freilich nicht, das Eingreifen der Retter als vorhersehbar zu bezeichnen: Longacre v. Reddick, 215 S.W. 2d 404, 405 (1948).

[30]) Vgl. Mansfield, 17 Vand.L.Rev. 487, 521 (1964), der aber der Vorhersehbarkeit ein zu großes Gewicht einräumt.

[31]) Der Unterschied zum oben angeführten Warenhausdieb ist deutlich.

[32]) Dahinter steht natürlich der Gedanke, daß Hilfsbereitschaft im allgemeinen Interesse gefördert werden muß; Green, 38 Texas L.Rev. 1, 10 (1959).

§ 80. Unterlassungsfälle

In einem natürlichen Gegensatz zu den Samaritern stehen die Personen, die tatenlos das Ertrinken eines Kindes beobachten. Es handelt sich in Fällen dieser Art eindeutig um Unterlassensfälle, die nicht ohne weiteres eine Schadensersatzpflicht bedingen[33]). Ein entscheidender Unterschied zum deutschen Recht besteht darin, daß ein »Liebesparagraph«, der also das Retten von in Not geratenen Mitbürgern zur Pflicht macht[34]), dem anglo-amerikanischen Recht fremd ist; eine moralische Verpflichtung wird nicht auch als gesetzliche Verpflichtung angesehen[35]). Um einen Amerikaner oder Engländer für ein Nicht-Tätigwerden mit einer Schadensersatzpflicht zu belegen, müssen außerordentliche Umstände vorgelegen haben: Es muß zwischen den Parteien schon vor dem Schadensfall eine Beziehung bestanden haben[36]). Diese kann familiärer Art sein, wie bei dem Vater, der sein Kind ertrinken sieht; sie kann geschäftlicher Natur sein, sobald sich daraus auch gewisse Fürsorgepflichten, wie zwischen Arbeitgeber und Arbeitnehmer ergeben[37]), und sie kann sich auch aus einem früheren Verhalten ableiten[38]). Sobald nämlich jemand freiwillig, also ohne hierzu verpflichtet zu sein, zur Hilfeleistung geschritten ist, liegt ihm die Verpflichtung ob, die Situation des Klägers jedenfalls nicht zu verschlechtern[39]).

Ein reiner Unterlassungsfall liegt auch dann vor, wenn jemand sein Privatgrundstück, das eben nicht dem allgemeinen Verkehr eröffnet ist, im Urzustand beläßt. Verirrt sich jemand darauf und verletzt sich dabei, so braucht der Grundeigentümer nicht nur grundsätzlich keinen Schadensersatz zu leisten, sondern ist seinerseits berechtigt, Schadensersatz wegen Trespass on the land zu verlangen[40]). Anders ist die Rechtslage dann, wenn der Eigentümer jemanden dazu veranlaßt, sein Land zu betreten. In diesem Fall haftet der Eigentümer im Schadensfall, und zwar, weil er es unterlassen hat, das Land passierbar zu machen. Auch hier muß im Einzelfall nachgewiesen werden, daß dem Grundeigentümer gerade dem besonderen Geschädigten gegenüber eine Sorgfaltspflicht oblegen hat.

---

[33]) Terry, 29 Harv.L.Rev. 40, 52 (1915); Green, Judge 62 (1930); Seavey, 56 Harv. L.Rev. 72, 75 (1942).

[34]) § 330c StGB.

[35]) Depue v. Flatau, 100 Minn. 299, 303, 111 N.W. 1 (1907); Restatement on Torts § 314 (1934); Gregory, 1 De Paul L.Rev. 30, 35 (1951); Bohlen, Studies 291, 294 (1926), begründet das mit dem ›extreme individualism so typical of anglo-saxon legal thought‹. Auch: Note, 52 Col.L.Rev. 631 (1952).

[36]) Green, 34 Texas L.Rev. 1, 4 (1955) (»undertaking«). Vgl. Dunham v. Village of Canisteo, 303 N.Y. 498, 104 N.E. 2d 872, 875 (1952).

[37]) Tullgren v. Amoskeag Manufacturing Co., 82 N.H. 268, 133 A.4 (1926); vgl. oben § 11. Ein Bootsvermieter ist dagegen seinem Kunden gegenüber nicht verpflichtet, ihm zu Hilfe zu kommen: Osterlind v. Hill, 263 Mass. 73, 160 N.E. 301 (1928).

[38]) W. A. Wilson, (1962) Scots L.T. News 1, 2; Terry, 29 Harv.L.Rev. 40, 52 ff. (1915).

[39]) McNiece and Thornton, 58 Yale L.J. 1272, 1280 (1949); Gregory, 1 De Paul L.Rev. 30, 53 (1951).

[40]) Vgl. oben § 2.

§ 81. Schadensart

Soweit gefordert wird, daß dem Beklagten eine Sorgfaltspflicht auch im Hinblick auf die eingetretene Schadensart oblegen hat, muß zwischen zwei Problemkreisen unterschieden werden: Einmal geht es allein um den Einzelfall, der zur Entscheidung steht, und zum anderen betrifft die Frage das gesamte Recht. Zu Punkt 1 ist etwa die Entscheidung The Wagon Mound zu nennen, in der auf die Unterscheidung zwischen vorhersehbarem Verschmutzungsschaden und unvorhersehbarem Feuerschaden abgestellt wurde[41]). Im Falle Polemis war es tatbestandlich ähnlich: Vorhersehbar war ein Schaden durch Einbeulen, während ein Feuerschaden eintrat[42]). Schließlich sei noch der Texas-City-Disaster-Fall genannt, wo es um die Frage Feuer- oder Explosionsschaden ging[43]). Bei diesen Erörterungen kann man sich des Eindrucks nicht erwehren, daß sie die Entscheidungen letztlich nicht tragen. Denn in jedem Falle liegt ein Sachschaden vor. Anders könnte es bei Nervenschockschäden sein[44]), wenn man auch in solchen Fällen allgemein von Personenschäden sprechen kann[45]). Interessant wird dieser Punkt dann, wenn jemandem eine Sorgfaltspflicht im Hinblick auf einen Sachschaden auferlegt wird und neben dem Sachschaden auch ein Personenschaden auftritt. Genau diese Sachlage lag dem Bigham-Fall zugrunde[46]). Das Gericht wies die Klage bezüglich des Körperschadens mit der Begründung zurück, dieser Schaden sei nicht vorhersehbar gewesen[47]). Gemeint wird damit, daß der Aspekt des Beklagten-Verhaltens, der es fahrlässig macht, mit dem Körperschaden nichts zu tun hat. Es erscheint in diesem Falle auch berechtigt, hinsichtlich des Sachschadens anders zu entscheiden als hinsichtlich des Körperschadens, weil für diese beiden großen Schadensgruppen eine deutliche Unterscheidung getroffen werden kann. Anders ist es dagegen regelmäßig, wenn in weitere Schadensgruppen unterteilt wird[48]). Dann ist nur Punkt 2 interessant: Kann der Kläger die Verletzung eines geschützten Rechtsgutes geltend machen?

§ 82. Rechtsgut

Insofern wäre die Sorgfaltspflicht in der Tat das Spiegelbild des geschützten Rechtsguts[49]). Bei näherer Betrachtung erkennt man freilich, daß die Bedeutung des Rechtsguts-Merkmals sich immer mehr verringert. Die Zahl der noch

---

41) Vgl. oben § 58.
42) Vgl. oben § 37.
43) Vgl. oben § 61.
44) Vgl. Cole, 52 Calif.L.Rev. 459, 480 (1964).
45) Es wurde aber in The Wagon Mound als vorherzusehende Schadensart genannt; (1961) 1 All E.R. 404, 415.
46) Texas & Pacific Ry. v. Bigham, 90 Texas 223, 38 S.W. 162 (1896). Vgl. oben § 39.
47) 90 Texas 223, 227 (1896).
48) Also z.B. Feuerschaden, Explosionsschaden, Einbeulungsschaden.
49) Winfield, 13 N.Y.U.L.Q.R. 1, 5 (1935). Ähnlich: Campbell, (1938) Wis.L.Rev. 402, 412. Osborne v. Montgomery, 203 Wis. 223, 234 N.W. 372, 376 (1931).

nicht geschützten Rechtsgüter wird im Zuge der Haftungsausweitung auf allen Gebieten immer geringer[50]). Das Schwergewicht verschiebt sich deutlich auf andere Fragen, wie sich sogar an einer Entscheidung des House of Lords demonstrieren läßt, in der es um eine Schädigung des Vermögens geht[51]).

Die Klägerin, eine Werbeagentur, hatte durch ihre Hausbank bei der Beklagten, einer anderen Bank, Auskunft über die Kreditwürdigkeit eines Kunden eingeholt. Die Beklagte hatte den Kunden unter Ausschluß jeglicher Haftung für kreditwürdig erklärt. Die Klägerin stellte, nachdem sie dem Kunden Kredit eingeräumt hatte, fest, daß die Auskunft falsch war. Das House of Lords wies die Klägerin mit ihrer Klage auf Schadensersatz ab wegen des Haftungsausschlusses, machte aber klar – wenn auch in obiter dicta –, daß fahrlässige Falschauskünfte durchaus zur Haftung führen könnten. Damit wandten sich die Richter von einer als gefestigt anzusehenden Rechtsprechung ab, nach der in diesen Fällen eine Haftung stets verneint worden ist[52]).

Es wird im Hedley-Case zunächst eine Duty in den Fällen bejaht, in denen jemand über besondere Fähigkeiten verfügt, auf die sich ein Dritter verläßt und auch verlassen kann[53]). Darüber hinaus soll eine Duty aber auch dann vorliegen, wenn sich jemand ganz allgemein so verhält, daß sich ein anderer schlechterdings auf sein Urteil verlassen muß[54]). Damit kommen Überlegungen in die Diskussion, die von den Richtern im einzelnen nicht vertieft werden. Nur soviel ist klar, daß der Vorhersehbarkeitstest Lord Atkins nur von untergeordneter Bedeutung ist; hinzukommen müssen Policy-Betrachtungen der verschiedensten Art[55]).

Das Gericht betrachtet nicht das Vorliegen eines geschützten Rechtsgutes

---

[50]) Vgl. etwa die Möglichkeiten der Lärmbekämpfung, die mit Hilfe des Rechts der unerlaubten Handlungen gegeben sind. Spater, 63 Mich.L.Rev. 1373 (1965). Allerdings ist der Autor Rechtsberater der American Airlines und als solcher verdächtig, nicht unparteiisch zu sein.

[51]) Hedley Byrne & Co., Ltd. v. Heller & Partners, Ltd., (1964) A.C. 465, (1963) 2 All E.R. 575. Das große Gewicht, das dieser Entscheidung beigemessen wird, läßt sich aus der Zahl der Besprechungen ablesen: North, (1964) J.B.L. 231; McKerron, 80 S.A.L.J. 483 (1963); Stevens, 27 M.L.R. 121 (1964); Goodhart, 74 Yale L.J. 286 (1964).

[52]) Derry v. Peek, (1889) 14 App.Cas. 337; Le Lievre v. Gould, (1893) 1 Q.B.D. 491; Candler v. Crane, Christmas & Co., (1951) 2 K.B. 164. Ebenso in den Staaten: Ultramares Corporation v. Touche, 255 N.Y. 170 (1931) (Cardozo, C. J.). Das wird von Justice Traynor als »judicial lawmaking« bezeichnet: Traynor, 49 Calif.L.Rev. 615, 629 (1961). Ähnlich: Morris, 60 Col.L.Rev. 937, 941 (1960). Zu dem heutigen Rechtszustand vgl. Prosser, Torts 720 (3. Aufl. 1964).

[53]) So namentlich Lord Morris: (1964) A.C. 465, 502 f. Ähnlich Lord Reid: aaO S. 486, Lord Hodson: aaO S. 510, Lord Devlin: aaO S. 529, Lord Pearce: aaO S. 539.

[54]) Vgl. namentlich Lord Morris, aaO S. 503.

[55]) So namentlich Ph. S. James, Torts 167 (2. Aufl. 1964). Vgl. auch Winfield on Tort 819 (7. Aufl. von Jolowicz 1963). Vgl. schon Osborne v. Montgomery, 203 Wis. 223, 232 (1931) (»balancing of the social interests«).

auf seiten des Klägers, sondern das Verhalten des Beklagten[56]). Es bewegt sich damit in den Fußstapfen des Privy Council in der Entscheidung The Wagon Mound, in der auf die Vorhersehbarkeit auf Beklagtenseite abgestellt wurde[57]). Beide Entscheidungen stemmen sich somit etwas gegen die moderne Strömung, nach der das Hauptgewicht mit der Frage auf die Klägerseite gelegt wird: Welchen Schaden gilt es zu ersetzen[58])?

Trotzdem muß betont werden, daß diese Abkehr vom Rechtsgut-Denken ein bemerkenswerter Fortschritt ist, der in den Vereinigten Staaten allerdings schon vor Jahren vollzogen worden ist, wie folgender Beispielsfall zeigen mag[59]): Der Beklagte hatte sich gegenüber dem Erblasser der Klägerin als Notar ausgegeben und das Testament, durch das die Klägerin zur Alleinerbin eingesetzt werden sollte, unzureichend beurkundet. Das Testament wurde für ungültig erklärt, und die Klägerin erhielt nur den Pflichtteil. Sie verlangt den Differenzbetrag als Schadensersatz. Das Gericht erklärt, ein vertraglicher Anspruch sei wegen »privity of contract« nicht gegeben. Für den auf »Negligence« gestützten Anspruch müsse »Duty« nachgewiesen werden. Diese Frage ist nach Ansicht des Gerichts eine »Policy«-Frage, die auf verschiedenen Faktoren beruhe; »among which are the extent to which the transaction was intended to affect the plaintiff, the foreseeability of harm to him, the degree of certainty that the plaintiff suffered injury, the closeness of the connection between the defendant's conduct and the injury suffered, the moral blame attached to the defendant's conduct, and the policy of preventing future harm«[60]). Die Vorbeugungsfunktion wurde dann präzisiert: Zur unerlaubten Rechtspraxis solle nicht durch Haftungsfreistellungen ermuntert werden[61]). Damit wurde der Klage stattgegeben.

Wenn namentlich im amerikanischen Torts-Recht neuerdings eine gewisse Systematisierung in Lebenssachverhalte erfolgt[62]), bei der die beiden zuletzt behandelten Entscheidungen etwa in die Gruppe der Informanten- und Buchprüferfälle einzuordnen wären, so darf das mit der Rechtsgüterordnung nicht

---

56) Dabei werden Überlegungen angestellt, die denen bei der Ermittlung einer Duty bei Unterlassungen sehr ähnlich sind. Vgl. oben § 80. Dieses Abstellen auf eine »special relationship« wird von Goodhart, 78 Harv.L.Rev. 23, 25 (1964), kritisiert.

57) Ausdrücklich auch Lord Macmillan in Read v. Lyons & Co., Ltd., (1947) A.C. 156, 171, (1946) 2 All E.R. 471, 476.

58) »The Wagon Mound may seem a retrograde step, illattuned to general trends in torts.« Fleming, 39 Canad.Bar Rev. 489, 507 (1961).

59) Biakanja v. Irving, 49 Cal.2d 647 (1958). Vgl. insbesondere Green, 12 U.C.L.A. L.Rev. 464 (1965).

60) aaO S. 650.

61) aaO S. 651. Am Rande sei bemerkt, daß das Verhalten des Beklagten nach einer Strafvorschrift strafbar ist.

62) Vgl. das Casebook von Green, Malone, Pedrick & Rahl, Torts (1957), in der die Unterteilungen heißen: »Fire«, »Railroad Transportation«, »Foreseeable Plaintiffs« usw. Dazu die vorzügliche Besprechung von Probert, 52 N.W.U.L.Rev. 295 (1957). Vgl. auch Green, 29 Ill.L.Rev. 582, 588 (1935). Auf der anderen Seite vgl. das im herkömmlichen Stil gehaltene Casebook von Seavey, Page Keeton & Rob. E. Keeton (2. Aufl. 1964).

verwechselt werden; vielmehr ist es der Ausdruck einer ganz neuen Richtung[63]).

§ 83. Art der Schadensgefahr

Endlich wird gefordert, daß sich die Sorgfaltspflicht auf die besondere Art der Schadensgefahr erstreckt, die sich dann in dem Schadensfall verwirklicht hat[64]). Zu denken ist hier an den Fall des Kindes, dem unvorsichtigerweise eine Schußwaffe anvertraut worden war[65]). Hier wird das Verhalten des Erwachsenen deswegen als fahrlässig bezeichnet, weil eine Schußwaffe in der Hand eines Kindes eine Gefahr für das Kind und für Dritte darstellt; es handelt sich um die Gefahr einer Schußverletzung. Wenn das Gewehr dem Kind aus der Hand fällt und dabei einen Dritten am Schienenbein verletzt, ohne daß sich ein Schuß löst, so hat sich die spezifische Gefahr nicht verwirklicht[66]); der Schaden hätte ebenso gut mit einem anderen Gerät eintreten können[67]). Nicht verwechselt werden darf mit dieser Frage nach der Art der Schadensgefahr die andere nach dem Schadenshergang, auf den sich die Sorgfaltspflicht nicht zu erstrecken braucht[68]).

§ 84. Risk Theory

Die Frage nach der Gefahrenart stellt den Ausgangspunkt für die sog. »Risk Theory« dar, die im amerikanischen Recht von herausragender Bedeutung ist und inzwischen ihren Weg auch nach England gefunden zu haben scheint[69]).

[63]) Von dem Rechtsrealismus wird noch die Rede sein.

[64]) Dieser Punkt wird als der wichtigste angesehen, der am wenigsten durch andere Wege ersetzt werden kann. Vgl. etwa Bohlen, 80 U.Pa.L.Rev. 781, 782 und 784 (1932). Für eine vorzügliche Darstellung der Sachlage bei Versicherungspolicen vgl. Frankfurter, J., diss.op., in Standard Oil Co. of N.J. v. United States 340 U.S. 54, 64 (1950).

[65]) Restatement § 281 Illustration 2 (1934).

[66]) Tatbestandlich ähnlich ist ein Fall, den Williams, (1961) C.L.J. 62, 71, anführt: D befördert auf einer Karre Dynamit, ohne besondere Vorsichtsmaßregeln getroffen zu haben. Bei einem von dritter Seite verschuldeten Unfall fällt der Kasten mit dem Dynamit P auf den Fuß und verletzt ihn; zur Explosion kommt es aber nicht.

[67]) 2 Harper & James 1022 (1956). Weiteres Beispiel: Es ist negligent, in einer Hotelküche Gift aufzubewahren; es kommt aber nicht zu Vergiftungen, sondern zu einer Explosion. Die Klage der geschädigten Angestellten gegen die Versicherung ihres Arbeitgebers, ist demzufolge abgewiesen worden: Larrimore v. American National Ins. Co., 184 Okla. 614, 616, 89 P. 2d 340 (1939). In etwas abgewandelter Form dient dieser Fall Rob. Keeton als Ausgangspunkt für die Diskussion in seiner Monographie ›Legal Cause‹ (1963).

[68]) 2 Harper & James 1026 (1956). Als Illustration eignet sich besonders gut der Fall Comstock v. Wilson, 257 N.Y. 231, 177 N.E. 431 (1931).

[69]) Nach Ansicht mancher Autoren ist in der Entscheidung The Wagon Mound die Übernahme der Risk Theory nach England zu sehen: Williams, 77 L.Q.R. 179 (1961); Mansfield, 17 Vand.L.Rev. 487, 523 (1964). In Anbetracht des Fehlens jeglicher diesbezüglicher Äußerungen in dem Urteil mag dies fraglich erscheinen.

Unter den Anhängern der Risk Theory finden sich gleichermaßen die Vertreter der moralischen Negligence-Schule[70]) wie diejenigen, nach deren Ansicht das Negligence-Konzept auf mehreren Stützen ruht[71]). Nach Ansicht beider Gruppen liegt Negligence vor, wenn jemand einen anderen über Gebühr einer Gefahr aussetzt und der andere Schaden erleidet. Bei der Auslegung des Begriffs »über Gebühr« kommen dieselben Gesichtspunkte ins Spiel, die bei der Bestimmung der »Unreasonableness« genannt wurden[72]): Wahrscheinlichkeit und Schwere des drohenden Schadens, Bedeutung des Beklagten-Verhaltens und Aufwand für eine Abwendung oder Verringerung des Schadens[73]). Es versteht sich, daß die Vertreter der Lehre »Negligence als moralisches Unwert-Urteil« bei der Abwägung dieser Gesichtspunkte das Schwergewicht auf die Vorhersehbarkeit des Schadens[74]) legen, während die andere Seite die Gewichte gleichmäßig verteilt[75]).

Bei der Risk Theory ist es stets notwendig, zwischen dem fahrlässigen Aspekt der Handlung des Beklagten und dem eingetretenen Schaden eine Verbindung herzustellen. Es wird also gefragt, aus welchem Grunde ein bestimmtes Verhalten als fahrlässig bezeichnet wird. Nachdem auf diesem Wege die Gefahr herauskristallisiert wird, die sich nicht verwirklichen soll, wird im Hinblick auf den eingetretenen Schaden geprüft, ob sich die Gefahr verwirklicht hat. Damit können allerdings auch die Punkte »Kläger« und »Schadensart« berücksichtigt werden; in aller Regel geht es hier aber nur um die Gefahrenart[76]).

Zur Bezeichnung der herzustellenden Verbindung zwischen Negligence-Aspekt der Handlung und Schaden wird in der anglo-amerikanischen Rechtssprache bereitwillig Zuflucht zu dem vertrauten Hilfsmittel der Kausalität genommen: War die Negligence ursächlich für den Schaden[77])? Diese Praxis ist zu tadeln, weil sie leicht zu Mißverständnissen führen kann[78]). So besteht in aller Regel in solchen Fällen an dem Kausalzusammenhang zwischen dem physischen Akt des Beklagten und dem Schaden kein Zweifel. Man sollte daher in dem hier interessierenden Zusammenhang nicht von Kausalität reden, sondern unverfänglicher auf eine »gedankliche Verbindung« abstellen.

§ 85. Schutzgesetzverletzung

Nicht anders als bei der ›Duty to take reasonable care‹ im Common Law wird bei der Verletzung eines Schutzgesetzes gefragt, ob sich der Schutzzweck

---

[70]) Allen voran: Robert Keeton, Legal Cause (1963). Will man The Wagon Mound zum Lager der Risk Theory zählen (vorige Anm.), dann gehört diese Entscheidung natürlich hierher.

[71]) Zu nennen ist neben Green etwa auch Probert, 52 N.W.U.L.Rev. 295, 297 (1957).

[72]) Vgl. oben § 14.

[73]) Mansfield, 17 Vand.L.Rev. 487, 520 (1964).

[74]) Dies ist oben § 74 betont worden.

[75]) Weil an dieser Stelle rechtspolitische Überlegungen ins Spiel gebracht werden können, ist die Risk Theory auch für Rechtsrealisten interessant.

[76]) Vgl. oben § 73.

[77]) Robert Keeton, Legal Cause 4 ff. (1963).

[78]) Mansfield, 17 Vand.L.Rev. 487, 519 (1964). Vgl. auch die Kritik oben § 22.

der Norm auf den Kläger, die Schadensart und die Art der Schadensgefahr erstreckt[79]). Hinsichtlich der ersten Frage, ob der Kläger geschützt werden sollte, wird es sich hier durchweg darum handeln, ob das Gesetz überhaupt zum Schutz von Privatpersonen erlassen worden ist oder ob es allein öffentlichen Belangen zu dienen bestimmt ist[80]). In den beiden anderen Punkten taucht keine besondere Problematik auf. Allgemein kann aber gesagt werden, daß die Sorgfaltspflichten durch die Schutzgesetze gegenüber den Common-Law-Duties sehr präzisiert sind. Die Herausarbeitung der Schutzrichtung wird dadurch ungemein vereinfacht.

§ 86. Gefährdungshaftung

Entsprechende Betrachtungen finden sich auch bei Gefährdungshaftungen. Der Ausgangspunkt ist hier die Gefährlichkeit des Verhaltens. Es liegt also nahe, für jeden Einzelfall danach zu fragen, ob der eingetretene Schaden aus der speziellen Gefahr resultiert, wegen der dem Beklagten die Gefährdungshaftung auferlegt wurde. Ein Schritt weiter ist es dann nur, wenn gesagt wird, dem Beklagten sei in diesen Fällen immer die Verpflichtung auferlegt, jeden Schaden zu vermeiden[81]). Nimmt man das Beispiel des Kraftverkehrs, für den eine Gefährdungshaftung eingeführt werden soll[82]), so wird deutlich, daß es keinen Unterschied macht, ob gesagt wird, Autofahren sei erlaubt, aber führe in jedem Falle zur Haftung, oder aber: dem Autofahrer obliege stets die Pflicht, jeden Schaden zu verhüten. Weshalb diese Pflicht bestehen soll, wird nicht gesagt. Man hat den Eindruck, daß er die Pflicht nur sich selbst schuldet, um einer Haftung zu entgehen.

Gefährdungshaftungen werden – wie schon der Name verrät – wegen einer besonderen Gefährdung geschaffen, die von einer bestimmten Aktivität ausgeht; im anglo-amerikanischen Recht spricht man allerdings von »strict liability«. Es kommt hier also namentlich der auch in der Verschuldenshaftung erhebliche Punkt »Art der Schadensgefahr« zum Tragen[83]). Aber auch die anderen beiden Punkte können hier erheblich sein. Der Unterschied zur Haftung wegen Negligence ist demnach nur, daß hier nicht das Sieb der Sorgfaltspflicht vorgeschaltet wird. Für die Verschuldenshaftung wird mithin bei einem Auto-Unfall gefragt, ob der Beklagte die ihm aus der besonderen

---

[79]) Vgl. oben §§ 25 ff. Vgl. etwa West v. Cruz, 75 Ariz. 13, 251 P.2d 311, 315 (1952).

[80]) Diese Frage ist im anglo-amerikanischen Deliktsrecht von geringerer Bedeutung als im deutschen Recht, da es eine Transformationsvorschrift wie den § 823 Abs. 2 BGB nicht gibt und demzufolge Schutzgesetze, um hier erheblich zu sein, ausdrücklich den Schadensersatz regeln müssen.

[81]) Green, 47 N.W.U.L.Rev. 751, 757 (1953).

[82]) Eine solche Gefährdungshaftung würde Hand in Hand gehen mit einer zwangsweisen Haftpflichtversicherung. Studien zu diesem Problem liegen in größerer Zahl vor. Vgl. namentlich Conard-Morgan-Pratt. Jr.-Voltz-Bombaugh, Automobile Accident Costs and Payments (1964).

[83]) Eine Gefährdungshaftung wird durchweg im Hinblick auf die besondere Gefährlichkeit eines Objektes auferlegt.

Betriebsgefahr eines Autos erwachsene Sorgfaltspflicht verletzt habe, also unvorsichtig gefahren sei. Soweit für Kraftfahrzeuge eine Gefährdungshaftung besteht, heißt die Frage dagegen: Steht der Unfall in Zusammenhang mit der besonderen Gefahr, die von einem Auto ausgeht? Der Beklagte kann im letzteren Falle also seine Haftung auch mit der größten Sorgfalt nicht vermeiden.

§ 87. Würdigung

Es hat sich eingebürgert, die Duty-Frage als Prototyp einer Rechtsfrage anzusehen[84]). Damit wird nicht gesagt, daß sie gegenüber den anderen Merkmalen des Negligence-Tatbestandes eine Sonderbehandlung erfahren müsse; vielmehr können auch im Rahmen der Duty-Prüfung einzelne Punkte der Jury überschrieben werden[85]), was freilich praktisch nicht geschieht[86]). Wohl aber wird mit der grundsätzlichen Bezeichnung als Rechtsfrage zum Ausdruck gebracht, daß die Art der Problemstellung ungeeignet für eine Jury-Entscheidung ist. Allein der Richter ist in der Lage, die Duty-Lehre auf einen konkreten Fall anzuwenden. Auf dem Wege über die Sorgfaltspflicht – insbesondere bei der Bestimmung der Gefahrenart – kann der Richter besonders gut rechtspolitischen Überlegungen zur Wirkung verhelfen[87]). Der Richter hat hier die Möglichkeit, seiner »Gesetzgeber-Funktion« nachzukommen[88]), was letztlich zu einer gewissen »law crystallization« führen kann[89]).

Mit anderen Worten kommt es mit Hilfe des Duty-Konzepts zu einer Verlagerung des Schwergewichts eines Schadensersatzprozesses von der Jury zum Richter[90]). Wenn demgegenüber hin und wieder die Ansicht vertreten wird, die Duty-Lehre habe sich unabhängig von dem Kräftespiel zwischen Jury und Richter entwickelt, wie sich aus dem Vorherrschen der Duty auch in Ländern ohne Zivilgeschworene ersehen lasse[91]), so kann dem namentlich

---

[84]) Winfield, 34 Col.L.Rev. 41, 43 (1934); Gregory, 6 U.Chi.L.Rev. 36, 41 (1938); Green, 34 Texas L.Rev. 1, 25 (1955); ders., 29 Ill.L.Rev. 582, 605 (1935).

[85]) 2 Harper & James 1059 (1956). Anders Green, der erklärt, der Richter überweise den Fall der Jury nur nach Bejahung des Vorliegens der Duty; und zwar überweise er, wenn Zweifel an der Bejahung der Haftung bestünden: Dann solle die Jury auf Grund der ihr zustehenden Fragen entscheiden; Green, 29 Ill.L.Rev. 582, 605 (1935).

[86]) Gregory, 6 U.Chi.L.Rev. 36, 41 (1938). Kritik dieser Praxis bei Frank, zitiert von Paul, 99 (1959).

[87]) Probert, 49 Iowa L.Rev. 277, 319 (1964); Williams, 77 L.Q.R. 179, 198 (1961). – Es ist bezeichnend, daß die Verneinung einer Haftung für Nervenschock auf das Fehlen einer Duty gestützt wird, weil nur rechtspolitische Gesichtspunkte dahinterstehen: Lord Justice Sargant mit seiner dissenting opinion in Hambrook v. Stokes Brothers, (1925) 1 K.B. 141, 159 ff.; die Mehrheit gibt der Klage unter Berufung auf Proximate Cause statt.

[88]) Green, 60 Mich.L.Rev. 543, 563 (1962); ders., 61 Col.L.Rev. 1401, 1418 (1961).

[89]) Green, Rationale 67 (1930); ders., 41 Texas L.Rev. 42, 59 (1962).

[90]) »... duty is a matter of internal organisation of judicial process« und weniger eine materielle Rechtsregel. Cowan, 23 Minn. 46, 59 (1938). Vgl. auch Seavey, 52 Harv.L.Rev. 372, 383 (1939).

[91]) Fleming, 31 Canad.Bar.Rev. 471, 475 (1953).

im Hinblick auf das Traditionsbewußtsein englischer Juristen nicht gefolgt werden[92]).

Nach allem erscheint das Duty-Konzept geeignet, viele Probleme des Haftungsrechts befriedigender zu lösen als die »Lehre« von der Proximate Cause. Andererseits geben viele Fälle des täglichen Lebens keinen Anlaß, mit der Duty zu arbeiten; die Begriffe der Reasonableness und Proximate Cause reichen dann völlig aus[93]). Gegen diese Erkenntnis spricht auch nicht, daß dem Duty-Erfordernis ein besonders plastischer Effekt anhaftet, weil ja damit positiv gesagt wird, was jemand zur Vermeidung einer Schadensersatzpflicht zu tun hat[94]). Denn das Konzept vom Reasonable man ist nicht weniger anschaulich[95]). Auch wird durch ein Arbeiten mit der Duty das Ergebnis eines Rechtsstreits nicht vorhersagbarer[96]). Aus diesem Grunde bedeutet die Überweisung eines Falles an die Jury keinesfalls, daß der Richter damit notwendigerweise im Vorwege schon das Vorliegen einer Sorgfaltspflicht bejaht hat[97]).

---

[92]) Außerdem ist die Unterscheidung zwischen Rechts- und Tatfragen auch ohne Jury von Bedeutung, da nur Entscheidungen über Rechtsfragen eine Präzedenzwirkung entfalten. Gerade in England ist die Bindung der Gerichte an Vorentscheidungen besonders groß.

[93]) 2 Harper & James 1018 (1956). Dazu: Probert, 49 Ky.L.J. 114, 118 (1960). Auch Bohlen, 80 U.Pa.L.Rev. 781, 793 f. (1932).

[94]) Prosser, 52 Mich.L.Rev. 1, 15 (1953).

[95]) Vgl. Roberts, 50 Corn.L.Q. 191, 209 (1965).

[96]) Morris, 101 U.Pa.L.Rev. 189, 209 (1952).

[97]) So aber noch: Gregory, 6 U.Chi.L.Rev. 36, 41 (1938); Green, Judge and Jury 68 (1930).

4. Teil

RECHTSREALISMUS (LEGAL REALISM)

§ 88. Begriff

Die Bedeutung, die dem Duty-Gedanken im Gefüge des Haftungsrechts zukommt[1]), läßt sich nur vor dem Hintergrund einer modernen juristischen Geistesströmung erfassen, für die sich die Bezeichnung ›Rechtsrealismus‹ durchgesetzt hat[2]). Die Vertreter dieser Schule verlegen bei Gerichtsentscheidungen das Schwergewicht vom Wortlaut zum Sinn und Gehalt; entscheidend ist nicht, was die Gerichte sagen, sondern, was sie tun[3]). Dabei werden die verschiedensten Ansichten zur Frage vertreten, inwieweit Rechtsregeln überhaupt noch eine Daseinsberechtigung zuzusprechen ist[4]). Einigkeit herrscht jedenfalls darüber, daß das Merkmal der Duty besonders geeignet erscheint, den rechtspolitischen Gesichtspunkten Ausdruck zu verleihen, weil die Entscheidung darüber dem Richter vorbehalten ist[5]).

§ 89. Präzedenzsystem und Gewaltenteilung

Es ist dargestellt worden, daß sich das Common Law des Mittelalters durch große Sterilität auszeichnete: Die Bedeutung der Klageformen und die Vorherrschaft der Begriffe ließen das Recht als tote Materie erscheinen[6]). Dieser Zustand war so lange zu ertragen, als die zu regelnden Sachverhalte einfach waren und die allgemeinen Lebensbedingungen keine wesentlichen Änderungen erfuhren. Als sich dann gegen Ende des 18. Jahrhunderts tiefgreifende Veränderungen auf allen Gebieten des Lebens bemerkbar machten, dauerte diese sich an den Gesetzen der Mechanik orientierende Auffassung vom Recht

---

1) Winfield, 34 Col.L.Rev. 41, 60 (1934), weist mit Recht darauf hin, daß eine Beschränkung auf das Negligence-Recht nicht möglich ist.

2) Vgl. Probert, 52 N.W.U.L.Rev. 295, 296 (1957); Robert Keeton, 75 Harv.L.Rev. 463, 469 (1962); Paul, The Legal Realism of Jerome N.A.Frank (1959). Ein anderer Vorschlag: Legal Rationalism; so: Roberts 50 Corn.L.Q. 191, 215 (1965).

3) Bohlen, 83 U.Pa.L.Rev. 305 (1935). – Es wird nicht verkannt, daß diese schlagwortartige Umschreibung allenfalls als Andeutung des Inhalts dieser Lehre aufgefaßt werden darf. Im Rahmen der vorliegenden Arbeit ist aber an eine erschöpfende Behandlung dieser Lehre nicht zu denken.

4) Siehe hierzu unten § 103.

5) So namentlich Green, 28 Texas L.Rev. 755 (1950); Gregory, 6 U.Chi.L.Rev. 36, 53 (1938).

6) Vgl. oben § 7.

nicht nur fort, sondern es kam erschwerend hinzu, daß sich in der Verfassung der Vereinigten Staaten aus dem Jahre 1787 das von Montesquieu[7]) entwickelte Prinzip der Gewaltenteilung als zweiter Grundpfeiler – nach dem Prinzip des Föderalismus – niederschlug[8]). Folge hiervon war die allgemeine Überzeugung, daß jede Tätigkeit der Gerichte, die – über die bloße Anwendung des Rechts hinausgehend – zu einer Entwicklung des Rechts führen könnte, einen Rückfall in vergangene Zeiten darstellte[9]).

Die Gerichte kamen auf diese Weise wieder zu einer stärkeren Betonung des Prinzips der Bindung an Vorentscheidungen der übergeordneten Gerichte (stare decisis)[10]). Die Möglichkeiten der Gerichte, sich den veränderten Gegebenheiten anzupassen, waren demzufolge außerordentlich beschränkt. Um in Ausnahmefällen die Bindung an Präzedenzfälle zu umgehen, wurde die ›hohe Kunst des Distinguishing‹ entwickelt[11]): Entweder wurde der zur Entscheidung stehende Fall in tatsächlicher Hinsicht von der bindenden Vorentscheidung unterschieden, oder der rechtliche Gehalt dieser Vorentscheidung wurde so interpretiert, daß er dem gewünschten Ergebnis nicht mehr entgegenstand[12]). So konnte wenigstens den gröbsten Unbilligkeiten vorgebeugt werden.

§ 90. Verschleierungstaktik der Gerichte

Mit dem Aufkommen der Industrie ergaben sich aber solche zwingenden Erfordernisse, daß die Gerichte daran nicht mehr achtlos vorbeigehen konnten[13]). Da der Gesetzgeber für gewöhnlich auf den hier interessierenden Gebieten untätig blieb, hatten die Gerichte gestaltend mitzuwirken. Da nach der allgemeinen Überzeugung die Rechtsentwicklung aber nicht Sache der Gerichte war, verschleierten die Gerichte diese ihre Reformtätigkeit[14]). Sie bedienten sich dazu der Formeln und Begriffe, die sich schon vorher durchgesetzt hatten. Als Beispiel für eine besonders plumpe Art und Weise, möglichst unauffällig ein im allgemeinen Interesse notwendiges Ergebnis zu erreichen, ist der Fall zu nennen, in dem das Gericht die Haftung der Eisenbahngesellschaft für einen durch Funkenflug verursachten Brandschaden auf das unmittelbar an das Bahngelände angrenzende Grundstück dadurch beschränkte, daß es den Begriff ›proximate‹ eng in seinem örtlichen Sinn interpretierte[15]). Rechtfertigend fügte der Richter allerdings hinzu, daß jedes andere Ergebnis die Eisenbahnen zwangsläufig zugrunde richten würde[16]).

---

[7]) Esprit des lois, Buch 11 (1748).
[8]) Corwin, Introduction XVI (1953).
[9]) Pound, 36 Harv.L.Rev. 802, 814 (1923).
[10]) Vgl. oben § 33.
[11]) Es wird berichtet, daß Llewellyn 64 verschiedene anerkannte Wege nennt, eine Vorentscheidung aus dem Wege zu räumen. Peck, 48 Minn.L.Rev. 265, 293 (1963).
[12]) Green, 34 Texas L.Rev. 1, 16 (1955).
[13]) Das Recht der Negligence wird sogar als ›Produkt des Maschinenzeitalters‹ bezeichnet. Vgl. oben § 8.
[14]) Pound, 36 Harv.L.Rev. 940, 946 (1923).
[15]) Ryan v. New York Central R.R., 35 N.Y. 210 (1866).
[16]) aaO S. 217. Vgl. auch Myers, 5 Miami L.Q. 238, 256 (1951).

Unorthodox angewandt wurden die Formeln ›proximate‹ usw. auch im Falle Wood[17]). Obwohl der Schaden darin – nach der geläufigen Klassifizierung – die unmittelbare Folge der unerlaubten Handlung und damit eigentlich zu ersetzen gewesen wäre, kam der Richter durch das kurzerhand zusätzlich aufgestellte Vorhersehbarkeits-Erfordernis zur Haftungsverneinung[18]). Zu nennen ist auch die epochemachende Entscheidung in Sachen MacPherson[19]), wo Cardozo, J., eine außerordentlich wichtige Frage mit Hilfe des vertrauten Vorhersehbarkeitsmerkmals löste[20]) und damit begreiflicherweise kaum eine Angriffsfläche bot[21]). Als paradox ist es schließlich zu bezeichnen, daß Cardozo, C. J., im Falle Palsgraf ausgerechnet das Duty-Merkmal, mit dessen Hilfe das Recht gerade von Scheinbegründungen freigehalten werden sollte, heranzog, um mit einer nichtssagenden Begründung (Unvorhersehbarkeit) zu einem sachlich – aus anderen Gründen – gerechtfertigten Ergebnis zu kommen[22]).

§ 91. Ziele des Rechtsrealismus

Gegen diese Übung der Gerichte, die eigentlichen Entscheidungsgründe ungenannt zu lassen und statt dessen inhaltsleere Formeln aufzusagen, wandte sich in den Vereinigten Staaten die Schule des Rechtsrealismus[23]).

Der herausragende Vertreter des Rechtsrealismus war Judge Jerome Frank[24]): Er setzte den Realismus dem sog. ›Bealismus‹ entgegen und brachte darin seine Abneigung gegenüber dem gekünstelten Formel-Streben des Harvard-Professors Beale zum Ausdruck[25]). Das Verdienst, diese revolutionären Gedanken als erster für das Law of Torts nutzbar gemacht zu haben, gebührt dem Professor an der kalifornischen Stanford-Universität, Joseph W. Bingham[26]). Er wies in einem Aufsatz, der eine Pionierleistung auf dem Gebiete der funktionellen Jurisprudenz darstellt, auf die Rechtspflichten hin, die im Gegensatz zu den Rechtsregeln immer konkret seien; es komme dementsprechend in jedem Falle auf die richtige Begrenzung der Duty an[27]). Diesen Ge-

---

17) Wood v. Pennsylvania R.R., 177 Pa. 306, 35 A. 699 (1896). Vgl. Tatbestandsschilderung oben § 62.

18) Myers, 5 Miami L.Q. 238, 258 (1951).

19) MacPherson v. Buick Motor Co., 217 N.Y. 382, 111 N.E. 1050 (1916).

20) Vgl. oben § 67.

21) Dieser Gesichtspunkt wird an anderer Stelle eine Rolle spielen. Vgl. unten § 106.

22) Vgl. unten § 96.

23) Rob. Keeton, 75 Harv.L.Rev. 463, 469 (1962). Vgl. Bohlen, 83 U.Pa.L.Rev. 305, 309 (1935) (»in 1892 it would have been considered well-nigh impious to look beyond the words used by judges«); vgl. auch Pound, 47 Harv.L.Rev. 1, 7 (1943).

24) Frank, Law and the Modern Mind (1935); ders., Courts on Trial – Myth and Reality in American Justice (1949).

25) Vgl. oben § 51. Weitere Beispiele für ›Begriffsjurisprudenz‹ sind – neben vielen anderen: Bauer, 83 Cent.L.J. 148 (1916); ders., 86 Cent.L.J. 226 (1918), abgedr.: 11 Notre Dame Lawyer 395 (1936). Levitt, 90 Centr.L.J. 188 (1920); ders., 21 Mich.L.Rev. 34 und 160 (1922); ders., 92 Cent.L.J. 390 (1921).

26) Der Jahrgang 1965/66 der Stanford Law Review wird zu Ehren von Bingham als eine Art Festschrift herausgebracht.

27) Bingham, 9 Col.L.Rev. 16 und 136 (1909).

danken hat Dean Leon Green aufgegriffen und weiter ausgebaut[28]). Für den Bereich des Law of Torts ist ohne Frage Green der Verfechter dieser Schule, der unermüdlich gegen die Vorherrschaft der Begriffe angekämpft hat[29]).

§ 92. Richter als Gesetzgeber

Hand in Hand mit dem Kampf gegen die Verschleierungstaktiken der Gerichte geht die Überzeugung der Rechtsrealisten, daß die Entwicklung des Rechts durchaus ein legitimes Anliegen der Gerichte ist[30]). Allerdings gehen die Ansichten darüber auseinander, wo die Grenzen dieser richterlichen Macht zu ziehen sind und der Gesetzgeber eingreifen muß[31]). Für die Gesetzgebung auf dem Gebiete des Law of Torts sind die einzelnen amerikanischen Bundesstaaten zuständig[32]). Tatsache ist, daß für dieses Gebiet kaum gesetzgeberische Aktivität entfaltet worden ist[33]); allein die Gesetze über Workmen's Compensation könnten hier genannt werden[34]). Abgesehen aber von diesem Umstand, daß es tatsächlich kaum das Torts Law betreffende Gesetze gibt, wird verschiedentlich geäußert, daß gerade dieses Rechtsgebiet für eine gesetzliche Regelung ungeeignet sei[35]). Der Rechtsentwicklung durch die Gerichte wird für Torts der Vorzug gegeben, weil dieses Gebiet so schwierig und entwicklungsschnell sei, daß allein Richter genügend Sachverstand besitzen würden[36]). Allgemein kann man sagen, daß den Gerichten in den Vereinigten Staaten in Anlehnung an die politische Stellung, die der Supreme Court of

---

28) Green, 1 Texas L.Rev. 243, 256 (1923); ders., 36 Yale L.J. 513, 535 (1927); ders., Rationale 42, 130 f. (1927). – Green wird von vielen als der »greatest contemporary teacher of Proximate Cause angesehen; vgl. etwa Morris, 34 Minn. L.Rev. 185 (1950).

29) Darüber hinaus vgl. auch Probert, 49 Iowa L.Rev 277, 313 (1964).

30) Peck, 48 Minn.L.Rev. 265, 266 (1963); Seavey, 52 (1954); Rob. Keeton, 75 Harv. L.Rev. 463 (1962); Breitel, 65 Col. L. Rev. 749, 765 (1965).

31) So hat gerade Judge Jerome Frank die Ansicht vertreten, die Gerichte sollten sich in ihrer – wenn auch notwendigen – Rolle als Gesetzgeber möglichst zurückhalten. Frank, J., in Aero Spark Plug Co. v. B.G. Corporation, 130 F.2d 290, 296 (2d Cir. 1942). Vgl. auch Pound, 36 Harv.L.Rev. 940, 956 (1923).

32) Natürlich ist der Bundesgesetzgeber für Gesetze zuständig, die das gesamte Bundesgebiet betreffen, z. B. den Federal Tort Claims Act, der die Amtshaftung der Bundesregierung regelt. Vgl. hierzu im einzelnen W. B. Wright, The Federal Tort Claims Act (1959).

33) Peck, 48 Minn.L.Rev. 265, 270 (1963); Pedrick, 2 J. Soc.Publ.T.Law 2, 8 (1961); Seavey, Cogitations on Torts 7 (1954).

34) Green, 64 W.Va.L.Rev. 115, 119 (1962). Vgl. hierzu – namentlich auch im Hinblick auf richterliche »creative activity« im Zusammenhang mit diesen Unfallgesetzen: Riesenfeld, 53 Calif.L.Rev. 207, 208 (1965).

35) Gleichzeitig werden – im Gegensatz zum Recht der unerlaubten Handlungen – Vertrags-, Sachen- und Erbrecht als geeignet für eine gesetzliche Regelung bezeichnet. Pound, 36 Harv.L.Rev. 940, 956 (1923); Peck, 48 Minn.L.Rev. 265, 268 (1963).

36) Green, 29 Ill.L.Rev. 582, 584 (1935); ders., 64 W.Va.L.Rev. 115 (1962). Peck, 48 Minn.L.Rev. 265, 270 u. 297 (1963).

the United States innehat, große rechtspolitische Aufgaben überschrieben wurden[37]).

Dementsprechend wird von den Vertretern des Rechtsrealismus betont, daß Gerichtsentscheidungen – für den Bereich des Common Law – nicht nur die Regelung des speziellen Streitfalles bezwecken, sondern darüber hinaus auch regelmäßig zur Entwicklung des Rechts im allgemeinen beitragen[38]). Besondere Bedeutung wird der letzteren Wirkung beigemessen. Green drückt es plastisch aus und sagt, ›we the people‹ seien an jedem Rechtsstreit beteiligt und bildeten gewissermaßen die dritte Dimension[39]). Bei genauerer Betrachtung entdeckt man, daß diese dritte Dimension ihre Ausprägung von den Gruppen erhält, denen die Parteien des Rechtsstreits jeweils angehören oder die sonst von Einfluß sind.

§ 93. Gruppeninteressen

Diese Betonung der Breitenwirkung, die die Urteile haben, entspricht in der Tat der Erkenntnis, daß im Recht nicht mehr die Interessen des einzelnen entscheidend sind, sondern Gruppeninteressen[40]). Ob es die Gruppe der Grundbesitzer oder die der Industriellen ist, ob es um die Gruppe der Wegebenutzer oder der Ärzte geht, stets hängt der Erfolg einer Klage gegen ein Mitglied dieser Gruppe davon ab, welches Gewicht dieser Gruppe zukommt und ob sie gegebenenfalls eine Art Lobbyismus entwickelt[41]). Auch Dritte können als Gruppe Einfluß gewinnen. So wird man das Festhalten an der alten Negligence-Haftung, obwohl die Masse der Verkehrsunfälle einen solchen engen Rahmen eigentlich sprengt, damit begründen können, daß dem Stand der Juristen natürlich daran gelegen sein muß, die alten Regeln beizubehalten, die absolut unüberschaubar sind und die Beiziehung eines Anwalts erforderlich machen[42]).

§ 94. Verwaltungstechnische Gesichtspunkte

Obwohl Green erklärter Gegner aller Rechtsregeln ist, beeilt er sich, bei jeder Gelegenheit auf die Faktoren hinzuweisen, die die Gerichte bei den Entschei-

[37]) Roberts, 50 Corn.L.Q. 191, 211 (1965).

[38]) Es ist Pound, 36 Harv.L.Rev. 940 (1923), beizupflichten, wenn er betont, daß die Aufgabe des Richters im Bereich des Common Law – jedenfalls soweit er in der Berufungsinstanz entscheidet, über die des kontinental-europäischen Richters hinausgeht. Ames, Selected Essays 1, 3 (1924); Bohlen, 50 Harv.L.Rev. 725 (1937).

[39]) Green, 34 Texas L.Rev. 1, 10 (1955); ders., 38 Texas L.Rev. 1 (1959); ders., Traffic Victims 17 (1958).

[40]) Malone, 13 Rutgers L.Rev. 565 (1959); Green 47 N.W.U.L.Rev. 751 (1953). Probert, 49 Iowa L.Rev. 277, 278 (1964), will dies jedenfalls für das Gebiet der ›Torts‹ gelten lassen.

[41]) Peck, 48 Minn.L.Rev. 265, 309 (1963).

[42]) Sehr überzeugend: James, 8 Buff.L.Rev. 315, 334 (1959). Sogar: Belli, Ready for the Plaintiff 146 (1965).

dungen beeinflussen[43]): Es sollen dies sein der verwaltungstechnische, der wirtschaftliche, der moralische, der präventive und der Gerechtigkeitsfaktor[44]).

In erster Linie ist der ›administrative factor‹ zu nennen[45]). Gerichte schrecken naturgemäß davor zurück, durch einen klägerfreundlichen Urteilsspruch einen Rattenschwanz anderer Verfahren heraufzubeschwören[46]), zumal in solchen Fällen meistens hinzukommt, daß die Beweisfragen besonders schwierig sind[47]). Als Beispiel hierfür eignet sich besonders gut die Gruppe der Nervenschockfälle: Eine Mutter muß hilflos mitansehen, wie ihr Kind vor ihren Augen von einem Auto überfahren wird; sie bekommt einen Nervenschock und verfällt in ein Siechtum[48]). Wenn hier das Tor zur Haftung aufgestoßen wird, so ist zwangsläufig die Folge, daß mehr Kläger vor Gericht erscheinen, um sich Schadensersatz wegen eines Nervenschocks zusprechen zu lassen. Hierunter werden sich eine bestimmte Zahl Simulanten befinden. Hier die Spreu vom Weizen zu trennen, würde zusätzliche Arbeit für die Gerichte erfordern[49]).

Ausgangspunkt war für die Gerichte die Verneinung jeglicher Haftung für diese Schäden, soweit der Nervenschock nicht mit einer körperlichen Verletzung zusammentrat[50]). Der nächste Schritt war, daß eine Haftung nur

---

[43]) Zweifel an der Nützlichkeit eines solchen Vorgehens äußert sogar Frank, Cir.J., in Aero Spark Plug Co. v. B.G. Corporation, 130 F. 2d 290, 296 (2d Cir. 1942).

[44]) Green, Judge and Jury 76 ff. (1930); ders., 41 Texas L.Rev. 42, 45 (1962); ders., 60 Mich.L.Rev. 543, 563 (1962); 28 Texas L.Rev. 755, 757 (1950); ders., 29 Ill.L.Rev. 582, 606 (1935). Vgl. auch Gregory, 6 U.Chi.L.Rev. 36, 55 (1938).

[45]) »There is nothing so weighty with court-room government as the workability of a rule or a process.« Green, Judge and Jury 77 (1930); Page Keeton, 26 Tul. L.Rev. 355, 364 (1952). Auch: Amaya v. Home, Ice Fuel &Supply Co., 59 Cal.2d 295, 310 ff., 379 P.2d 513 (1963). Hoag v. Lake Shore & Mich. So. R.R., 85 Pa. 293, 299, 27 Am.Rep. 653 (1877).

[46]) »To allow recovery . . . would open a Pandora's box.« Bell, J., in Bosley v. Andrews, 393 Pa. 161, 142 A.2d 263, 266 (1958). Dagegen – in einer kabarettreifen diss.opp.: Musmanno: »I shall continue to dissent from it until the cows come home.« (aaO S. 280). Auch: Katzenbach, J., in Migliaccio v. Public Service Ry., 102 N.J.L. 442, 130 A. 9, 11 (1925) (»To hold otherwise would throw wide open the door of recovery . . .«). Vgl. auch Note, 63 Harv.L.Rev. 671, 680 (1950).

[47]) Cole, 52 Calif.L.Rev. 459, 480 (1964), Stone, The Province and Function of Law 512 (1946); Note, 35 Col.L.Rev. 463, 465 (1935).

[48]) Dieser Sachverhalt liegt dem Falle Amaya zugrunde (vgl. oben Anm. 45). Vgl. auch Combs v. Southern Bell Telephone & Telegraph Co., 238 Ky. 341, 38 S.W. 2d 3, 5 (1931); Gatzow v. Buening, 106 Wis. 1, 81 N.W. 1003, 1009 (1900).

[49]) Diese Aufgabe würde die Gerichte letztlich wohl auch überfordern. Zweifelnd: Goodhart, 16 M.L.R. 14, 23 (1953).

[50]) Victorian Railway Commissioners v. Coultas, (1888) 13 App.Cas. 222, 57 L.J. P.C. 69. Dazu: Fleming, 31 Canad.B.Rev. 471, 477 (1953). In den Staaten: Mitchell v. Rochester Ry., 151 N.Y. 107, 45 N.E. 354, 355 (1897) (»wide field for speculative claims«). Ebenso: Spade v. Lynn & Boston R.R., 168 Mass. 285, 47 N.E. 88, 89 (1897) (»in practice it is impossible satisfactorily to administer«); bestätigt: 172 Mass. 488, 52 N.E. 747 (1899). Anders: Mack v. South Bound R.R., 53 S.C. 323, 29 S.E. 905, 910 (1898); Sundquist v. Madison Ry., 197 Wis. 83, 221 N.W. 392, 393 (1928); Wilson v. Northern Pac. R.R., 30 N.D. 456, 153 N.W. 429, 431 (1915), wo im festen Glauben an die Richtigkeit des Directness-Test die Haftung der Beklagten bejaht wurde, obgleich der Kläger keinen Körperschaden erlitten hatte. Ebenso: Mitnick v. Whalen Bros., Inc., 115 Conn.

im Falle der Angst um die eigene Sicherheit bejaht wurde[51]). Und schließlich wurde dies auf die Angst um einen engen Angehörigen ausgedehnt[52]). Mit dem Fortschritt der Medizin wurden diese mechanischen Hilfsmittel entbehrlich; die Folge war eine großzügigere Haftung[53]). Eine ganz ähnliche Entwicklung läßt sich für die Fälle der vorgeburtlichen Schädigungen verfolgen[54]). Die Gerichte sind immer erst dann bereit, ihre Furcht vor Aktionsunfähigkeit infolge Arbeitsüberlastung aufzugeben, wenn durch die Entwicklung der Wissenschaft, etwa der Medizin, sichergestellt ist, daß sie in tatsächlicher Hinsicht geleitet und gestützt werden[55]). Überhaupt ist dieser Gedanke eine tragende Stütze des Stare-Decisis-Prinzips, wodurch u. a. einer allzu hektischen und unkontrollierten Rechtsentwicklung vorgebeugt werden soll[56]).

§ 95. Wirtschaftliche Gesichtspunkte

Auch Betrachtungen wirtschaftlicher Art beeinflussen die Gerichte bei ihren Entscheidungen ganz erheblich[57]). Das sieht in aller Regel so aus, daß die Gerichte bestimmte Beklagte mit den verschiedensten Begründungen von jeder Schadensersatzhaftung freistellen[58]). »Throughout the entire history of the

650, 163 A. 414, 415 (1932), wo jedenfalls der haftungshindernde Vorhersehbarkeitstest aus dem Wege geräumt wurde.

51) Dulieu v. White & Sons, (1901) L.R. 2 K.B. 669, 70 L.J.K.B. 837, 840; Southern Ry. v. Jackson, 146 Ga. 243, 91 S.E. 28 (1916).

52) Hambrook v. Stokes Brothers, (1925) 1 K.B. 141, (1924) All E.R. 110, 116. Ebenso: Bowman v. Williams, 164 Md. 397, 165 A. 182, 184 (1933). Auf den Verwandtschaftsgrad will auch abstellen: Peters, J., in einer sehr überzeugenden diss. op. in Amaya v. Home Ice, Fuel & Supply Co., 59 Cal.2d 295, 379 P.2d 513, 525 (1963). Diese Ausdehnung wurde in einer anderen akademischen Entscheidung noch als »incorrect« abgelehnt: Waube v. Warrington, 216 Wis. 603, 612, 258 N.W. 497, 500 (1935). Die Waube-Entscheidung, die sich ausdrücklich auf Palsgraf stützt, hatte einige Entscheidungen von zweifelhaftem Wert im Gefolge, in denen es keineswegs um Nervenschockschäden ging: z. B. Golden v. Peters, 249 Wis., 39, 23 N.W. 2d 458 (1946).

53) Battalla v. State of N.Y., 10 N.Y. 2d 237, 176 N.E.2d 729, 732 (1961) (»contemporary sophistication of the medical profession«). Es handelt sich um eine nicht zu starke 4:3-Entscheidung. Vgl. die diss.op. von Van Voorhis, J., aaO S. 732 f. Und vgl. die vorzügliche diss.op. von Musmanno, J., der sich nachhaltig für eine Haftung in diesen Fällen einsetzt: Bosley v. Andrews, 393 Pa. 161, 169, 142 A.2d 263, 267 (1958), Note, 48 Yale L.J. 303 (1938).

54) Gordon, 63 Mich.L.Rev. 579, 580 (1965) (»impact of medical advances upon this branch of the law has been so influential«). Vgl. oben § 79. Morris, 101 U.Pa.L.Rev. 189, 213 (1952).

55) Rob. Keeton, 72 Harv.L.Rev. 401, 404 (1959); Green, Traffic Victims 58 (1958); Fl. James, 16 Mo.L.Rev. 1, 14 (1951).

56) Green, Judge and Jury 78 (1930).

57) Feezer, 78 U.Pa.L.Rev. 805 (1930); 79 U.Pa.L.Rev. 742 (1931); ders:, 27 N.Y.U.L.Rev. 647, 649 (1952); Paton, 23 Austr.L.J. 158, 168 (1949); Rob. Keeton, 72 Harv.L.Rev. 401, 407 (1959).

58) Vgl. etwa Wickhem, J., in Waube v. Warrington, 216 Wis. 603, 612, 258 N.W. 497 (1935), der in dem zur Entscheidung stehenden Fall erklärte, eine Haftung des Beklagten würde »an unwarranted enlargement of the duties of users of the highway« darstellen. Ebenso: Sargant, L.J., in seiner diss.op. in Hambrook v. Stokes Brothers, (1925) 1 K.B. 141, 163, (1924) All E.R. 110.

law, legal Jeremiahs have moaned that if financial responsibility were imposed in the accomplishment of certain enterprises, the ensuing litigation would be great, chaos would reign and civilization would stand still«[59]). Die Folge ist eine regelrechte Immunität dieser Beklagten[60]). Und zwar handelt es sich in erster Linie um öffentliche Versorgungsunternehmen, Krankenhäuser, Schulen, Eisenbahnen und Schnellstraßen-Gesellschaften. Nur selten wird der Grund für die Nicht-Haftung vom Gericht so ausdrücklich genannt wie in dem Fall, in dem ein Zuschauer bei einem Fußballspiel verletzt worden war: »To hold the university liable in damages to Clayton would unquestionably take from it, to the extent of the judgment, fund which would otherwise be devoted to its charity purpose«[61]).

Wenn man aus der Vielzahl der geeigneten Beispielsfälle ein paar besonders markante Entscheidungen heraussucht, stößt man zunächst auf die Wasserwerksfälle: Die Stadt schließt mit dem Wasserwerk einen Vertrag, der letzteres zur Lieferung von Wasser an die Stadt und die Bürger verpflichtet. Bei dem Kläger bricht ein Feuer aus, das die herbeigeholte Feuerwehr nicht einzudämmen vermag, weil der Wasserdruck zu niedrig ist. Bis in die jüngste Zeit wurde in diesen Fällen die Haftung des Wasserwerks verneint; die berühmteste Entscheidung stammt aus der Feder von Cardozo, C. J.[62]). Während er das klagabweisende Urteil in erster Linie unter Berufung auf solche Begriffe wie ›duty‹, ›Benefit‹ und ›wrong‹ begründet, spricht er an einer Stelle ganz offen von dem ›crushing burden that the obligation would impose‹[63]). Diese Rechtsprechung ist nunmehr – jedenfalls für den Staat Pennsylvania – aufgegeben worden; in einem ganz ähnlichen Fall wurde die Haftung des Wasserwerks bejaht: Auch ein Wasserwerk könne sich gegen derartige Schadensfälle versichern, und im übrigen solle es in Zukunft größere Vorsicht walten lassen[64]).

§ 96. Insbesondere: Schutz der Eisenbahnen

Der Schutz, den die Gerichte den Eisenbahnen vor zivilrechtlicher Inanspruchnahme für Schäden gewährt haben, ist schon wiederholt Gegenstand der Erörterungen gewesen und kann daher kurz angedeutet werden. Am offensichtlichsten wollte das höchste Gericht des Staates New York einer Eisenbahngesellschaft im Falle Ryan helfen[65]), als es Schadensersatz nur dem

---

[59]) Doyle v. South Pittsburgh Water Co., 414 Pa. 199, 218 f., 199 A.2d 875 (1964).

[60]) »Charitable immunity is... premised... on the idea that the charity's resources are in the nature of a ›trust fund‹ and are to be used to advance the direct purposes of the charity rather than to pay private judgments.« McNiece & Thornton, 26 St. John's L.Rev. 255, 268 (1952).

[61]) Southern Methodist University v. Clayton, 142 Tex. 179, 182, 176 S.W. 2d 749 (1944).

[62]) Moch Co. v. Rensselaer Water Co., 247 N.Y. 160, 159 N.E. 896 (1928).

[63]) aaO S. 897 f.

[64]) Doyle v. South Pittsburgh Water Co., 414 Pa. 199, 217, 199 A.2d 875 (1964).

[65]) Ryan v. New York Central R.R., 35 N.Y. 210 (1866).

Eigentümer des unmittelbar an den Bahnkörper angrenzenden Grundstückes zusprach[66]). Hier sollte ohne Frage die Eisenbahn geschützt werden, um ihr nicht die Erschließung des Landes unmöglich zu machen[67]). Aus demselben Blickwinkel ist der Fall Palsgraf zu sehen[68]). Hier war und ist die beklagte Eisenbahngesellschaft eine der wichtigsten und größten der Welt; zugleich litt und leidet sie unter einem chronischen Defizit[69]). Wenn gesagt wird[70]), es sei ein ›Zufall‹, daß ›ausgerechnet‹ dieselbe Gesellschaft am Erntedankfest des Jahres 1950 von einem schrecklichen Unglück mit 80 Toten heimgesucht worden sei, so trifft das nicht den Kern der Dinge; der Ausgang des Falles Palsgraf und dieses spätere Unglück stehen in einem direkten Zusammenhang.

Es stand im Falle Palsgraf die Frage im Hintergrund, ob dieses außerordentlich wichtige Verkehrsmittel erhalten bleiben konnte oder ob es durch immer wieder neue Schadensersatzverpflichtungen ruiniert werden sollte[71]). Da den beiden Schaffnern der Beklagten, die dem Passagier helfen wollten, sicherlich kein großer Vorwurf für ihr Verhalten gemacht werden kann, entschied Cardozo, C. J., vom Ergebnis her zu Recht zugunsten der Beklagten. Daß der Weg, wie er zu diesem Ergebnis kam, unglücklich gewählt[72]) und vermutlich allein die Ursache dafür ist, daß Andrews, J., eine diss. op. vertreten hat[73]), steht auf einem anderen Blatt.

§ 97. Schutz bestimmter Berufszweige

Schutzobjekt des Rechts sind auch einzelne Berufe – wie etwa der des Buchprüfers. Wenn ein Buchprüfer eine Bilanz falsch aufgestellt und ein Dritter deswegen einen Schaden erleidet, soll der Buchprüfer dafür nicht aufzukommen haben[74]). Der Grund für die Bevorzugung des Buchprüfers ist ganz offensichtlich die Tatsache, daß dieser Beruf nicht durch eine strenge Haftung ausgerottet werden soll, zumal es hierbei eben um eine Art gefahrgeneigte

---

66) Siehe dazu oben Anm. 15.
67) Prosser, 52 Mich.L.Rev. 1, 30 (1953).
68) Palsgraf v. Long Island R.R., 248 N.Y. 339, 162 N.E. 99 (1928). Vgl. oben § 68.
69) Vgl. Time Magazine vom 5. 3. 1965, S. 90.
70) Myers, 5 Miami L.Q. 238, 257 (1951).
71) Scarborough, 2 Rutgers L.Rev. 196, 216 (1948).
72) »Palsgraf may well serve as an example and a warning to appellate courts to proceed with caution where facts vary so greatly and to avoid arbitrary rules which purport to be of universal application.« Prosser, 52 Mich.L.Rev. 1, 32 (1953), Ebenso schon Cowan, 23 Minn.L.Rev. 46, 67 (1938).
73) Campbell, (1938) Wis.L.Rev. 402, 404.
74) So vor allem Cardozo, C.J., in Ultramares Corporation v. Touche, 255 N.Y. 170, 174 N.E. 441 (1930). In England ebenso: Candler v. Crane, Christmas & Co., (1951) 2 K.B. 164, (1951) 1 All E.R. 426. Während es in diesen Fällen stets nur um eine Schädigung des Vermögens geht, ist die Ultramares-Regel fälschlich auch in dem Fall angewandt worden, wo es durch eine falsche Auskunft zu einem Körperschaden gekommen war: MacKown v. Illinois Publishing & Printing Co., 289 Ill. App. 59, 6 N.E. 2d 526, 530 (1937); dazu: Seavey, 52 Harv. L.Rev. 372, 394 (1939).

Arbeit geht[75]). Entsprechend der allgemeinen Tendenz scheint sich aber auch in diesen Fällen ein Umschwenken bemerkbar zu machen, wie aus der Entscheidung des House of Lords in Sachen Hedley Byrne v. Heller ersehen werden kann[76]). In dieser Entscheidung äußert Lord Pearce sogar rechtspolitische Gesichtspunkte als Argumente für ein mögliches Abgehen von einer gefestigten Rechtsprechung[77]).

Allgemein läßt sich sagen, daß die Gerichte um so großzügiger zur Haftungsverneinung kommen, je wichtiger das schädigende Verhalten in volkswirtschaftlicher Beziehung ist. Als Beispiel sei die Schadensersatzpflicht für Lärmverursachung genannt[78]). So erlegen die Gerichte dem Privatmann durchaus einmal eine Schadensersatzverpflichtung für Lärm auf, wenn das Eigentum des Klägers dabei im Wert sinkt. Industrielle Unternehmen werden kaum jemals mit einer solchen Verpflichtung belegt. Staatliche Geräuschquellen – wie namentlich die Air Force – haben praktisch gar keine Verpflichtung zu befürchten. Letzteres gilt auch für die staatlich zugelassenen Versorgungsunternehmen, Luftfahrtunternehmen und Eisenbahngesellschaften[79]).

§ 98. Weiterreichende Aufgaben

Zum Schluß muß betont werden, daß eine solche Haftungsfrage noch sehr viel weitreichendere Folgen haben kann. So hatte ein kalifornisches Obergericht im Jahre 1922 die Frage zu entscheiden, ob jemand, der auf seinem Land Reisfelder wässert, den Eigentümern der angrenzenden Felder für eine zu starke Bodenfeuchtigkeit haftbar ist[80]). Hier war letzten Endes darüber zu entscheiden, ob im Sacramento Valley Reis oder Früchte angebaut werden sollten[81]). Entsprechend ging es in einem Streit an der Ostküste um das Problem Ölraffinerie contra Schweinemästerei, wenn auch ausdrücklich die Klage auf Schadensersatz wegen Grundwasserverseuchung ging[82]). Es nimmt nicht wunder, daß das Gericht der Industrialisierung den Vorzug gab und den Bauern mit seiner Klage abwies.

---

[75]) Morris, 60 Col.L.Rev. 936, 941 (1960).Ders., 101 U.Pa.L.Rev. 189, 220 (1952). Seavey, 67 L.Q.R. 466, 472 (1951).

[76]) Hedley Byrne & Co., Ltd. v. Heller & Partners, Ltd., (1964) A.C. 465; (1963) 2 All E.R. 575. Vgl. hierzu die Behandlungen oben § 82. Zu dem Zustand in den U.S.A. vgl. Biakanja v. Irving, 49 Cal.2d 647, 320 P.2d 16 (1958).

[77]) »It may be that the size and the width of the range of possible claims has acted as a deterrent to extension of economic protection.« (1963) 2 All E.R. 575, 615. Hierzu vgl. insbesondere Goodhart, 74 Yale L.J. 286, 299 (1964), der sich nur zögernd dazu äußert.

[78]) Hierzu insbes. Spater, 63 Mich.L.Rev. 1373 (1965).

[79]) So sind die Lok-Führer verpflichtet, aber auch berechtigt, gerade in dichtbesiedelten Gebieten vor jedem Bahnübergang ein ohrenbetäubendes Warnsignal zu geben; denn es gibt keine Bahnschranken.

[80]) Kall v. Carruthers, 59 Cal.App. 555, 211 P. 43 (1922).

[81]) Es ist nicht verwunderlich, daß das Gericht den Beklagten für haftbar erklärte; denn dieser fruchtbare Landstrich ist dem Obstanbau vorbehalten.

[82]) Rose v. Socony-Vacuum Corporation, 54 R.I. 411, 173 A. 627 (1934).

§ 99. *Präventivfunktion*

Richter zeigen sich bei ihren Entscheidungen auch in beträchtlichem Maße von dem Bestreben beeinflußt, derartige Schädigungen für die Zukunft zu verhindern[83]). Zwar gibt es im Common Law die besondere Einrichtung des exemplarischen Schadensersatzes, um der richterlichen Mißbilligung eines bestimmten Verhaltens den nötigen Nachdruck zu verleihen[84]). Aber auch ohne dieses nur in Ausnahmefällen zur Verfügung stehende Mittel wird – zumindest als Nebenfolge – die Auferlegung einer Schadensersatzpflicht in aller Regel für zukünftige Verhaltensweisen von Einfluß sein. Dies dürfte wohl die Hauptantriebsfeder sein für die Aufhebung vieler Immunitäten: Warenhersteller[85]), Wasserwerke[86]), Finanzberater[87]) u.a. sollen nicht durch Haftungsfreistellungen zu einem zu sorglosen Verhalten ermuntert werden.

§ 100. *Verschulden und Einzelfallgerechtigkeit*

Die beiden schließlich noch von Green genannten Faktoren ›Moral‹ und ›Einzelfallgerechtigkeit‹ lassen sich in der Praxis nicht recht auseinanderhalten[88]). Stets geht es um die Frage, ob im Einzelfall der Schädiger oder der Geschädigte den eingetretenen Schaden tragen soll[89]). Es ist zu fragen, ob sich eine Haftung des Beklagten aus der besonderen Verwerflichkeit seines Verhaltens rechtfertige oder ob seine Nicht-Haftung wegen nicht ins Gewicht fallender Vorwerfbarkeit angebracht sei. Die Haftung soll dort eine Grenze finden, wo das Verschulden des Beklagten in keinem Verhältnis mehr zum eingetretenen Schaden steht[90]). So ist z.B. dargestellt worden, daß Cardozo, C. J., im Falle Palsgraf zu Recht aus wirtschaftlichen Gründen zur Klageabweisung gekommen ist; denn das Verhalten der beiden Schaffner ließ sich kaum mit dem Makel wirklicher Vorwerfbarkeit versehen[91]).

Für Green ist dieser Faktor nur einer von vielen Gesichtspunkten[92]), wäh-

---

[83]) »Judges are inveterate prophets and legislators.« Green, Judge and Jury 98 (1930).

[84]) Bohlen, 80 U.Pa.L.Rev. 781, 789 (1932), scheint der Ansicht zu sein, daß Präventions-Effekte auf strafrechtliche Sanktionen beschränkt seien.

[85]) MacPherson v. Buick Motor Co., 217 N.Y. 382, 111 N.E. 1050 (1916), ist ein besonders geeignetes Beispiel dafür, daß ein Richter durch die Auferlegung einer Schadensersatzpflicht eine bestimmte Personengruppe zu größerer Vorsicht veranlassen will.

[86]) Vgl. oben Text bei Anm. 64.

[87]) Biakanja v. Irving, 49 Cal. 2d 647, 651, 320 P.2d 16 (1958).

[88]) Bei einer Zusammenfassung beider Gesichtspunkte würde wohl auch Bohlen seine harte Kritik nicht aufrechterhalten. Vgl. Bohlen, 80 U.Pa.L.Rev. 781, 794 (1932).

[89]) Green, Judge and Jury 97 (1930).

[90]) So ausdrücklich Schauer, J., in Amaya v. Home Ice, Fuel & Supply Co., 59 Cal. 2d 295, 379 P.2d 513 (1963). Auch: Wickhem, J., in Waube v. Warrington, 216 Wis. 603, 613, 258 N.W. 497 (1935).

[91]) Vgl. oben § 37.

[92]) Green, Traffic Victims 30 (1958).

rend gerade die überzeugten Anhänger der Verschuldenslehre allein hierin die Rechtfertigung für jede Schadensersatzverpflichtung sehen[93]). An einem Falle wie Palsgraf zeigte sich, daß es besser sein kann, nicht mit einem Oberbegriff ›Moral‹ zu arbeiten, sondern diesen in die einzelnen Faktoren aufzuspalten. Allerdings wird es sich bei der Masse der täglichen Schadensfälle erübrigen, auf diese verschiedenen Faktoren im einzelnen einzugehen, weil sie keine Bedeutung haben, die über die des Einzelfalles hinausgeht[94]).

§ 101. Gerichtliche Berücksichtigung dieser Faktoren

Die vorgenannten Faktoren sind sogar schon Punkt für Punkt vom obersten Gericht des Staates California in aller Ausführlichkeit genannt worden[95]). Man kann sich dabei des Eindrucks nicht erwehren, daß Green ein solches Vorgehen gerade nicht angestrebt hat, weil damit doch wieder formelhafte Regeln aufgestellt werden[96]). In dem genannten Fall war es um einen Nervenschock gegangen; es wäre also durchaus genügend gewesen, wenn das Gericht die Klagabweisung allein auf den Administrative Factor gestützt hätte[97]). Es ist ohne Frage mehr im Sinne Greens, wenn nicht die von ihm genannten Faktoren der Reihe nach durchgegangen werden, sondern wenn das Gericht jeweils – gewissermaßen zur Erläuterung seiner Entscheidung – ausführt, von welchen Überlegungen es sich hat bewegen lassen.

§ 102. Beispiel: Herstellerhaftung

Daß das Nennen der wahren Gründe sehr nutzbringend sein kann, zeigt die Entwicklung der Herstellerhaftung[98]). Zunächst mußte der Weg zur Negligence-Haftung freigekämpft werden[99]). Dann zeigte sich aber bald, daß das Erfordernis der nachzuweisenden Negligence oft eine reine Farce darstellte. Als erster äußerte Traynor, J., in einer berühmten concurring opinion, daß public policy eine Haftung des Herstellers erfordere, die unabhängig von jedem Verschulden sei; der Hersteller könne sich ja versichern und die Kosten für die Versicherungsprämien auf die Preise seiner Produkte aufschlagen[100]).

---

[93]) So namentlich Rob. Keeton, Legal Cause 18 ff. (1963).

[94]) Cole, 52 Calif.L.Rev. 459, 465 (1964).

[95]) Amaya v. Home Ice, Fuel & Supply Co., 59 Cal.2d 295, 379 P.2d 513 (1963). Schon im Jahre 1958 hatte dasselbe Gericht ähnliche Gedanken geäußert: Biakanja v. Irving, 49 Cal.2d 647, 650, 320 P.2d 16 (1958).

[96]) So wohl auch Frank, Circ.J., in Aero Spark Plug Co. v. B.G. Corp., 130 F.2d 290, 296 (2d Cir. 1942).

[97]) Vgl. oben § 94.

[98]) Fl. James, 8 Buff.L.Rev. 315, 335 (1959). Vgl. dazu: Lascher, 38 So.Cal.L.Rev. 30 (1965).

[99]) MacPherson v. Buick Motor Co., 217 N.Y. 382, 111 N.E. 1050 (1916). Vgl. oben § 67.

[100]) Escola v. Coca-Cola Bottling Co., 24 Cal.2d 453, 461, 150 P.2d 436, 440 (1944). Traynor, J., hielt diese Ansicht auch in einer teilweisen diss.op. aufrecht, die er 14 Jahre später vertrat: Trust v. Arden Farms Co., 50 Cal.2d 217, 324 P.2d 583, 594 (1958).

Es dauerte fast 20 Jahre, bis Traynor, J., diese Gedanken wirklich durchsetzen konnte, wenn sie auch in der Zwischenzeit in Gelegenheitsbemerkungen auftauchten[101]). Im Jahre 1963 konnte Traynor, J., mit der Unterstützung aller Richter erklären, daß den Warenhersteller stets eine Gefährdungshaftung treffe[102]). Diese Rechtsprechung ist wenig später vom obersten Gericht des Staates New York übernommen worden[103]), wenn auch in dieser Entscheidung eine starke diss. op. die Wirkung etwas abschwächt[104]). Immerhin haben sich die obersten Gerichte der beiden volksreichsten amerikanischen Bundesstaaten damit zur Gefährdungshaftung der Warenhersteller bekannt[105]), was geschehen konnte, weil die wahren Gesichtspunkte einmal herausgestellt worden waren[106]).

§ 103. Green und die anderen Vertreter des Rechtsrealismus

Das von Green stark herausgestellte Duty-Merkmal dient ihm nur als Plattform, von der aus der Richter die Möglichkeit haben soll, seine Entscheidung an den hier genannten Gesichtspunkten auszurichten. Darüber hinaus will Green dem Richter keine Hilfestellung geben, sondern verläßt sich ausschließlich auf seine Intuition und sein Judiz[107]); hat der Richter Zwei-

---

[101]) Z. B. bei Knutson, J., in Beck v. Spindler, 256 Minn. 543, 99 N.W.2d 670, 682 (1959).

[102]) Greenman v. Yuba Power Products, Inc., 59 Cal.2d 57, 377 P.2d 897, 901 (1963). An prominenter Stelle zitiert Traynor, J., dabei Prosser, 69 Yale L.J. 1099 (1960); aaO S. 901.

[103]) Goldberg v. Kollsman Instrument Corp., 12 N.Y.2d 432, 240 N.Y.S.2d 592, 191 N.E.2d. 81 (1963). Aus dem Jahre 1964 stammt wieder eine Entscheidung aus der Feder von Traynor, J. Es handelt sich um den Fall Vandermark v. Ford Motor Co., 37 Cal.Rptr. 896, 391 P.2d 168 (1964), der tatbestandlich dem MacPherson-Fall gleichgelagert war. – Mit Wirkung vom 1. 9. 1964 ist Roger Traynor zum Chief Justice des Supreme Court of California befördert worden.

[104]) Burke, J., bringt – mit der Unterstützung zweier weiterer Richter – ein abweichendes Minderheiten-Votum, in dem er ausführt, dort solle keine Gefährdungshaftung bestehen, wo Inspektionspflichten anderer Personen gegeben seien, wie zum Beispiel bei Luftfahrtgesellschaften. aaO S. 595 ff., 83 ff.

[105]) Man kann heute sagen, daß sich die Gefährdungshaftung des Warenherstellers allgemein durchgesetzt hat. Die Folge ist für General Motors – um nur ein Beispiel zu nennen – eine Prozeßlawine wegen der angeblich fehlerhaften Hinterachse des Chevrelot ›Corvair‹ in den Jahren 1960–1963. Es ist heute üblich, daß die Besitzer dieser Wagen stets nicht nur den Schädiger, sondern auch den Hersteller (GM) verklagen. Vgl. Time Magazine, vom 6. 8. 1965, S. 34; vom 20. 8. 1965, S. 34; vom 10. September 1965, S. 54. Vgl. dazu auch den Praktiker Katz, (1965) Insurance L.J. 5, 11.

[106]) Den Anstoß hat Traynor, J., mit seiner concurring opinion im Falle Escola gegeben. Dazu: Malone, 13 Stan.L.Rev. 779, 804 (1961). Kalven, 53 Calif.L. Rev. 189, 205 (1965).

[107]) Green geht mit einer bohemienhaften Unbekümmertheit an die Lösung von Fällen, z. B. Green, 29 Ill.L.Rev. 582, 583 (1935). Vgl. auch Eldredge, Modern Tort Problems 208 (1941). Judge Hutcheson spricht in einem bekannt gewordenen Wort vom ›hunch‹, das der Richter haben müsse: Hutcheson, 14 Corn.L.Q. 274, 287 (1929).

fel, so soll er die Jury unter der Negligence-Frage entscheiden lassen[108]). Rechtsregeln und jede Art von doktrinären Betrachtungen lehnt Green ab[109]). Lediglich als Fachsprache der Juristen will er die Verwendung technischer Begriffe aufgefaßt wissen[110]). Jede andere Betrachtungsweise würde nach Ansicht Greens den Richter zu sehr von der wichtigen ihm obliegenden Aufgabe der Fortbildung und Reform des Rechts ablenken[111]).

Allerdings vertritt Green mit seinem völligen Verzicht auf Doktrin und Dogmatik einen extremen Standpunkt, der mit dieser Schärfe von niemandem geteilt wird. Selbst der Begründer des Rechtsrealismus, Judge Frank, sieht die Rolle des Richters als Gesetzgeber in einem sehr viel bescheideneren Licht[112]). Frank und Green verbindet in erster Linie, daß sie beide den Tatsachen-Feststellungen der Richter sehr skeptisch gegenüberstehen[113]. Diesen ›fact-sceptics‹ stehen die Rule-sceptics gegenüber, die nur Rechtsregeln mißtrauen[114]). Zu ihnen gehören namentlich Cardozo und Llewellyn, die aber – im Gegensatz zu Green – Richter auch wieder nicht als ›freefloating do-gooders‹ aufgefaßt wissen wollen[115]). Eine sehr gesunde Mittelstellung nimmt Pound ein, der Rechtsregeln anerkennt, ihre absolute Vorherrschaft aber verhindern will[116]). In dieser Gegend ist letztlich wohl auch Prosser anzusiedeln[117]), während Harper & James[118]) ihre durchaus revolutionären Ideen zu sehr hinter den üblichen Formeln verschleiern[119]).

---

[108]) Green, 28 Texas L.Rev. 755, 756 (1950).

[109]) Letztlich unterscheidet sich Green auch nicht von jenen, die zwar noch mit technischen Begriffen arbeiten, aber trotzdem als oberstes Gebot die Gerechtigkeit ansehen: Edgerton und Judge Andrews; vgl. oben Directness §§ 44 ff. Vgl. aber Edgerton, 29 Col.L.Rev. 229 (1929), wo Edgerton Green's »Rationale« hart kritisiert.

[110]) Green, 34 Texas L.Rev. 1, 12 (1955); ders., 38 Texas L.Rev. 1 (1959), 38 Texas L.Rev. 251, 265 (1960).

[111]) Es überrascht nicht, daß Green dem Bindungsprinzip ›stare decisis‹ jegliche Daseinsberechtigung abspricht. Green, Judge and Jury 79 (1930). Man kann wohl sagen, daß dieses Prinzip in den Vereinigten Staaten nie zu gleicher Macht gelangt ist wie in England. Roberts, 50 Corn.L.Q. 191, 212 (1965). Andererseits darf man es auch nicht völlig für museumsreif halten: Pedrick, 2 J.Soc. Publ.T.Law 2, 8 (1961). Vgl. auch Frank, Cir.J., in Aero Spark Plug Co. v. B.G. Corporation, 130 F.2d 290, 297 (2d Cir. 1942) (»Stare decisis, within limits, has undeniable worth«) Vgl. Seavey, Cogitations 7 (1954) (»It is here that the judges have been and should be most free from the shackles of stare decisis«).

[112]) Peck, 48 Minn.L.Rev. 265, 266 (1963).

[113]) Vgl. Paul 81 f. (1959); Green, Judge and Jury 91 f. (1930); ders., 38 Texas L.Rev. 1 (1959), 38 Tex.L.Rev. 257, 264 (1960); ders., Vorwort VIII (1959). Frank, Circ.J., in Aero Spark Plug Co. v. B.G. Corp:, 130 F.2d 290, 295 f. (2d Cir. 1942).

[114]) Vgl. Paul, aaO.

[115]) Morris, 60 Col.L.Rev. 936, 940 (1960).

[116]) Pound, 36 Harv.L.Rev. 802, 825 (1923) (»We must learn how to partition the field of the legal order.«)

[117]) Vgl. Cole, 52 Calif.L.Rev. 459, 466 (1964).

[118]) Vgl. etwa 2 Harper & James 1150 (1956).

[119]) Vgl. Rob Keeton, 75 Harv.L.Rev. 463, 465 (1962).

§ 104. Kritik

Die Reaktion in der Rechtswissenschaft auf die neue Schule des Rechtsrealismus war überwiegend freundlich, was um so höher zu bewerten ist, als an sich der für den common lawyer bezeichnende »faith in the miracle that is law« eine analysierende Betrachtung verbieten sollte[120]). Es wurde allgemein begrüßt, daß die Aufmerksamkeit endlich einmal auf die Gesichtspunkte gelenkt wurde, die bisher sorgsam verborgen hinter den üblichen Formeln versteckt worden waren[121]). Allerdings wurde und wird der Verzicht auf jede Doktrin stark kritisiert[122]); dementsprechend stand namentlich Green im Kreuzfeuer der Kritik[123]). Vorwiegend handelt es sich dabei um das Argument, den Richter, den Green im Auge habe, gebe es allenfalls als Ausnahme[124]): Auch Richter seien nur Menschen, und amerikanische Richter seien zudem in aller Regel auf dem Wege über die Politik auf den Richtersessel gelangt[125]). Der Appell an das Judiz des Richters allein könne also nicht genügen; der Richter müsse vielmehr zusätzlich geleitet werden.

§ 105. Grenzen der richterlichen Gesetzgebungstätigkeit: Mitwirkendes Verschulden und Verkehrsunfallrecht

Ein weiteres Argument gegen den von Green vorgeschlagenen Lösungsweg ist, daß der Gesetzgebung durch den Richterstand Grenzen gesetzt sind[126]). In diesem Zusammenhang sollen hierfür nur zwei Beispiele genannt werden: die Lehre vom mitwirkenden Verschulden und das Verkehrsunfallrecht.

Die Lehre von der Contributory Negligence wird als die »cruelest and most indefensible« des gesamten Common Law bezeichnet[127]). Danach genügt das

---

[120]) Probert, 49 Iowa L.Rev. 277, 278 (1964).

[121]) Bohlen, 83 U.Pa.L.Rev. 305 (1935) (»healthy tendency«); Rob. Keeton, 75 Harv.L.Rev. 463, 469 (1962) (»performed a service«); Mansfield, 17 Vand.L. Rev. 487, 510 (1964); Pound, 67 Yale L.J. 1, 11 (1957) (»real step forward«). Vgl. auch C. A. Wright (1961) C.L.J. 44, 57; Morison, 11 M.L.R. 9, 27 (1948).

[122]) Bohlen, 80 U.Pa.L.Rev. 781, 783 (1932); Robert Keeton, 75 Harv.L.Rev. 463, 468 (1962) (»predictability and continuity in any degree is adherence to a form of conceptualism«). Hart, The Concept of Law 133 (1961); Bloustein, 50 Corn.L.Q. 24, 29 (1964).

[123]) Hart & Honoré 98 (»most radical exponent of this atomized form of policy«), 262 (»atomistic view of policy limitations« (1959). Wohl auch: Mansfield, 17 Vand.L.Rev. 487, 518 (1964). Die vernichtendste Kritik stammt von Bohlen; vgl. seine Besprechung von Green's Judge and Jury: 80 U.Pa.L.Rev. 781 (1932). Greens Antwort war eine völlige Verdammung des Restatement on Torts, an dem Bohlen als Reporter maßgeblich beteiligt war. Green, 29 Ill.L. Rev. 582 (1935). Green ist auch heute noch entschiedener Gegner des Restatements, wie sich schon daraus ergibt, daß er – einer der hervorragendsten Vertreter des Torts-Faches – nicht an den Vorarbeiten der zweiten Fassung beteiligt worden ist. Vgl. auch Morgan, 43 Harv.L.Rev. 939 (1928).

[124]) Bohlen, 80 U.Pa.L.Rev. 781, 783 (1932).

[125]) Ernennungen zum Richteramt sind in den einzelnen Bundesstaaten die Ausnahme; statt dessen werden Richter in ihr Amt gewählt.

[126]) Vgl. etwa Feezer, 79 U.Pa.L.Rev. 742, 751 (1931).

[127]) Green, 47 N.W.U.L.Rev. 751, 757 (1953).

geringste Verschulden auf seiten des Klägers, um ihn ersatzlos ausgehen zu lassen. Hierin kommt nicht nur der Wunsch des Rechts zum Ausdruck, Personen in Kläger-Position zu einem ordentlichen Verhalten zu veranlassen[128]), sondern in erster Linie wird dadurch der moralisierende Standpunkt durchgesetzt, daß der nicht den Schutz des Rechts verdient, der nicht selber sich einwandfrei verhalten hat[129]).

Daß das Recht damit nicht mit der Überzeugung im Volke konform geht, zeigt die bekannte Tatsache, daß die Überschreibung eines solchen Falles zur Jury stets bedeutet, daß die klägerfreundliche Jury jegliches Mitverschulden auf seiten des Klägers verneint. Gerade weil auch dieses Extrem untragbar ist, hat die Praxis immer wieder versucht, zu sachgerechten Lösungen zu kommen. Nur ein Lösungsversuch soll skizziert werden, der zugleich ein weiteres Beispiel für die Vorliebe des englischen Juristen für mechanische Regeln darstellt. Dem Kläger, dem vom Beklagten mitwirkendes Verschulden angelastet worden war, wurde von den Gerichten die Möglichkeit eingeräumt, mit einem Schlage die Verteidigung des Beklagten zunichte zu machen. Wenn der Beklagte nämlich die ›last clear chance‹ hatte, den Schadenseintritt auf seiten des Klägers mit reasonable care zu verhindern, obgleich der Kläger sich ebenfalls vorwerfbar verhielt, dann sollte der Beklagte ungeachtet des mitwirkenden Verschuldens des Geschädigten allein ersatzpflichtig sein[130]). Es kam hier nur auf die zeitliche Reihenfolge an. Die Anwendung der Regel war daher einfach und besonders gut für eine Handhabung durch die Jury geeignet. Damit wurde auch hierdurch der Jury zuviel Macht übertragen; die Gerichte wandten sich daher von dieser Regel wieder ab und entschieden auch die Frage des Mitverschuldens kurzerhand über die ›Geheimformel‹ Proximate Cause[131]). Durchsetzen konnte sich kein einziger Versuch. Angesichts dieses unverändert reformbedürftigen Rechtszustandes erscheint die Behauptung vermessen, das Richterrecht könne doch eine Art ›comparative negligence‹ schaffen[132]). Die Vergangenheit hat recht eindeutig gezeigt, daß hier nur der Gesetzgeber helfen kann[133]). Der wesentliche Grund für das Festhalten der Gerichte an der strengen Regel ist in dem Kräftespiel von Gericht und Jury zu sehen: Der Richter hat bei der starren Regel eine strenge Kontrolle über die Jury[134]).

Das Recht der Negligence, das immer noch namentlich für die ungeheure Vielzahl der aus Verkehrsunfällen resultierenden Schadensfälle gilt, ist den

---

[128]) So aber: Mansfield, 17 Vand.L.Rev. 487, 516 (1964).

[129]) Vgl. hierzu White v. Lang, 128 Mass. 598, 35 Am.Rep. 402 (1880), wo der Kläger entgegen den Gesetzen ›on the Lord's day‹ mit Pferd und Wagen ausfuhr.

[130]) British Columbia Electric Ry. v. Loach, (1916) 1 A.C. 719, 85 L.J.P.C. 23, 26 (Lord Sumner). Dazu: Bohlen, 66 U.Pa.L.Rev. 73 (1917); McIntyre, 53 Harv. L.Rev. 1225 (1940); Goodhart, The Last Opportunity Rule, 65 L.Q.R. 237 (1949).

[131]) Green, Traffic Victims 71 (1958).

[132]) Probert, 49 Iowa L.Rev. 277, 278 f. (1964).

[133]) Pedrick, 2 J.Soc.Publ.T.Law 2, 8 (1961).

[134]) Green, Traffic Victims 30 (1958); Malone, 13 Rutgers L. Rev. 565, 574 (1959).

Anforderungen insofern in keiner Weise gewachsen[135]). Das Verfahren ist viel zu umständlich für die Behandlung eines solchen Massenphänomens. Die Folge sind Verzögerungen von einigen Jahren, durch die die Geschädigten und ihre Angehörigen nicht selten in tiefe Not geraten[136]). Es herrscht weitgehend Übereinstimmung darüber, daß die hier nötige Abhilfe nur auf dem Wege über eine umfassende Reform des Unfall-Schadensrechts geschaffen werden kann[137]). Gedacht wird an die Schaffung einer allgemeinen Haftpflichtversicherung, möglicherweise sogar nach dem Vorbild der Workman's Compensation[138]).

Es kann freilich kein Zweifel daran bestehen, daß auch hier der Gesetzgeber eingreifen muß; eine Rechtsfortbildung durch die Richter allein kann nicht zu diesem Ziel führen[139]). Es ist aber interessant, welche Wege der Rechtsprechung für die Zeit bis zum Inkrafttreten eines entsprechenden Gesetzes gewiesen werden. Es wird als unerläßlich angesehen, daß die Gerichte die rechtspolitischen Gesichtspunkte nennen, die hinter ihren Entscheidungen stehen[140]). Weiter müssen die sog. Immunitäten aufgehoben werden, die vielfach wie ein Zopf aus alter Zeit wirken[141]). Dann müssen für die Kläger Beweiserleichterungen geschaffen werden, und zwar namentlich durch erweiterte Anwendung der Regel Res ipsa Loquitur[142]); auch muß die klägerfreundliche Jury mehr als bisher entscheiden[143]). Schließlich muß der Anwendungsbereich der anerkannten Fälle der Gefährdungshaftung, z. B. ultrahazardous activity, ausgedehnt werden[144]).

---

135) Vgl. Green, Traffic Victims 81 (1958); ders. 29 Ill.L.Rev. 582, 583 (1935); Cooke, 37 N.Z.L.J. 155, 156 (1961); Rassman, 16 Sw.L.J. 244 (1962).

136) »Justice delayed is justice denied«. Belli, Ready for the Plaintiff 254 ff. (1965).

137) Probert, 49 Iowa L.Rev. 277, 279 (1964). Pound, 67 Yale L.J. 1, 18 (1957) scheint anderer Meinung zu sein, wenn er gerade die Flexibilität des Common Law rühmt.

138) Fleming, 39 Canad.B.Rev. 489, 502 (1961); Green, 47 N.W.U.L.Rev. 751, 770 (1953); Fl. James, 57 Yale L.J. 549, 569 (1948); Leflar, 27 N.Y.U.L.Rev. 564, 584 (1950). Aber auch Gegenstimmen gibt es: vgl. etwa DeParcq, 43 Minn.L. Rev. 499, 503 ff. (1959). Rob. Keeton, 72 Harv.L.Rev. 401, 422 (1959), meint auch, das Prinzip der Workmen's Compensation Gesetze eigne sich nicht für die Unfallschäden.

139) Fl. James, 8 Buff.L.Rev. 315, 332 (1959); Peck, 48 Minn.L.Rev. 265, 303 (1963); Roberts, 50 Corn.L.Q. 191, 216 (1965). Vgl. auch Friedmann, Changing Society 127 (1959).

140) Wie erfolgreich das sein kann, wird am Beispiel der Warenherstellerhaftung demonstriert, bei der nach neuester Rechtsprechung ein Fall der Gefährdungshaftung vorliegt. Vgl. oben § 102.

141) Pedrick, 2 J.Soc.Publ.T.Law 2, 5 (1961); Fl. James, 8 Buff.L.Rev. 315, 335 (1959).

142) Feezer, 79 U.Pa.L.Rev. 742, 751 (1931). Die Tendenz einer Ausweitung in dieser Richtung zeichnet sich in den Entscheidungen bereits ab; vgl. Fowler v. Seaton, 39 Cal.Rptr. 881, 394 P.2d 697, 700 (1964). Gregory, 37 Va.L.Rev. 359, 381 (1951); Friedmann, 3 M.L.R. 305, 309 (1940).

143) McNiece and Thornton, 26 St.John's L.Rev. 255, 268 (1952). Fl. James, 58 Yale L.J. 667, 689 (1949).

144) Fl. James, aaO (Anm. 141) S. 337; Pedrick, aaO (Anm. 141).

§ 106. Ergebnis

Als Ergebnis wird man sagen müssen, daß der Rechtsrealismus ohne Frage Mißständen abgeholfen und wertvolle Impulse gebracht hat. So wird man das Fehlen einer vorherrschenden Lehre in den Vereinigten Staaten, jedenfalls was die Frage der Haftungsbegrenzung angeht, hierauf zurückführen können. Insbesondere haben die amerikanischen Gerichte mit Erfolg verhindert, daß etwa die Vorhersehbarkeitstheorie sich allgemein durchsetzen konnte[145]). Die Folge ist eine weit größere Flexibilität des Rechts und bessere Kontrollmöglichkeiten der Gerichte über die Geschworenenkollegien. In vielen Fällen hilft es der Rechtsentwicklung tatsächlich weiter, wenn die hinter der Entscheidung stehenden rechtspolitischen Überlegungen der Gerichte im Urteil genannt werden.

Auf der anderen Seite sollte dem Fanatismus Greens nicht immer und in jedem Fall gefolgt werden. Bei der Masse der Fälle kommt man ohne Überlegungen dieser Art aus[146]). In vielen Fällen sollte man diese Überlegungen auch nicht zu sehr ins Scheinwerferlicht rücken, weil sonst eine unerwünschte Reaktion des Gesetzgebers die Folge sein könnte[147]). Sehr viel unauffälliger werden dieselben Überlegungen bei der Prüfung der Reasonableness eines Verhaltens angestellt[148]). Wenn der Richter es also nicht auf eine Weiterentwicklung des Rechts abstellt, wird er nicht mit der Duty und den Überlegungen Greens arbeiten, sondern ein Balancing of Interests vornehmen[149]) und/oder die Jury entscheiden lassen mit der Wirkung, daß die Entscheidung keine Wirkung für spätere Fälle entfaltet[150]). Denkbar ist aber auch, Einzelfallsüberlegungen unter der Formel von der Proximate Cause anzustellen[151]).

[145]) Roberts, 50 Corn.L.Q. 191, 210 (1965).

[146]) Cole, 52 Cal.L.Rev. 459, 465 (1964); Morris, 101 U.Pa.L.Rev. 189, 222 (1952).

[147]) Als Beispiel hierfür wird der Fall MacPherson genannt, in dem eine bedeutende rechtliche Neuerung betont unauffällig und erfolgreich durchgeführt wurde. Vgl. Peck, 48 Minn.L.Rev. 265, 294 (1963).

[148]) Bohlen, 83 U.Pa.L.Rev. 305, 306 (1935), verweist darauf, daß das Verhalten der Industrie von den Gerichten in den hochindustrialisierten amerikanischen Bundesstaaten nur in Ausnahmefällen als ›unreasonable‹ gewertet würde, weil sonst der Industrie neue Lasten auferlegt würden; anders soll es in den Staaten des Mittelwestens sein, wo die Landwirtschaft die hervorragende Rolle spielt. Bohlen, 80 U.Pa.L.Rev. 781, 788 (1932), meint daher, durch Green würden den Gerichten Möglichkeiten eröffnet, die sie schon haben. Vgl. auch Prosser, Torts 306 (3. Aufl. 1964).

[149]) Seavey, Cogitations 27 (1954). Vgl. oben § 14. Bohlen, 50 Harv.L.Rev. 1225, 1226 (1937).

[150]) »Palsgraf has just those aspects of uniqueness, chance and unpalpability which had best be buried and forgotten in the verdict of a jury rather than be perpetuated in a rule of law. It expresses nothing significant of social policy.« Cowan, 23 Minn.L.Rev. 46, 55 (1938). Ähnlich: Pfeifer v. Standard Gateway Theater, 262 Wis. 229, 55 N.W.2d 29, 34 (1952).

[151]) Hart & Honoré 100 (1959); Honoré, 77 Harv.L.Rev. 595, 599 (1964).

§ 107. Anhang: Rechtszustand in England

In England hat die Schule des Rechtsrealismus praktisch keinen Niederschlag gefunden. Von wenigen Hinweisen auf rechtspolitische Gesichtspunkte abgesehen[152]), verlassen sich die englischen Juristen nach wie vor auf juristische Formeln und Begriffe[153]).

Insbesondere der Oxforder Professor Goodhart, dessen Lebenswerk im Jahre 1961 vom Privy Council in The Wagon Mound Anerkennung gefunden hat[154]), hat dies immer wieder deutlich gemacht. So beklagte er sich wiederholt über die amerikanische Praxis, bei der Beurteilung und Einordnung von gerichtlichen Entscheidungen die tatsächlichen Umstände mitzuberücksichtigen[155]). Außerdem erklärte er ausdrücklich: »The English teacher emphasizes what the judge has said: the American professor explains what the judge should have said«[156]). Uber diese Aussprüche hinaus zeugt das gesamte Werk Goodharts von dieser Einstellung[157]). Daß er damit keinesfalls allein steht, zeigt Lord Macmillan vom House of Lords, wenn er feststellt: »Your Lordship's task in this House is to decide particular cases between litigants and your Lordships are not called on to rationalise the law of England«[158]). Nach allem erscheint es zumindest vertretbar, wenn ein amerikanischer Law Professor seine englischen Kollegen als noch »Blackstonian« bezeichnet[159]).

Allerdings kommt man um die Feststellung nicht herum, daß die Rechtslage in England und in den Vereinigten Staaten verschieden ist. In England hat der Gesetzgeber gerade auf dem Gebiete der Torts nachhaltig eingegriffen: seit 1945 sind der Contributory Negligence Act[160]), der Defamation Act[161]), der

---

[152]) Vgl. z. B. Lord Porter, 5 Cambr.L.J. 176, 178 (1935).

[153]) So bemüht sich etwa Winfield, 32 (1931) mit großer Anstrengung um eine Definition des Wortes ›Tort‹. Eine Kritik aus den Vereinigten Staaten war zu erwarten: Seavey, 45 Harv.L.Rev. 209 (1931). Aber auch aus England kamen kritische Äußerungen: Pollock. 47 L.Q.R. 588 (1931). Vgl. auch Ward, 42 Corn. L.Q. 28 (1956).

[154]) (1961) A.C. 388, (1961) 1 All E.R. 404. Vgl. oben § 58.

[155]) Goodhart, 40 Yale L.J. 161, 170 (1930).

[156]) Goodhart, 15 Corn.L.Q. 173, 190 (1930).

[157]) Das unterscheidet den Engländer Goodhart, der Anhänger der Vorhersehbarkeitstheorie ist, von dem Amerikaner Seavey, der ebenfalls Anhänger dieser Vorhersehbarkeitstheorie ist.

[158]) Read v. Lyons & Co., Ltd., (1947) A.C. 156, (1946) 2 All E.R. 471, 478. Entsprechend erklärte Lord Porter im Falle Best v. Samuel Fox & Co., Ltd., (1952) A.C. 716, (1952) 2 All E.R. 394, 395: »I do not think it possible to say that a change in the outlook of the public, however great, must inevitably be followed by a change in the law of this country.«

[159]) Roberts, 50 Corn.L.Q. 191, 209 (1965). Für ähnliche Kritik vgl. auch Davis, 61 Col.L.Rev. 201, 210 (1961), ebenso der Yale-Professor Stevens, 27 M.L.R. 121, 127 (1964). Vgl. auch den großen englischen Rechtsvergleicher und Rechtshistoriker Lawson: »The real trouble is that we treat with exaggerated respect obstacles to progress which were set up by certain nineteenth century cases. Here again the Americansm some of them at least, are ahead of us.« Lawson, The Rational Strenght of English Law 144 (1951).

[160]) The Law Reform (Contributory Negligence) Act, 1945 (9 & 10 Geo. 6, c. 28).

[161]) The Defamation Act, 1952 (15 & 16 Geo. 6 & 1 Eliz. 2, c. 66).

Occupier's Liability[162]) Act u.a. ergangen. Darüber hinaus spielt Negligence in dem Wohlfahrtsstaat, als der England bezeichnet werden muß, nicht mehr die Rolle, die ihr in den Vereinigten Staaten zukommt[163]). Da der englische Gesetzgeber den Gerichten mithin viele Aufgaben abgenommen hat, mit denen sich die amerikanischen Gerichte noch abmühen müssen, erscheint es erklärlich, daß sich im englischen Recht eine Besinnung auf begriffsjuristische Argumente findet[164]).

---

162) The Occupiers' Liability Act, 1957 (5 & 6 Eliz. 2, c. 31).

163) Roberts, 50 Corn.L.Q. 191, 214 (1965).

164) Friedmann, 63 Harv.L.Rev. 241, 258 (1949); P.S. James, 6 J.Soc.Publ.T.Law 34, 35 (1961).

LITERATURVERZEICHNIS

Alexander, Legislation and the Standard of Care, 42 Canad. B. Rev. 243–276 (1964)
Ames, Law and Morals, 22 Harv. L. Rev. 97–113 (1908), Selected Essays/Torts 1–17 (1924)
Aquarius, Causation and Legal Responsibility, 58 S.A.L.J. 232–263 (1941)
ders., Causation and Legal Responsibility, 62 S.A.L.J. 126–145 (1945)
Bauer, A Rational Rule of Proximate Causation in Torts, 83 Cent. L.J. 148–153 (1916)
ders., Confusion of the Terms Proximate and Direct, 86 Cent. L.J. 226–229 (1918), 11 Notre Dame Lawyer 395–402 (1936)
ders., Consequential Damages in Contract, 80 U. Pa. L.Rev. 687–710 (1932)
Beale, Recovery for Consequences of an Act, 9 Harv. L. Rev. 80–89 (1895)
ders., The Proximate Consequences of an Act, 33 Harv. L. Rev. 633–658 (1920) Selected Essays/Torts 730–755 (1924)
ders., Justification for Injury, 41 Harv. L. Rev. 533–563 (1928)
Beasley, Appeals to the Judicial Comittee: The Case for Abolition, 7 Res Jusdicatae 399–414 (1955)
Becht & Miller, The Test of Factual Causation in Negligence and Strict Liability Cases, 1961
Belli, Modern Trials 3 Bde 1954 mit Nachträgen 1958
ders., Ready for the Plaintiff, Taschenbuchausgabe 1965
Beney, in: Haldane Society, Foresight Saga 4–14 (1962)
Bennett, Buchbesprechung: Hart & Honoré, 13 Stan. L. Rev. 701–710 (1961)
Bérindoague, Des dommages-intérêts en matière contractuelle et délictuelle dans le droit anglais, 1923
Beven, Negligence in Law, 2 Bde (4. Aufl. 1928)
Bigelow, The Law of Torts, 8. Auflage 1907
Bingham, Some Suggestions Concerning Legal Cause at Common Law, 9 Col. L. Rev. 16–37, 136–159, (1909)
Blackstone, William, Commentaries on the Laws of England, Buch I–IV, London 1794
Bloustein, Torts, in: 1961 Annual Survey of American Law (1962)
ders., Logic and Legal Realism: The Realist as a Frustrated Idealist, 50 Corn. L.Q. 24–33 (1964)
Blum & Kalven, Jr., Public Law Perspectives on a Private Law Problem – Auto Compensation Plans, 31 U. Chi. L. Rev. 641–723 (1964)
Boberg, Reflections on the Novus Actus Interveniens Concept, 76 S.A.L.J. 280–289 (1959)
Boberg, Buchbesprechung: Hart & Honoré, 78 S.A.L.J. 120–124 (1961)
ders., Damages Occasioned by Shortened Expectation of Life, 79 S.A.L.J. 43–55 (1962)
Boggs, Proximate Cause in the Law of Torts, 44 Am. L. Rev. 88–122 (1910)
Bohlen, The Probable or Natural Consequences as the Test of Liability in Negligence, 40 Am. L. Reg. (N.S.) 78, 49 U. Pa. L. Rev. 79 (1901), Studies in the Law of Torts 1–32 (1926)
ders., Right to Recover for Injury Resulting From Negligence Without Impact, 41 Am. L. Reg. (N.S.) 141–173 (1902)

ders., The Basis of Affirmative Obligations in the Law of Tort, 53 U. Pa. L. Rev. (O.S.) 209–239, 273–310, 337–377 (1905); Studies 33–155 (1926)
ders., The Moral Duty to Aid Others as a Basis of Tort Liability, 56 U. Pa. L. Rev. (O.S.) 217–244, 316–338 (1908); Studies 291–343 (1926)
ders., Contributory Negligence, 21 Harv. L. Rev. 233–260 (1908)
ders., The Rule in British Columbia Ry. v. Loach, 66 U. Pa. L. Rev. 73 (1917); Studies 536 (1926)
ders., Mixed Questions of Law and Fact, 72 U. Pa. L. Rev. 111 (1924); Studies 601 (1926)
ders., Voluntary Assumption of Risk, in: Selected Essays 497–542 (1926)
Bohlen, Studies in the Law of Torts, 1926
ders., Liability of Manufacturers to Persons Other Than their Immediate Vendees, 45 L.Q.R. 343–369 (1929)
ders., Buchbesprechung: Green, Judge and Jury, 80 U. Pa. L. Rev. 781–795 (1932)
ders., Buchbesprechung: Harper on Torts, 47 Harv. L. Rev. 556–560 (1934)
ders., Old Phrases and New Facts, 83 U. Pa. L. Rev. 305-313 (1935)
ders., Fifty Years of Torts, 50 Harv. L. Rev. 725–748, 1225–1248 (1937)
Breitel, The Lawmakers, 65 Col. L. Rev. 749–777 (1965)
Buckland, The Duty to Take Care, 51 L.Q.R. 637–649 (1935)
ders., Standard of Reasonable and Ordinary Care, 52 L.Q.R. 8–9 (1936)
ders., Some Reflections on Jurisprudence, 1945
Burke, Rules of Legal Cause in Negligence Cases, 15 Calif. L. Rev. 1–18 (1926)
Burke, Darval, Merkel, Causation in the Law: A Comment on The Wagon Mound 3 Melb. U. L. Rev. 197–210 (1961)
Calabresi, Some Thoughts on Risk Distribution and the Law of Torts, 70 Yale L.J. 499–553 (1961)
Campbell, Duty, Fault and Legal Cause, (1938) Wis. L. Rev. 402–425
Cardozo, Ausgewählte Schriften, übersetzt von Dr. Gertrud v. Holzhausen, Frankfurt a. M. 1957
Carpenter, Concurrent Causation, 83 U. Pa. L. Rev. 941–952 (1935)
ders., Workable Rules For Determining Proximate Cause, Part I: 20 Calif. L. Rev. 229–259, Part II: 396–419, Part. III: 471–539 (1931–32)
ders., Proximate Cause

Part I:	14 So. Calif. L. Rev.	1– 34	
Part II:		115–153	
Part III:		416–451	(1940–41)
Part IV:	15 So. Calif. L. Rev.	187–213	
Part V:		304–321	
Part VI:		427–468	(1941–42)
Part VII:	16 So. Calif. L. Rev.	1– 23	(1942–43)

Catala & Weir, Delict and Torts: A Study in Parallel, 37 Tul. L. Rev. 573–620 (1963)
Chapman, Statutes on the Law of Torts, London 1962
ders., Buchbesprechung: Mayne & McGregor on Damages, 12. A. 1961, 78 L.Q.R. 271–275 (1962)
Charlesworth, Bourhill v. Young, 59 L.Q.R. 150–154 (1943)
ders., On Negligence, London 1962, 4. A.
Chorley, Lord of Kendal, Einleitung: Haldane Society, Foresight Saga 1–3 (1962)
Clark & Shulman, Jury Trial in Civil Cases – A Study in Judicial Administration, 43 Yale J.L. 867–885 (1934)
Clerk & Lindsell, On Torts, 12. A. 1961
Cole, Windfall and Probability: A Study of Cause in Negligence Law Part I: Uses of Causal Language, 52 Calif. L. Rev. 459–512 (1964)
Part II: Factual Uncertainty and Competitive Fairness, 52 Calif. L. Rev. 764–821 (1964)
Comment, Proximate Cause and Intervening Voluntary Action, 74 U. Pa. L. Rev. 485–490 (1926)
Comment, Torts – Negligence – Proximate Cause – Robinson v. Standard Oil, 28 Mich. L. Rev. 467–468 (1930)

Comment, Negligence – Proximate Cause – Substantial Factor Test – Mahoney v. Beatmann, 78 U. Pa. L. Rev. 673–675 (1930)
Comment, Torts – Liability for Statutory Violation – Effect of Subsequent Criminal Act, 34 Iowa L. Rev. 376–380 (1949)
Comment, Further Retreat From the Polemis Doctrine, 17 U. Chi. L. Rev. 379–382 (1950)
Comment, Negligence: Foreseeability of Consequences: Test of Liability, (1961) The Juridical Review 64–67
Comment, Liability under the Minnesota Civil Damage Act, 46 Minn. L. Rev. 169–198 (1961)
Comment, Torts – Negligence – Liability for Unforeseeable Consequences of a Negligent Act, 36 N.Y.U.L. Rev. 1043–1051 (1961)
Comment, The Use of the Tort Liability Concept of Proximate Cause in Cases of Criminal Homicide, 56 N.W.U.L. Rev. 791–811 (1962)
Conard, Morgan, Pratt, Jr., Voltz, Bombaugh, Automobile Accident Costs and Payments, Michigan Legal Studies 1964
Conroy, Offenses and Quasi-Offenses – Negligence – Causation – Forseeability, 25 Tul. L. Rev. 419–421 (1951)
Constitution of the United States of America, Annotated. Introduction by Edward S. Corwin (1953)
Cooke, The Polemis Polemic, 37 N.Z.L.J. 155–157 (1961)
Cooley, A Treatise on the Law of Torts or the Wrongs which Arise Independently of Contract, 3 Bde. 4. A. (1932)
Corbin, Rights and Duties, 33 Yale L.J. 501–527 (1924)
Cowan, The Riddle of the Palsgraf Case, 23 Minn. L. Rev. 46–67 (1938)
ders., Contracts and Torts Should be Merged, 7 J. Leg. Ed. 377–380 (1955)
Cullity, Smith v. Leech Brain – A Further Comment, 25 M.L.R. 602–603 (1962)
Current Topics, The Passing of Polemis, 34 A.L.J. 246–247 (1961)
Darmstädter, Englische und deutsche Prinzipien im Vergleich, SJZ 786–791 (1950)
Davis, The Future of Judge – Made Public Law in England. A Problem of Practical Jurisprudence, 61 Col. L. Rev. 201–220 (1961)
Denning, Buchbesprechung: Text-Book of Tort by P. H. Winfield 3d. ed. London 1946, 63 L.Q.R. 516–518 (1947)
DeParq, Comment: In Defense of the Fault Principle, 43 Minn. L. Rev. 499–509 (1959)
Dias, The Duty Problem in Negligence, (1955) C.L.J. 198–214
ders., The Breach Problem and the Duty of Care, 30 Tul. L. Rev. 377–408 (1956)
Dias & Hughes, Jurisprudence, London 1957
Dias, Negligence – Remoteness – The Polemis Rule, (1961) C.L.J. 23–30
ders., Remoteness of Liability and Legal Policy, (1962) C.L.J. 178–199
ders., Foreseeability of Damage – Stare Decisis, (1964) C.L.J. 191–193
Dworkin, A Negligent Tortfeasor Still Takes his Victim as He Finds Him, 25 M.L.R. 471–473 (1962)
ders., in: Haldane Society, Foresight Saga 28–37 (1962)
ders., Risk and Remoteness – Causation Worse Confounded, 27 M.L.R. 344–351 (1964)
Edgar, Jr., Forseeability and Recovery in Tort, 9 St. John's L. Rev. 84–93 (1934)
Edgerton, Legal Cause, 72 U. Pa. L. Rev. 211–244, 343–375 (1924)
ders., Negligence, Inadvertence and Indifference; the Relation of Mental States to Negligence, 39 Harv. L. Rev. 849–870 (1926)
ders., Book Review: Green's Rationale, 29 Col. L. Rev. 229–332 (1929)
Ehrenzweig, Albert A., Loss-Shifting and Quasi-Negligence: A New Rationale of the Palsgraf Case, 8 U. Chi. L. Rev. 729–745 (1941)
ders., Negligence Without Fault – Trends toward an Enterprise Liability For Insurable Loss, Berkeley & Los Angeles 1951
ders., A Psychoanalysis of Negligence, 47 N.W.U.L. Rev. 855–872 (1953)
Eldrege, Landlord's Tort Liability For Disrepair, 84 U. Pa. L. Rev. 467–490 (1936)
ders., Culpable Intervention as Superseding Cause, 86 U. Pa. L. Rev. 121–135 (1937)
ders., Modern Tort Problems, 1941

ders., The Role of Foreseeable Cause in Negligence Law 23 Pa. Bar. Ass'n. Q. 158–163 (1952)
Farley, Instructions to Juries – Their Role in the Judicial Process, 42 Yale L.J. 194–225 (1932)
Feezer, Capacity to Bear Loss as a Factor in the Decision of Certain Types of Tort Cases, 78 U. Pa. L. Rev. 805–841 (1930), 79 U. Pa. L. Rev. 742–767 (1931)
ders., A Circle Tour Through Negligence, 27 N.Y.U.L. Rev. 647–653 (1952)
Fleming, The Action Per Quod Servitium Amisit, 26 A.L.J. 122–129 (1952)
Fleming & Morison, Duty of Care and Standard of Care. Correspondence, 1 Sydney L. Rev. 69–77 (1953)
Fleming, Buchbesprechung: Pollock's Law of Torts, 15th ed. by Landon. Oxford 1951, 1 Sydney L. Rev. 282–285 (1953)
ders., Remoteness and Duty: The Control Devices in Liability for Negligence, 31 Canad. B. Rev. 471–502 (1953)
ders., The Law of Torts, 2. A. 1961
ders., The Passing of Polemis, 39 Canad. B. Rev. 489–529 (1961)
ders., The Lost Years: A Problem in the Computation and Distribution of Damages, 50 Calif. L. Rev. 598–618 (1962)
ders., Buchbesprechung Prosser on Torts 3d. ed., 52 Calif. L. Rev. 1068–1070 (1964)
Focht, Jr., Proximate Cause in the Law of Homicide – with Special Reference to California Cases, 12 So. Calif. L. Rev. 19–53 (1938)
Forkosch, An Analysis of the »Prima Facie Tort« Cause of Action, 42 Corn. L. Q. 465–482 (1957)
Foster, Jr., Grant, Green, The Risk Theory and Proximate Cause – A Comparative Study, 32 Neb. L. Rev. 72–102 (1953)
Foster, Jr., Juridical Trauma and Medical Shock, 59 W. Va. L. Rev. 1–29 (1956)
Frank, Jerome, Law and the Modern Mind, New York 1935
ders., Courts on Trial – Myth and Reality in American Justice, Princeton 1949
Frank, W. F., Negligence; Remoteness of Damage (1964) J.B.L. 254–255
Fricke, The Juridical Nature of the Action upon the Statute, 76 L.Q.R. 240-266 (1960)
Fridman, Negligence and Trespass, 102 L.J. 325–326 (1952)
ders., Liability For Nervous Shock, 102 L.J. 523–524 (1952)
ders., Negligence by Words, 32 Canad. B. Rev. 638–658 (1954)
ders., Consortium as an Interest in the Law of Torts, 32 Canad. B. Rev. 1065–1083 (1954)
ders., Comment: Tort, Liability For Acts of Independent Contractors – Relationship between Rylands Liability and Negligence, 35 Canad. B. Rev. 209–213 (1957)
Fridman, Negligence and Remoteness, 111 L.J. 609–611, 624–626 (1961)
ders., Buchbesprechung: Harari, 26 M.L.R. 722–724 (1963)
ders., Buchbesprechung: Winfield/Tort, Street/Torts, C. A. Wright/Cases Torts, 27 M.L.R. 240–242 (1964)
Friedmann, Modern Trends in the Law of Torts, 1 M.L.R. 39–63 (1937)
ders., Nuisance, Negligence and the Overlapping of Torts, 3 M.L.R. 305–309 (1940)
ders., Incidence of Liability for Nuisance, 4 M.L.R. 139–144 (1940)
ders., Once More – Overlapping of Torts and Rationalisation of the Law, 4 M.L.R. 308–309 (1941)
ders., Statutory and Common Law Duties, 5 M.L.R. 142–144 (1942)
ders., Social Insurance and the Principles of Tort Liability, 63 Harv. L. Rev. 241–265 (1949)
ders., Law and Social Change in Contemporary Britain, 1951
ders., Law in a Changing Society, London 1959
Future, the of the Common Law, 1937 Cambridge, Mass.
G., M.J., Tiptoe through the Twilight, 106 S.J. 460–462 (1962)
Gardner, Theories of Proximate Causation 4 U. Cinc. L. Rev. 118–125 (1930)
Gibson, The Wagon Mound in Canadian Corts, 2 Osgoode Hall L.J. 416–436 (1963)
Glos, Directness or Forseeability to Prevail in Remoteness? 79 S.A.L.J. 56–68 (1962)
Gooderson, The Rule in Young v. Bristol Aeroplane Co., Ltd., 10 C.L.J. 432–445 (1950)

Goodhart, Liability for the Consequences of a »Negligent Act«, Cambridge Legal Essays 101–121 (1926), Essays in Jurisprudence and the Common Law 110–128 (1931)
ders., Case Law in England and America, 15 Corn.L.Q. 173–193 (1930)
ders., The Unforseeable Consequences of a Negligent Act, 39 Yale L.J. 449–467 (1930), Essays in Jurisprudence and the Common Law 129–150 (1931)
ders., Determinig the Ratio Decidendi of a Case, 40 Yale L.J. 161–183 (1930)
ders., Essays in Jurisprudence and the Common Law, Cambridge 1931
Goodhart & Winfield, Trespass and Negligence, 49 L.Q.R. 359–378 (1933)
Goodhart, Rescue and Voluntary Assumption of Risk, 5 C.L.J. 192–203 (1934)
ders., Restatement of the Law of Torts, 83 U. Pa. L. Rev. 411–424, 968–996 (1935)
ders., Two Cases on Damages: The Edison and The Arpad, 2 U. Tor. L.J.1–23 (1937)
Goodhart, The Foundation of Tortious Liability, 2 M.L.R. 1–13 (1938)
ders., Bourhill v. Young, 8 C.L.J. 265–273 (1944)
ders., Note, 65 L.Q.R. 137–140 (1949)
ders., The Last Opportunity Rule, 65 L.Q.R. 237–255 (1949)
ders., Dangerous Things and the Sedan Chair, 65 L.Q.R. 518–523 (1949)
ders., Liability to Third Persons for Defective Accounts, 67 L.Q.R. 173–178 (1951)
ders., The Third Man or Novus Actor Interveniens, 4 Curr. L.Pr. 177–196 (1951)
ders., Is it Cricket? – Case Note, 67 L.Q.R. 460–464 (1951)
ders., The Imaginary Necktie and the Rule in Re Polemis, 68 L.Q.R. 514–535 (1952)
ders., English Law and the Moral Law, London 1953
ders., Shock Cases and Area of Risk, 16 M.L.R. 14–25 (1953)
ders., Emotional Shock and the Unimaginative Taxicab Driver, 69 L.Q.R. 347–353 (1953)
ders., Appeals on Questions of Fact, 71 L.Q.R. 402–414 (1955)
Goodhart, Rylands v. Fletcher Today, 72 L.Q.R. 184–186 (1956)
ders., The Ratio Decidendi of a Case, 22 M.L.R. 117–124 (1959)
ders., Liability and Compensation, 76 L.Q.R. 567–588 (1960)
ders., Obituary: Re Polemis, 77 L.Q.R. 175–178 (1961)
ders., Note on Smith v. Leech Brain, 78 L.Q.R. 160–162 (1962)
ders., Note on Russel v. McCabe, (1962) N.Z.L.R. 392, 78 L.Q.R. 313–315 (1962)
ders., Damages and Foreseeability, 80 L.Q.R. 1–4 (1964)
ders., Roscoe Pound, 78 Harv. L. Rev. 23–37 (1964)
ders., Liability for Innocent but Negligent Misrepresentations, 74 Yale L.J. 286–301 (1964)
Gordon, The Unborn Plaintiff, 63 Mich .L. Rev. 579–628 (1965)
Green, Are Negligence and Proximate Cause Determinable by the Same Test? 1 Texas L. Rev. 243–260, 423–445 (1923)
ders., Rationale of Proximate Cause (1927)
ders., Causal Relation in Legal Liability in Tort, 36 Yale L.J. 513–535 (1927)
Green, The Negligence Issue, 37 Yale L.J. 1029–1047 (1928), Judge & Jury 153–185 (1930)
ders., The Duty Problem, 28 Col. L. Rev. 1014 (1928), Judge and Jury 38–96 (1930), 29 Col. L. .Rev. 255 (1929), Judge and Jury 97–52 (1930)
ders., Are there Dependable Rules of Causation? 77 U. Pa. L. Rev. 601–128 (1929), Judge and Jury 186–225 (1930)
ders., Mahoney v. Beatmann: A Study in Proximate Cause 39 Yale L.J. 532–542 (1930), Judge and Jury 226–243 (1930)
ders., The Palsgraf Case, 30 Col. L. Rev. 789–801 (1930), Judge and Jury 244–267 (1930)
ders., Judge and Jury (Kansas City, Mo. 1930)
ders., The Judicial Process in Tort Cases, St. Paul 1931
ders., Fright Cases, 27 Ill. L. Rev. 761–780, 873–886 (1933)
ders., The Torts Restatement, 29 Ill. L. Rev. 582–607 (1935)
ders., Merlo v. Public Service – A Study in Proximate Cause, 37 Ill. L. Rev. 429 (1943)
ders., Illinois Negligence Law IV, Proximate Cause, 40 Ill. L. Rev. 1–28 (1945)
ders., Proximate Cause in Texas Negligence Law, 28 Texas L. Rev. 471–490, 621–645, 756–782 (1950)

ders., The Individual's Protection Under Negligence Law: Risk Sharing, 47 N.W.U.L. Rev. 751–777 (1953)
Green, The Study and Teaching of Tort Law, 34 Texas L. Rev. 1–27 (1955)
Green, Malone, Pedrick & Rahl, Law of Torts (1956)
Green, Traffic Victims – Tort Law and Insurance (1958)
ders., Vorwort, zu: Paul, The Legal Realism of Jerome N. Frank VII–XI (1959)
ders., Tort Law Public Law in Disguise, 38 Texas L. Rev. 1–13 (1959), 38 Texas L. Rev. 257–269 (1960)
ders., The Thrust of Tort Law (The Influence of Environment), 64 W. Va. L. Rev. 1–27, 115–141, 241–259 (1961)
ders., Foreseeability in Negligence Law, 61 Col. L. Rev. 1401–1424 (1961)
ders., Duties, Risks, Causation Doctrines, 41 Texas L. Rev. 42–74 (1962)
ders., The Causal Relation Issue in Negligence Law, 60 Mich. L. Rev. 543–576 (1962)
ders., The Duty to Give Accurate Information, 12 U.C.L.A.L. Rev. 464 (1965)
Greenwell, Re Polemis and Remoteness of Damages in Tort, 24 A.L.J. 392–397 (1951)
Gregory, Proximate Cause – A Retreat from Rationalization, 6 U. Chi. L. Rev. 36–61 (1938)
ders., Legislative Loss Distribution in Negligence Actions, Chicago 1936
Gregory, Gratuitous Undertaking and the Duty of Care, 1 De Paul L. Rev. 30–68 (1951)
ders., Trespass to Negligence to Absolute Liability, 37 Va. L. Rev. 359–397 (1951)
Griffith, Fault Triumphant, 28 N.Y.U.L. Rev. 1069–1095 (1953)
Grossfeld, Die Privatstrafe, Arbeiten z. Rechtsvergleichung Nr. 9, Frankfurt und Berlin 1961
Guest, Tort or Contract? 3 U. Malaya L. Rev. 191–222 (1961)
Haldane Society, The Foresight Saga, London 1962
Hall, Some Observations on the Doctrine of Proximate Cause, 15 Harv. L. Rev. 541–567 (1902)
Harari, The Place of Negligence in the Law of Torts, Sydney 1962
Harper, The Foreseeability Factor in the Law of Torts, 7 Notre Dame Lawyer 468 (1932)
ders., Liability Without Fault and Proximate Cause, 30 Mich.L.Rev. 1001–1015 (1932)
ders., A Treatise on the Law of Torts, Indianapolis 1933
Harper & McNeely, A Re-Examination of the Basis for Liability for Emotional Distress, (1938) Wis. L. Rev. 426–464
Harper & James, Jr., The Law of Torts, 3 Bde, Boston 1956
Hart, The Concept of Law, Oxford 1961
Hart & Honoré, Causation in the Law, Oxford 1959
Herriot, Proximate Cause and Negligence in Wisconsin, 4 Wis. L. Rev. 193 (1927)
Hershey, Torts: Proximate Cause; Perry v. Rochester, 2 Corn. L. Q. 250–253 (1917)
Heuston, Donoghue v. Stevenson in Retrospect, 20 M.L.R. 1–24 (1957)
ders., The Law of Torts in 1960, 6 J. Soc. P.T. Law 26–33 (1961)
Heyting, Proximate Causation in Civil Actions, 44 Juridical Rev. 239–285 (1932)
Hirschberg, The Proximate Cause in the Legal Doctrine of the United States and Germany, 2 So. Cal. L. Rev. 207–235 (1929)
Hoffmann, Rookes v. Barnard, 81 L.Q.R. 116–141 (1965)
Holdsworth, A History of English Law, Bd. III London 1923, Bd. VIII London 1926, Bd. XII London 1938
Holland, The Elements of Jurisprudence, 13. A. 1924
Holliday, Problems of Proof: The Function and Application of Res Ipsa Loquitur in Louisiana, 25 La. L. Rev. 748–764 (1965)
Holmes, Jr., The Common Law, Boston 1881; Neudruck: Cambridge, Mass. 1963
ders., Buchbesprechung: Addison on Torts 1870, 5 Am. L. Rev. 340–341 (1871)
Holmes – Pollock, The Correspondence of Mr. Justice Holmes and Sir Frederick Pollock, 1874–1932, 2. A. 1961, Cambridge
Honoré, Die Kausalitätslehre im anglo-amerikanischen Recht im Vergleich zum deutschen Recht, übers. von Heldmann, 69 Z. Str. W. 463–474 (1957)
ders., Comment: Torts, Negligence – Foreseeable Damage, Right to be Careless at Other's Risk, 39 Canad. B. Rev. 267–275 (1961)

ders., Buchbesprechung: Keeton, Legal Cause in the Law of Torts, 77 Harv. L. Rev. 595–600 (1964)
Hutcheson, The Judgment Intuitive: The Function of the ›Hunch‹ in Judical Decision, 14 Corn. L.Q. 274–288 (1929)
Isaacs, Fault and Liability, Selected Essays/Torts 235–260 (1926)
Jackson, The Machinery of Justice in England, Cambridge 1953, 2. A.
Jaffe, Damages for Personal Injury: The Impact of Insurance, 18 Law & Cont. Pr. 219–240 (1953)
James, Fl., Accident Liability Reconsidered: The Impact of Liability Insurance, 57 Yale L.J. 549–570 (1948)
James, Fl., Functions of Judge and Jury in Negligence Law, 58 Yale L.J. 667–690 (1949)
James & Perry, Legal Cause, 60 Yale L.J. 761–811 (1951)
James & Thornton, The Impact of Insurance on the Law of Torts, 15 Law & Cont. Pr. 431–444 (1950)
James, Fl., The Qualities of the Reasonable Man in Negligence Law, 16 Mo. L. Rev. 1–26 (1951)
ders., Nature of Negligence, 3 Utah L. Rev. 275–293 (1953)
ders., Scope of Duty in Negligence Cases, 47 N.W.U.L. Rev. 778–816 (1953)
ders., Tort Law in Midstream: Its Challenge to the Judicial Process, 8 Buff. L. Rev. 315–344 (1959)
James, Ph. S., Measure of Damages in Contract and Tort – Law and Fact, 13 M.L.R. 36–39 (1950)
ders., General Principles of the Law of Torts, 2. A. 1964
ders., Summary of Colloquy on Torts, 6 J. Soc. Publ. Teachers of Law 34–38 (1961)
ders., Polemis: The Serpent in Eden, (1961) J.B.L. 252–259
ders., Polemis: The Scotch'd Snake, (1962) J.B.L. 146–154
Jenks, A Short History of English Law, London 1912, reprinted 1949
ders., The New Jurisprudence, London 1933
Jolowicz, The Wagon Mound – A Further Comment, (1961) C.L.J. 30–33
ders., Buchbesprechung: Mayne & McGregor on Damages, 12th ed. 1961; Principles of the Law of Damages by H. Street, 1962, (1963) C.L.J. 144–146
ders., Forms of Action – Causes of Action – Trespass & Negligence, (1964) C.L.J. 200–202
Kalven, Torts: The Quest for Appropriate Standards, 53 Calif. L. Rev. 189–206 (1965)
Karlen, The Court of Appeal in England, 12 Yale L.J. 266–285 (1962)
Katz, Negligence in Design: A Current Look, (1965) Ins. L. J. 5–12
Keeton, Page, Negligence, Duty and Causation in Texas, 16 Texas L. Rev. 1–19 (1937)
ders., Major Doctriness of Tort Law Relevant to Medicolegal Litigation, 26 Tul. L. Rev. 355–371 (1952)
Keeton, Robert, Conditional Fault in the Law of Torts, 72 Harv. L. Rev. 401–444 (1959)
ders. Creative Continuity in the Law of Torts, 75 Harv. L. Rev. 463–509 (1962)
ders., Legal Cause in the Law of Torts (1963)
Keßler, Die Fahrlässigkeit im nordamerikanischen Deliktsrecht, unter vergleichender Berücksichtigung des englischen und deutschen Rechts, Berlin und Leipzig 1932
ders., The Protection of the Consumer Under Modern Sales Law, 14 Yale L.J. 262–285 (1964)
Lang, The Activity-Risk Theory of Tort: Risk, Insurance and Insolvency, 39 Canad. B. Rev. 530–541 (1961)
Lascher, Strict Liability in Tort for Defective Products: The Road to and Past Vandermark, 38 So. Cal. L. Rev. 30–62 (1965)
Lawson, L. H., The Duty of Care in Negligence: A Comparative Study, 22 Tul. L. Rev. 111–130 (1947)
Lawson, F. H., Quelques Dévelopments Récents du Droit Anglais en Matière de Responsabilité Civile, 2 Rev. Int. Dr. Comp. 84–90 (1950)
ders., Negligence in the Civil Law, Oxford 1950

ders., The Rational Strength of English Law, London 1951
ders., A Common Lawyer Looks at the Civil Law, Ann Arbor 1953
Lawson, Neil, in: Haldane Society, Foresight Saga 15–21 (1962)
Leflar, Negligence in Name Only, 27 N.Y.U.L. Rev. 564–584 (1952)
Leidy, Torts – Negligence – Proximate Cause – Comment to Mahoney, 28 Mich. L. Rev. 609–610 (1930)
Levi, An Introduction to Legal Reasoning, Chicago 1961
Levitt, Proximate Cause and Legal Liability, 90 Cent L.J. 188–198 (1920)
ders., A Passive Situation as a Proximate Cause, 92 Cent. L.J. 390–398 (1921)
ders., Cause, Legal Cause and Proximate Cause, 21 Mich. L. Rev. 34–62, 160–173 (1922)
Lewis, Proximate Cause in Law, 7 Fla. State Bar Ass'n L.J. 109–121, 138–151, 158–169 (1933)
Lipstein, Protected Interets in the Low Torts, (1963) C.L.J. 85–103
Lloyd, Tort – Novelty of the Cause of Action – Judicial Approach, 29 Canad. B.R. 210–216 (1951)
Lloyd, Buchbesprechung: Hart & Honoré, 6 J. Soc. Publ. Teach. of Law 93–94 (1961)
Lowndes, Civil Liability Created by Criminal Legislation, 16 Minn. L. Rev. 361–377 (1932)
Machin, Negligence and Interest, 17 M.L.R. 405–419 (1954)
Macintosh & Norman-Scoble, Negligence in Delict, 4. A. Cape Town 1958
McIntyre, The Rationale of Last Clear Chance, 53 Harv. L. Rev. 1225–1252 (1940)
Magrunder, Mental and Emotional Disturbance in the Law of Torts, 49 Harv. L. Rev. 1033–1067 (1936)
Maitland, Equity. Also the Forms of Action at Common Law, Cambridge 1920
Malone, Res Ipsa Loquitur and Proof by Inference – A Discussion of the Louisiana Cases, 4 La. L. Rev. 70–106 (1941)
ders., The Formative Era of Contributory Negligence, 41 Ill. L. Rev. 151–182 (1946)
ders., This Brave New World – A Review of »Negligence without Fault«, 25 So. Cal. L. Rev. 14–21 (1951)
ders., Damage Suits and the Contagious Principle of Workmen's Compensation, 12 La. L. Rev. 231–263 (1952)
ders., Ruminations on Cause-in-Fact, 9 Stan. L. Rev. 60–99 (1956)
ders., Buchbesprechung: Prosser/Torts 2d ed. 1955, 43 Calif. L. Rev. 740–742 (1955)
ders., Ruminations on Group Interests and the Law of Torts, 13 Rutgers L. Rev. 565–576 (1959)
ders., Contrasting Images of Torts – The Judicial Personality of Justice Traynor, 13 Stan. L. Rev. 779–808 (1961)
ders., Buchbesprechung: Keeton, Legal Cause in the Law of Torts, 17 J. Leg. Ed. 97–102 (1964)
ders., Torts, 25 La. L. Rev. 334–346 (1965)
Mansfield, Hart and Honoré, Causation in the Law – A Comment, 17 Canad. L. Rev. 487–524 (1964)
Marsh, The Wife's Interest in the Consortium, 67 L.Q.R. 37–41 (1951)
ders., Deduction and Induction in the Law of Torts: A Comparative Approach, 33 J. Comp. L. & Int. L. 59–69 (1951)
ders., Unerlaubte Handlungen im Englischen Recht (eine rechtsvergleichende Untersuchung), 20 RabelsZ 643–661 (1955)
McDonald, Proximate Cause in Louisiana, 16 La. L. Rev. 391–411 (1956)
McKerron, The Law of Delict, 5. A., Cape Town 1959
ders., The Duty of Care in South-African Law, 69 S.A.L.J. 189–196 (1952)
ders., Foreseeability is All: A Critical Note on The Wagon Mound, 78 S.A.L.J. 282–292 (1961)
ders., Liability for Negligent Statements: Hedley Byrne v. Hellner, 80 S.A.L.J. 483–489 (1963)
McLaughlin, Proximate Cause, 39 Harv. L. Rev. 149–199 (1925)
McNair, This Polemis Business, 4 C.L.J. 125–145 (1932)

ders., More About »This Polemis Business«, 178 L.T. 436–439, 454–456 (1934)
McNiece & Thornton, Affirmative Duties in Tort, 58 Yale L.J. 1272–1289 (1949)
dies., Is the Law of Negligence Obsolete? 26 St. John's L. Rev. 255–277 (1952)
Middleton, The Wagon Mound Case, (1961) Juridical Rev. 283–303
Miller, Administration in Legal Cause, 3 Loyola L. Rev. 47–69 (1945)
Millner, Contrasts in Contract and Tort Between English Law and the Common Market, (1963) Curr. L. Pr. 68–89
Montrose, Is Negligence an Ethical or a Sociological Concept? 21 M.L.R. 259–264 (1958)
Morgan, Book Review: Green: Rationale, 41 Harv. L. Rev. 939–941 (1928)
Morison, A Re-Examination of the Duty of Care, 11 M.L.R. 9–35 (1948)
ders., Liability in Negligence for False Statements, 67 L.Q.R. 212 (1951)
ders., The Victory of Reasonable Foresight, 34 A.L.J. 317–323 (1961)
Morris, Punitive Damages in Tort Cases, 44 Harv. L. Rev. 1173–1209 (1931)
ders., The Relation of Criminal Statutes to Tort Liability, 46 Harv. L. Rev. 453–477 (1933)
Morris, On the Teaching of Legal Cause, 39 Col. L. Rev. 1087–1109 (1939)
ders., The Role of Criminal Statutes in Negligence Actions, 49 Col. L. Rev. 21–48 (1949)
ders., Duty, Negligence and Causation, 101 U. Pa. L. Rev. 189–222 (1952)
ders., Proximate Cause in Minnesota, 34 Minn. L. Rev. 185–209 (1950); Studies 244–274 (1952)
ders., Studies in the Law of Torts (1952)
ders., Hazardous Enterprises and Risk-Bearing Capacity, 61 Yale L.J. 1172–1179 (1952)
ders., On Torts, Brooklyn 1953
ders., Proof of Negligence, 47 N.W.U.L. Rev. 817–854 (1953)
ders., Justice and Scientific Method, 60 Col. L. Rev. 936–943 (1960)
Morris, Jr., C. Robert, Enterprise Liability and the Acturial Process – The Insignificance of Foresight, 70 Yale L.J. 554–601 (1961)
Munkman, Foreseeability and the Factories Act, 102 L.J. 549–550 (1952)
ders., Employer's Liability at Common Law, 5. A. London 1962
Myers, Causation and Common Sense, 5 U. Miami L.Q. 238–259 (1951)
Newark, Buchbesprechung: Hart & Honoré, 76 L.Q.R. 592–595 (1960)
North, Professional Negligence: A Postscript, (1964) J.B.L. 231–240
Note, Extent to which Foreseeability as to Persons Injured is Required in Imposing Liability for Negligence, 29 Col. L. Rev. 53–61 (1929)
Note, Torts – Negligence – Necessitiy for Duty to Plaintiff, 13 Minn. L. Rev. 397–398 (1929)
Note, Negligence – Proximate Cause – Rules Governing Proximate Cause in Minnesota, 16 Minn. L. Rev. 829–848 (1932)
Note, Remoteness of Damage, 175 L.T. 246–247 (1933)
Note, Recovery for Physical Effects of Shock, 35 Col. L. Rev. 463–465 (1935)
Note, A Novel Extension of Fright Liability, 48 Yale L.J. 303–308 (1938)
Note, Absolute Liability for Dangerous Things, 61 Harv. L. Rev 515–523 (1948)
Note, 64 L.Q.R. 2–3 (1948)
Note, 9 La. L. Rev. 421–425 (1949)
Note, Damages – Tort – Injury to Truck, 64 Harv. L. Rev. 336–337 (1950)
Note, Impact of the Risk Theory on the Law of Negligence, 63 Harv. L. Rev. 671–680 (1950)
Note, The Prima Facie Tort Doctrine, 52 Col. L. Rev. 503–513 (1952)
Note, The Failure to Rescue. A Comparative Study, 52 Colum. L. Rev. 631–647 (1952)
Note, The Effect of the Palsgraf Doctrine in Indiana, 29 Ind. L.J. 622–635 (1954)
Note, End of Polemis, 105 S.J. 67–68 (1961)
Note, Re Polemis Sails Again? 105 S.J. 93 (1961)
Note, The Death Knell of In re Polemis, 95 I.L.T. 213–214, 219–220, 225–227 (1961)
Note, Obiter Dicta: Re Polemis Recedes, 111 L.J. 813 (1961)
Note, Negligence and Foreseeability, 233 L.T. 31–32 (1962)

Note, Foreseeability, 40 N.C.L. Rev. 575–576 (1962)
Note, Negligence: The Duty of Foresight, 234 L.T. 255–256 (1963)
Note, 17 Vand. L. Rev. 1553–1560 (1964)
Note, 65 Col. L. Rev. 169–174 (1965)
Note, 40 Notre Dame Lawyer 229–234 (1965)
O'Connor, Contributory Negligence, 38 L.Q.R. 17–25 (1922)
Parker, Buchbesprechung: Lawson: A Common Lawyer Looks at the Civil Law, 42 Corn. L.Q. 448–451 (1957)
ders., Das Privatrecht der Vereinigten Staaten von Amerika, Wien 1960
Parry, Nervous Shock as a Cause of Action in Tort, 41 L.Q.R. 297–305 (1925)
Paton, Negligence, 23 A.L.J. 158–174 (1949)
Paul, The Legal Realism of Jerome N. Frank – A Study of Fact – Scepticism and the Judicial Process. Foreword by Leon Green. 1959
Payne, The ›Direct‹ Consequences of a Negligent Act, 5 Curr. L. Pr. 189–207 (1952)
ders., The Tort of Negligence, 6 Curr. L. Pr. 236–253 (1953)
ders., Negligence and Interest. A Comment, 18 M.L.R. 43–48 (1955)
Payne, Assumption of Risk and Negligence, 35 Canad. B. Rev. 950–955 (1957)
ders., in: Haldane Society, Foresight Saga 22–27 (1962)
ders., Foresight and Remoteness of Damage in Negligence, 25 M.L.R. 1–24 (1962)
Peaslee, Multiple Causation and Damage, 47 Harv. L. Rev. 1127–1142 (1934)
Peck, The Role of the Courts and Legislatures in the Reform of Tort Law, 48 Minn. L. Rev. 265–312 (1963)
Pedrick, On Civilizing the Law of Torts, 2 J. Soc. Publ. Teachers L. 2–10 (1961)
ders., Buchbesprechung: Fleming/Torts, 2. A., 15 U. Tor. L.J. 242–244 (1963)
Phipson, On Evidence, 10. A., London 1963
Pollock, Liability for Consequences, 38 L.Q.R. 165–167 (1922)
ders., Book Review: Winfield's Province of the Law of Tort, 47 L.Q.R. 588–589 (1931)
ders., The Snail in the Bottle and Thereafter, 49 L.Q.R. 22–26 (1933)
ders., Law of Torts (a Treatise on the Principles of Obligations Arising from Civil Wrongs in the Common Law), 15. A., London 1951
Pollock, Jurisprudence and Legal Essays. Selected and introduced by A. L. Goodhart, London 1961
Porter, The Measure of Damages in Contract and Tort, 5 C.L.J. 176–191 (1935)
Pound, The End of Law as Developed in Legal Rules and Doctrines, 27 Harv. L. Rev. 195–234 (1914)
ders., Interests of Personality, 28 Harv. L. Rev. 343–365, 445–456 (1915), Selected Essays/Torts 87–121 (1924)
ders., Interpretations of Legal History, New York 1923
ders., Foreword to Selected Essays on the Law of Torts, 1924
ders., What is the Common Law? in: Future 1937, S. 3–23.
ders., The Theory of Judicial Decision, 36 Harv. L. Rev. 641–662, 802–825, 940–959 (1923)
ders., A Survey of Social Interests, 47 Harv. L. Rev. 1–39 (1943)
ders., Philosophy of Law and Comparative Law, 100 U. Pa. L. Rev. 1–19 (1951)
ders., Causation, 67 Yale L.J. 1–18 (1957)
Powell-Smith, The Duty of Care Re-Examined, 114 L.J. 801–803 (1964)
Price, The Conception of »Duty of Care« in the Actio Legis Aquiliae, 66 S.A.L.J. 171–188 (1949)
Price, Aquilian Liability and the Duty of Care: A Return to the Charge, (1959) Acta Juridica 120–183
Probert, Buchbesprechung: Green, Malone, Pedrick and Rahl, Law of Torts 1957, 52 N.W.U.L. Rev. 295–299 (1957)
ders., Speaking of Torts, 49 Ky. L.J. 114–129 (1960)
ders., Creative Judicial Sanctioning: Application in the Law of Torts, 49 Iowa L. Rev. 277–324 (1964)
Proehl, Anguish of Mind: Damages for Mental Suffering under Illinois Law, 56 N.W.U.L. Rev. 477–501 (1961)

Prosser, The Minnesota Court on Proximate Cause, 21 Minn. L. Rev. 19–69 (1936)
ders., Intentional Infliction of Mental Suffering: A New Tort, 37 Mich. L. Rev. 874–892 (1939)
ders., Res Ipsa Loquitur in California, 37 Calif. L. Rev. 183–234 (1949)
ders., Proximate Cause in California, 38 Calif. L. Rev. 369–425 (1950)
ders., Selected Topics on the Law of Torts, Ann Arbor 1953
ders., Palsgraf Revisited, 52 Mich. L. Rev. 1–32 (1953), Selected Topics 191–242 (1953)
Prosser, The Borderland of Tort and Contract, in: Selected Topics 380–452 (1953)
ders., The Assault upon the Citadel (Strict Liability to the Consumer), 69 Yale L.J. 1099–1148 (1960)
ders., Handbook of the Law of Torts, St. Paul, 1964, 3. A.
Rabel, Das Recht des Warenkaufs, 1. Bd., unveränderter Neudruck der Ausgabe von 1936, Berlin 1957
Rassman, Of Torts and Defendants, 16 Sw. L.J. 244–257 (1962)
Reese, Negligence and Proximate Cause, Some Elementary Observations, 7 Corn. L.Q. 95–115 (1922)
Rendall, Nervous Shock and Tortious Liability, 2 Osgoode Hall L.J. 291–321 (1962)
Restatement of the Law of Torts 1934, Supplement 1948
Rheinstein, Die Struktur des vertraglichen Schuldverhältnisses im anglo-amerikanischen Recht, Berlin und Leipzig 1932
Riesenfeld, Workmen's Compensation and Other Social Legislation: The Shadow of Stone Tablets, 53 Calif. L. Rev. 207–222 (1965)
Riezler, Haftung für Schädigung durch Sachen nach französischem und englischem Recht, 5 RabelsZ 567–632 (1931)
Roberts, Negligence: Blackstone to Shaw to? An Intellectual Escapade in a Tory Vein, 50 Corn. L.Q. 191–216 (1965)
Salmond, On Jurisprudence, 11. A., Gl. Williams, London 1957
ders., On the Law of Torts, 13. A., R.F.U. Heuston, London 1961
Scamell, The Standard of the Ordinary in English Law, 4 Curr. L.P. 227–246 (1951)
Scarborough, The Unforeseeable Consequences of a Negligent Act – Reconsidered 2 Rutgers L. Rev. 196–220 (1948)
Schmidt, Reimer, Der Folgeschaden – Überlegungen zu Schadensersatz und Versicherungsschutz, Karlsr. Forum 1960, S. 13–18, Beiheft zu VersR 1960
Scott-Simpson, Cases and Other Materials on Civil Procedure, Boston 1950
Seavey, Negligence – Subjective or Objective? 41 Harv. L. Rev. 1–28 (1927)
ders., Buchbesprechung: The Province of the Law of Tort by Percy H. Winfield, Cambridge 1931, 45 Harv. L. Rev. 209–212 (1931)
ders., Mr. Justice Cardozo and the Law of Torts, 52 Harv. L. Rev. 372–404 (1939)
ders., Principles of Torts, 56 Harv. L. Rev. 72–98 (1942), 21 Canad. B. Rev. 265–289 (1943)
ders., Candler v. Crane: Negligent Misrepresentation by Accountants, 67 L.Q.R. 466–481 (1951)
Seavey, Reliance upon Gratuitous Promises or other Conduct, 64 Harv. L. Rev. 913–928 (1951)
Seavey, Page Keeton & Rob. E. Keeton, Cases and Materials on the Law of Torts, 2. A. 1964
Sedgwich, A. G., Elements of the Law of Damages, 2. A. Boston 1909
Sedgwick, Theodore, A Treatise on the Measure of Damages, 9. A. Bd. I–IV 1912–1919
Shearman & Redfield, A Treatise on the Law of Negligence. Bd. 1, 6. Aufl. 1898
Selected Essays on the Law of Torts, Cambridge, Mass. 1924
Smith, F.E., The Rule in Hadley v. Baxendale, 16 L.Q.R. 275–287 (1900)
Smith, Jeremiah, Legal Cause in Actions of Tort, 25 Harv. L. Rev. 103, 223, 303 (1912), Selected Essays/Torts 649–729 (1924)
ders., Tort and Absolute Liability – Suggested Changes in Classification, 30 Harv. L. Rev. 241, 319, 409 (1916); Selected Essays/Torts 176–234 (1924)
Smith, Samuel O., Judges and Justice – The Judge's Role in Personal Injury Cases, (1962) U. Ill. Law Forum 172–189

Smith, Yong B., Frolic and Detour, 23 Col. L. Rev. 444–463, 716–731 (1923)
Spater, Noise and the Law, 63 Mich. L. Rev. 1313–1410 (1965)
Speiser, Negligence Jury Charges, New York, 1961
Staughton & Rokinson, A New Approach to Damages for Negligence in English Law, VersR 870–876 (1962)
Steuer, The Conception of Duty in Personal Injury Cases in New York, 18 Corn. L.Q. 51–59 (1932)
Stevens, Hedley Byrne v. Heller: Judicial Creativity and Doctrinal Possibility, 27 M.L.R. 121–166 (1964)
Stoll, Hans, The Wagon Mound – eine neue Grundsatzentscheidung zum Kausalproblem im Englischen Recht, in: Festschrift für Hans Dölle Bd. I S. 371–399 (1963)
Stone, F. F., On the Teaching of Law Comparatively, 22 Tul. L. Rev. 158–172 (1947)
ders., Touchstones of Tort Liability, 2 Stan. L. Rev. 259–284 (1950)
ders., Separate Trials, Declaratory Rulings and Installment Damages: a Comparative Study, 35 Tul. L. Rev. 597–607 (1961)
Stone, Julius, The Province and Function of Law, Cambridge, Massachusetts 1950
ders., Legal System and Lawyers Reasonings, Stanford 1964
Street, Harry, Buchbesprechung: Fleming on Torts, 2nd ed. Sydney 1961, 6 J. Soc. Publ. T.L. 154–155 (1961)
ders., The Law of Torts, 3. A. London 1963
Street, Harry, Buchbesprechung: Charlesworth on Negligence, 1962, 4th. ed. London, 26 M.L.R. 212 (1963)
ders., Buchbesprechung: Winfield on Tort, 7th. ed. 1963; 8 J.S.P.T.L. 36 (1964)
ders., Buchbesprechung: Harari, 80 L.Q.R. 130–131 (1964)
Street, Th. A., The Foundation of Legal Liability, Bd. I, Northport L.I. (1906)
Summers, Some Merits of Civil Jury Trials, 39 Tul. L. Rev. 3–14 (1964)
Terry, Some Leading Principles of Anglo-American Law, Philidelphia 1884
ders., Proximate Consequences in the Law of Tort, 28 Harv. L. Rev. 10–33 (1914)
ders., Negligence, 29 Harv. L. Rev. 40–54 (1915); Selected Essays/Torts, 261–275 (1924)
Thayer, Public Wrong and Private Action, 27 Harv. L. Rev. 317–343 (1913)
ders., Liability without Fault, 29 Harv. L. Rev. 801–815 (1916); Selected Essays 599–613 (1924)
Thode, Buchbesprechung: Keeton, Legal Cause, 42 Texas L. Rev. 275–278 (1963)
Tilley The English Rule as to Liability for Unintended Consequences, 33 Mich. L. Rev. 829–851 (1935)
Traynor, No Magic Words Could Do it Justice, 49 Calif. L. Rev. 615–630 (1961)
Traeger, Der Kausalbegriff im Straf- und Zivilrecht, 1904, 2. Abdruck, Marburg 1929
W., B. G. C., The Sinking of Re Polemis, 105 S.J. 69–70 (1961)
Walker, Remoteness of Damage and Re Polemis, (1961) S.L.T. 37–41
Walton, Motive as an Element in Torts in the Common and Civil Law, 22 Harv. L. Rev. 501–519 (1909)
ders., Delictual Responsibility in the Modern Civil Law as Compared with the English Law of Torts, 49 L.Q.R. 70–93 (1933)
Ward, The Tort Cause of Action, 42 Corn. L.Q. 28–58 (1956)
Washington, Damages in Contract at Common Law, 47 L.Q.R. 345–379 (1931), 48 L.Q.R. 90–108 (1932)
Weir, Compensability of Unforeseeable Damage Resulting Directly From Negligent Acts, 35 Tul. L. Rev. 619–629 (1961)
ders., Negligence – Duty of Care – Foreseeability, (1964) C.L.J. 23–25
Wigmore, Responsibility for Tortious Acts: Its History, 7 Harv. L. Rev. 315–337, 383–405, 441–463 (1894), Selected Essays on Torts 18–86 (1924)
Williams, The Foundation of Tortious Liability, 7 C.L.J. 111–132 (1938)
Williams, The Reform of Law, London 1951
ders., Joint Torts and Contributory Negligence, London 1951
ders., The Aims of the Law of Tort, 4 Curr. L.P. 137–176 (1951)
ders., The Effect of Penal Legislation in the Law of Tort, 23 M.L.R. 233–259 (1960)

ders., Criminal Law: The General Part, 2. A. London 1961
ders., Causation in the Law, (1961) C.L.J. 62–85
ders., The Risk Principle, 77 L.Q.R. 179–212 (1961)
Wilson & Slade, A Re-Examination of Remoteness, 15 M.L.R. 458–471 (1952)
Williams, Some Reforms in the Law of Tort, 24 M.L.R. 101–115 (1961)
Wilson, John M., Un arrèt important en matière de causalité: le Wagon Mound, (1961) Rev. Int. de Droit Comp. 575–584
Wilson, Lyman P., Some Thoughts about Negligence, 2 Okla. L. Rev. 275–293 (1949)
Wilson, R. G., Chattels and Certificats in the Law of Negligence, 15 M.L.R. 160–179 (1952)
Wilson, W. A., The Analysis of Negligence, (1962) Scots Law Times News 1–4
Wilson, W. A., Some Notes on Reasonable Care, (1962) Scots Law Times News 57–58
Winfield, The Restatement of the Law of Torts – Negligence, 13 N.Y.U.L.Q. Rev. 1–18 (1935)
ders., The Myth of Absolute Liability, 42 L.Q.R. 37–51 (1926)
ders., The History of Negligence in the Law of Torts, 42 L.Q.R. 184–201 (1926)
ders., The Foundation of Liability in Tort, 27 Col. L. Rev. 1–11 (1927)
ders., Duty in Tortious Negligence, 34 Col. L. Rev. 41–66 (1934)
ders., The Province of the Law of Tort, Cambridge, 1931
ders., The Unborn Child, 8 C.L.J. 76 (1942); 4 U. Tor. L.J. 278 (1942)
Winfield on Tort, Textbook of the Law of Tort, 7. A. 1963
Wright, Lord, Legal Essays and Addresses, Cambridge 1939
ders., The Common Law in its Old Home, in: Future 66–119 (1937)
Wright, Lord, Re Polemis, 14 M.L.R. 393–410 (1951)
ders., Notes on Causation and Responsibility in English Law, (1955) C.L.J. 163–171
Wright, C. A., Negligence – Duty of Care – Nervous Shock, 21 Canad. B. Rev. 65–78 (1943)
ders., Introduction to the Law of Torts, 8 C.L.J. 238–246 (1944)
ders., The Law of Torts: 1923–1947, 26 Canad. B. Rev. 46–94 (1948)
ders., The English Law of Torts: A Criticism, 11 U. Tor. L.J. 84–113 (1955)
ders., The Law of Torts, 4 J.S.P.T.L. 27–35 (1957)
Wright, C. A., The Adequacy of the Law of Torts, 6 J.S.P.T.L. 11–25 (1961), C.L.J. 44–61
Wright, William B., The Federal Tort Claims Act, New York 1957, Supp. 1959
Yale, Negligence – Duty to Trespassers, (1964) C.L.J. 197–200
Zelermyer, William, The Process of Legal Reasoning, Englewood Cliffs, N.J., 1963

AMERIKANISCHE ENTSCHEIDUNGEN

Aero Spark Plug Co. v. B.G. Corporation, 130 F. 2d 290–299 (2d Cir. 1942)
Allison v. City of Fredericksburg, 112 Va. 243–249; 71 S.E. 525–528 (1911)
Amaya v. Home Ice, Fuel & Supply Co., 59 Cal. 2d 295–332; 379 P. 2d 513–536 (1963)
Anderson v. Johnson, 208 Minn. 373–378; 294 N.W. 224–227 (1940)
Anderson v. Minneapolis, St. P. & S. Ste. Marie Ry; 146 Minn. 430–441; 179 N.W. 45–49 (1920)
Andrews v. Kinsel, 114 Ga. 390–392; 40 S.E. 300 (1901)
Arkansas & La. Ry. v. Sanders, 81 Ark. 604; 99 S.W. 1109–1110 (1907)
Armstrong v. Montgomery Street Ry., 123 Ala. 233–251; 26 So. 349–354 (1898)
Atchison v. Texas & Pacific Ry., 143 Tex. 466; 186 S.W. 2d 228–232 (1945)
Atlantic Coast Line Ry. v. Wildman, 29 Ga. App. 745; 116 S.E. 858–860 (1923)
Babington v. Yellow Taxi Corp., 164 N.E. 726–749; 250 N.Y. 14 (1928)
Baltimore City Passenger Ry. v. Kemp, 61 Md. 74–89; 48 Am. Rep. 134–139 (1883)
Baltimore & Ohio R. R. v. Sulphur Spring School District, 96 Pa. 65; 42 Am. Rep. 529–531 (1880)

Barger v. Barringer, 151 N.C. 433; 66 S.E. 439–445 (1909)
Barker v. City of Philadelphia, 134 F. Supp. 231–235 (1955)
Battalla v. State of N.Y., 10 N.Y. 2d 237–244, 176 N.E. 2d 729–733 (1961)
Baumler v. Hazelwood, 347 S.W. 2d 560–565 (Tex. 1961)
Beck v. Spindler, 256 Minn. 543, 99 N.W. 2d 670–684 (1959)
Beck v. Stanley Company of America, 355 Pa. 608; 50 A. 2d 306–314 (1947)
Behling v. South West Penns. Pipe Lines, 160 Pa. 359; 28 A. 777–779 (1894)
Bell Lumber Co. v. Bayfield, 169 Wis. 357–362; 172 N.W. 955 (1919)
Berg v. New York Cent. R. R., 391 Ill. 52; 62 N.E. 2d 676–683 (1945)
Berry v. Sugar Notch Borough, 191 Pa. 345; 43 A. 240 (1899)
Biakanja v. Irving, 49 Cal. 2d 647–651; 320 P. 2d 16–19 (1958)
Bird v. St. Paul Fire & Marine Ins. Co., 224 N.Y. 47–56; 120 N.E. 86–89 (1918)
Blanchard v. Reliable Transfer Co., 71 Ga. App. 843; 32 S.E. 2d 420–423 (1944)
Blanton v. Curry, 20 Cal. 2d 793; 129 P. 2d 1–12 (1943)
Boronkay v. Robinson & Carpenter, 247 N.Y. 365; 160 N.E. 400–401 (1928)
Bosley v. Andrews, 393 Pa. 161–195; 142 A. 2d 263–280 (1958)
Bowman v. Williams, 164 Md. 397; 165 A. 182–185 (1933)
Boyd v. City of Duluth, 126 Minn. 33; 147 N.W. 710–712 (1914)
Brackett v. Bellows Falls Hydro-Electr. Corp., 87 N.H. 173; 175 A. 822–823 (1934)
Brauer v. New York Cent. & H.R.R., 91 N.J.L. 190; 103 A. 166–168 (1918)
Briske v. Village of Burnham, 379 Ill. 193; 39 N.E. 2d 976–980 (1942)
Brower v. New York Central & Hudson River R.R., 91 N.J.L. 190–194; 103 A. 166 (1918)
Brown v. Chicago, Milwaukee & St. Paul Ry., 54 Wis. 342–363; 11 N.W. 356–365 (1882)
Brown v. Kendall, 60 Mass. (6 Cush.) 292–298 (1850)
Brown v. Travelers Indemnity Co., 251 Wis. 188–196; 28 N.W. 2d 306 (1947)
Bunting v. Hogsett, 139 Pa. 363–378; 21 A. 31–33 (1891)
Burk v. Creamery Package Mfg. Co., 126 Iowa 730; 102 N.W. 793–796 (1905)
Burlie v. Stephens, 113 Wash. 182; 193 P. 684–687 (1920)
Caissie v. City of Cambridge, 317 Mass. 346; 58 N.E. 2d 169–171 (1944)
Carey v. Pure Distributing Corporation, 133 Tex. 31–36; 124 S.W. 2d 847–850 (1939)
Cartright v. Chicago & S.T.R.R., 52 Mich. 606; 18 N.W. 380–382 (1884)
Cavanaugh v. Centerville Block Coal Co., 131 Iowa 700; 109 N.W. 303–306 (1906)
Chavers v. Blossman, Inc., 45 So. 2d 398–403 (La. App. 1950)
Christianson v. Chicago S.P.M. & O.Ry., 67 Minn. 94–100; N.W. 640–642 (1896)
Cincinatti Ry. v. Armuth, 180 Ind. 673; 103 N.E. 738–743 (1913)
City of Douglas v. Burden, 24 Ariz. 95; 206 P. 1085–1087 (1922)
City of Tulsa v. McIntosh, 90 Okla. 50; 215 P. 624–629 (1923)
Clark v. Chase Hotel Co., 230., Mo. App. 739; 74 S.W. 2d 498–503 (1934)
Cole v. German Savings & Loan Society, 124 F. 113–123 (1903)
Combs v. Southern Bell Telephone & Telegraph Co., 238 Ky. 341; 38 S.W. 2d 3-6 (1931)
Comstock v. Wilson, 257 N.Y. 231; 177 N.E. 431–434 (1931)
Cook v. Minneapolis, St. P. & S.S.M. Ry., 98 Wis. 624; 74 N.W. 561–568 (1898)
Coray v. Southern P.R.R., 185 P. 2d 963–974 (Utah 1947), rev'd 335 U.S. 520–524 (1949)
Corey v. Havener, 182 Mass. 250; 65 N.E. 69 (1902)
Cornell v. United States Fidelity & Guaranty Co., 8 So. 2d 364–373 (La. App. 1942)
Dahlstrom v. Shrum, 368 Pa. 423–429; 84 A. 2d 289–292 (1951)
Daigrepont v. Teche Greyhound Lines, 189 Ga. 601; 7 S.E. 2d 174–178 (1940)
Dalton v. Great Atl. & Pac. Tea Co., 241 Mass. 460; 135 N.E. 318–320 (1922)
Danner v. Arnsberg, 362 P. 2d 758–762 (Ore. 1961)
Davies v. Delaware, L. & W. Ry., 215 N.Y. 181; 109 N.E. 95–96 (1915)
Davies v. Atlas Assur. Co., 112 Ohio St. 543; 147 N.E. 913–915 (1925)
Davis v. Concord & Montreal R.R. 68 N.H. 247; 44 A. 388–391 (1895)

Dellwo v. Pearson, 259 Minn. 452–459; 107 N.W. 2d 859–864 (1961)
Depue v. Flatau, 100 Minn. 299–306; 111 N.W. 1 (1907)
Derosier v. New England Tel. & Tel. Co., 81 N.H. 451; 130 A. 145–156 (1925)
Devlin v. Smith, 89 N.Y. 470–479 (1882)
Diehl v. Fidelity Philadelphia Trust Co., 159 Pa. Super. 513; 49 A. 2d 190–192 (1946)
Dillon v. Twin State Gas & Elec. Co., 85 N.H. 449; 163 A. 111–115 (1932)
Donald v. Long Branch Coal Co., 86 W. Va. 249; 103 S.E. 55–58 (1920)
Doyle v. South Pittsburgh Water Co., 414 Pa. 199–231; 199 A. 2d 875 (1964)
Draxton v. Katzmarek, 203 Minn. 161; 280 N.W. 288–290 (1938)
Dunham v. Village of Canisteo, 303 N.Y. 498; 104 N.E. 2d 872–877 (1952)
Ebers v. General Chemical Co., 310 Mich. 261; 17 N.W. 2d 176–183 (1945)
Eckert v. Long Island R.R., 43 N.Y. 502–508; 3 Am. Rep. 721–724 (1871)
Ehrgott v. Mayor of New York, 96 N.Y. 264–283; 48 Am. Rep. 622–628 (1884)
Eitel v. Times, Inc., 221 Ore. 585; 352 P. 2d 485–493 (1960)
Elbert v. City of Saginaw, 363 Mich. 463–482; 109 N.W. 2d 879–888 (1961)
Emery v. Rochester Telephone Corp., 271 N.Y. 306–313; 3 N.E. 2d 434–437 (1936)
Engle v. Director General of Railroads, 78 Ind. App 547, 133 N.E. 138–141 (1921)
Escola v. Coca-Cola Bottling Co., 24 Cal. 2d 453–468; 150 P. 2d 436–444 (1944)
Evansville & T. H. Ry. v. Welch, 25 Ind. App. 308–314; 58 N.E. 88–90 (1900)
Ewing v. Pittsburgh, C., C. & St. L. Ry., 147 Pa. 40; 23 A. 340–341 (1892)
Exner v. Sherman Power Const. Co., 54 F. 2d 510–515 (C.C.A. 2d 1931)
Fairbank v. Kerr, 70 Pa. 86–92 (1871)
Falk v. Finkelman, 268 Mass. 524–528; 168 N.E. 89–90 (1929)
Finney v. Banner Cleaners & Dyers, 13 La. App. 101; 126 So. 573–575 (1930)
Fishburn v. Burlington & N.W. Ry., 127 Iowa 483; 103 N.W. 481–488 (1905)
Flynn v. Gordon, 86 N.H. 198; 165 A. 715–718 (1933)
Fowler v. Seaton, 39 Cal. Rptr. 881; 394 P. 2d 697–707 (Cal. 1964)
Franklin v. Houston Electric Co., 286 S.W. 578–581 (Tex. Civ. App. 1926)
Fraser v. Chicago, R.J. & P. Ry., 101 Kan. 122; 165 P. 831–835 (1917)
Galbraith v. Levin, 323 Mass. 255; 81 N.E. 2d 560–564 (1948)
Garland v. Boston & Me. R.R., 76 N.H. 556–567; 86 A. 141–143 (1913)
Gatzow v. Buening, 106 Wis. 1; 81 N.W. 1003–1009 (1900)
Gilman v. Noyes, 57 N.H. 627–636; Beale Cases 162–171 (1876)
Glanzer v. Shepard, 233 N.Y. 236; 135 N.E. 275–278 (1922)
Goldberg v. Kollsman Instrument Corp., 12 N.Y. 2d 432–443; 191 N.E. 2d 81–87, 240 N.Y.S. 2d 592–600 (1963)
Golden v. Peters, 249 Wis. 39; 23 N.W. 2d 458–459 (1946)
Greene v. Sibley, Lindsay & Curr Co., 257 N.Y. 190; 177 N.E. 416–417 (1931)
Greenfield v. Miller, 173 Wis. 184, 180 N.W. 834–837; 12 A.L.R. 982 (1921)
Greenman v. Yuba Power Products, Inc., 59 Cal. 2d 57–64; 377 P. 2d 897–902 (1963)
Greiving v. La Plante, 156 Kan. 196; 131 P. 2d 898–904 (1942)
In re Guardian Casualty Co., 253 App. Div. 360, 2 N.Y.S. 2d 232–235 (1938)
Gulf Refining Co. v. Williams, 183 Miss. 723; 185 So. 234–237 (1938)
Hadley v. Arms & Scott, 241 P. 26–31 (Wash. 1925)
Hale v. Pac. Teleph. & Telegr. Co., 42 Cal. App. 55; 183 P. 280–282 (1919)
Hamus v. Weber, 199 Wis. 320; 226 N.W. 392–395 (1929)
Hanley v. Fireproof Buildings Co., 107 Neb. 544; 186 N.W. 534–536 (1922)
Hanlon v. Milwaukee El. Ry., etc., Co., 118 Wis. 210, 95 N.W. 100–105 (1903)
Hansen v. Phagan, 361 P. 2d 977–979 (Colo. 1961)
Hanson v. Blackwell Motor Co., 255 Pac. 938–942 (1927)
Hardy v. Hines Bros. Lumber Co., 160 N.C. 93; 75 S.E. 855–859 (1912)
Harrison v. Berkley, 1 Strobh. L. 525–549; 47 Am. Dec. 578–584; 13 S.C. Rep. 223–234 (S.C. 1847)
Harton v. Forest City Telephone Co., 146 N.C. 429; 59 S.E. 1022–1027 (1907)
Hatch v. Globe Laundry Co., 132 Me. 379; 171 A. 387–392 (1934)
Hayes Freight Lines v. Wilson, 226 Ind. 1; 77 N.E. 2d 580–593 (1948)
Henningsen v. Makowitz, 230 N.Y.S. 313–317; 132 Misc. 547 (1928)

Herring v. Humphrey, 254 N.C. 741–746; 119 S.E. 2d 913–917 (1961)
Herring v. Springbrook Packing Co., 208 Or. 191; 299 P. 2d 604–608; 300 P. 2d 473–475 (1956)
Hetrick v. Marion-Reserve Power Co., 141 Ohio St. 347; 48 N.E. 2d 103–109 (1943)
Hill v. Winsor, 118 Mass. 251–259 (1875)
Hines v. Morrow, 236 S.W. 183–189 (Texas Civil Appeals 1921)
Hoag v. Lake Shore & Mich. So. R.R., 85 Pa. 293–299; 27 Am. Rep. 653–657 (1877)
Hoffman v. King, 160 N.Y. 618–635; 55 N.E. 401–406 (1899)
Holman v. Chicago, Rock Island & Pac. Ry., 62 Mo. 562–564; Seavey Cases 506–510 (1876)
Homac Corp. v. Sun Oil Co., 258 N.Y. 462; 180 N.E. 172–174 (1932)
Hooper, The T.J., 60 F. 2d 737–740 (2d Cir. 1932)
Hosie v. Chicago & N.W. Ry., 282 F. 2d 639–644 (7th Cir. 1960)
Hutton v. Link Oil Co., 108 Kan 197; 194 P. 925–928 (1921)
Illinois Cent. R. Ry. v. Bloodworth, 166 Miss. 602; 145 So. 333–336 (1933)
Illinois Central Ry. v. Siler, 229 Ill. 390–397; 82 N.E. 362–365 (1907)
Isham v. Dow's Estate, 70 Vt. 588–593; 41 A. 585–586 (1898)
Jensen v. Minard, 44 Cal. 2d 325–334, 282 P. 2d 7 (1955)
Johnson v. Kosmos Portland Cement Co., 64 F. 2d 193–197 (C.C.A. 6th 1933)
Johnson v. Union Furniture Co., 31 Cal. App. 2d 234–240; 87 P. 2d 917–920 (1939)
Kane v. Burrillville Racing Ass'n, 73 R.I. 264; 54 A. 2d 401–404 (1947)
Kall v. Caruthers, 59 Cal. App. 555, 211 P. 43–46 (1922)
Karlow v. Fitzgerald, 288 F. 2d 411–416 (D.C.Cir. 1961)
Keith v. Worcester & Blackstone St. Ry., 196 Mass. 478; 82 N.E. 680–681 (1907)
Kelley v. N.Y. State Ry., 207 N.Y. 342; 100 N.E. 1115–1116 (1913)
Kellogg v. The Chicago & N.W.R.R., 26 Wis. 223–286; 7 Am. Rep. 69–80 (1870)
Kermarec v. Compagnie Générale Transatlantique, 358 U.S. 625–632 (1959)
Kinderavitch v. Palmer, 127 Conn. 85; 15 A. 2d 83–91 (1940)
Kingston v. Chicago N.W. Ry., 191 Wis. 610; 211 N.W. 913–915 (1927)
Koehler v. Waukesha Milk Co., 190 Wis. 52–64; 208 N.W. 901–905 (1926)
Koetting v. Conroy, 223 Wis. 550; 270 N.W. 625–629 (1936)
Kommerstad v. Great Nothern Ry., 120 Minn. 376; 139 N.W. 713–714 (1913). Bestätigt in 128 Minn. 505; 151 N.W. 177–178 (1915)
Kralik v. LeClair, 315 Mass. 323; 52 N.E. 2d 562–566 (1943)
Kuhn v. Jewet, 32 N.J. Eq. 647–652 (1880)
Lane v. Atlantic Works, 111 Mass. 136–141 (1872)
Larrimore v. American National Ins. Co., 184 Okla. 614–618; 89 P. 2d 340 (1939)
Lawrence v. Southern Pacific Co., 189 Cal. 434; 208 P. 966–970 (1922)
Leachman v. City of Louisville, 270 Ky. 260; 109 S.W. 2d 614–615 (1937)
Leposki v. Railway Express Agency, Inc., 297 F. 2d 849–851 (3d Cir. 1962)
Lillie v. Thompson, 332 U.S. 459–462 (1947)
Lineberry v. North Carolina Ry., 187 N.C. 786; 123 S.E. 1–5 (1924)
Longacre v. Reddick, 215 S.W. 2d 404–407 (Tex. Civ. App. 1948)
Lynch v. Fisher, 34 So. 2d 513–520 (La. App. 1948); bestätigt 41 So. 2d 692–696 (La. App. 1949)
Mack v. South Bound Ry., 52 S.C. 323; 29 S.E. 905–913 (1898)
Mackown v. Illinois Publishing and Printing Co., 289 Ill. App. 59; 6 N.E. 2d 526–530 (1937)
MacPherson v. Buick Motor Company, 217 N.Y. 382–401; 111 N.E. 1050–1057 (1916)
Mahoney v. Beatmann, 147 A. 762–771; 110 Conn. 184 (1929)
Manney v. Gulf Refining Co., 193 Miss. 421, 9 So. 2d 780–782 (1942)
Mansfield v. Wagner Elec. Mfg. Co., 294 Mo. 235; 242 S.W. 400–403 (1922)
Martin v. Herzog, 228 N.Y. 164, 126 N.E. 814–820 (1920)
Mathews v. Kansas City Ry., 104 Kan. 92; 178 P. 252–253 (1919)
McIlhenny v. Roxana Petroleum Corp., 10 La. App. 692; 122 So. 165–167 (1929)

McNello v. John B. Kelly Inc., 283 F. 2d 96–103 (C.A. 3d 1960)
Meeks Motor Freight, Inc. v. Ham's Adm'r, 302 Ky. 71; 193 S.W. 2d 745–749 (1945)
Mendelson v. Davis, 281 F. 18–22 (1922)
Merlo v. Public Service Co., 381 Ill. 300–322; 45 N.E. 2d 665–677 (1942)
Merrill v. Los Angeles Gas & Electric Co., 158 Cal. 499; 111 P. 534–541 (1910)
Migliaccio v. Public Service Ry., 102 N.J.L. 442; 130 A. 9–11 (1925)
Miller v. Bahmmuller, 124 App. Div. 558; 108 N.Y.S. 924 (1st Dep't 1908)
Milwaukee & St. Paul Ry. v. Kellogg, 94 U.S. 469–476; 24 L. Ed. 256 (1876)
Missouri Pac. Ry. v. Columbia, 65 Kan. 390–403; 69 P. 338–342 (1902)
Mitchell v. Rochester Railway, 151 N.Y. 107–111; 45 N.E. 354–355 (1897)
Mitnick v. Whalen Bros., Inc., 115 Conn. 650; 163 A. 414–415 (1932)
Moch Co. v. Rensselaer Water Company, 247 N.Y. 160–170; 159 N.E. 896–899 (1928)
Morrison v. Medaglia, 287 Mass. 46; 191 N.E. 133–135 (1934)
Moon v. First Natl. Bank of Benson, 287 Pa. 398; 135 A. 114–116 (1926)
Mondy v. N.Y., Chicago & St. Louis Railroad, 385 Ill. 446; 53 N.E. 2d 406–409 (1944)
Mosko v. Walton, 358 P. 2d 49–52 (Colo. 1960)
Mosley v. Arden Farms Co., 26 Cal. 2d 213–223; 157 P. 2d 372–377 (1945)
Neering v. Illinois Central R.R., 383 Ill. 366–382; 50 N.E. 2d 497–504 (1943)
Northern Centrail Railway v. State Use of Price, 29 Md. 420; 96 Am. Dec. 545–554 (1868))
Oil City Gas Co. v. Robinson, 99 Pa. 1–6; 42 Am. Rep. 391–392 (1881)
Oliver v. Miles, 144 Miss. 852; 110 So. 666–668 (1926)
O'Neill v. City of Port Jervis, 253 N.Y. 423; 171 N.E. 694–698 (1930)
O'Neill v. New York, O. & W. Ry., 115 N.Y. 579; 22 N.E. 217–219 (1889)
Osborne v. Montgomery, 203 Wis. 223–248; 234 N.W. 372–381 (1931)
Osborne v. Van Dyke, 114 Iowa 557–561; 85 N.W. 784–786 (1901)
Oster v. Chicago & A. Ry., 256 S.W. 826–829 (Mo. App. 1923)
Ostergard v. Frisch, 333 Ill. App. 359; 77 N.E. 2d 537–545 (1948)
Osterlind v. Hill, 263 Mass. 73; 160 N.E. 301–302 (1928)
Palsgraf v. Long Island R.R., 248 N.Y. 339–356; 162 N.E. 99–105 (1928)
Parrot v. Wells, Fargo & Co., 15 Wall (U.S.) 524–539; 21 L. Ed. 206 (1872)
Patton v. Texas & Pacific Ry., 179 U.S. 658–665 (1901)
Payne v. City of N.Y., 277 N.Y. 393; 14 N.E. 2d 449–451 (1938)
Payne v. Young, 241 S.W. 1094–1097 (Tex. Civ. App. 1922)
Pease v. Sinclair Refining Co., 104 F. 2d 183–187; 123 A.L.R. 923 (C.C.A. 2d 1939)
Pennsylvania R.R. v. Hope, 80 Pa. 373; 21 Am. Rep. 100–105 (1876)
Pennsylvania R.R. v. Kerr, 62 Pa. 353–369; 1 Am. Rep. 431–438 (1870)
Pennsylvania R.R. v. Snyder, 55 Ohio St. 342; 45 N.E. 559–563 (1896)
People v. Townsend, 214 Mich. 267; 183 N.W. 177–182 (1921)
Perry v. Rochester Lime Co., 219 N.Y. 60–66; 113 N.E. 529–530 (1916)
Pfeifer v. Standard Gateway Theater, 262 Wis 229; 55 N.W. 2d 29–35 (1952)
Phillips v. Durham & C.R., 138 N.C. 12; 50 S.E. 462–464 (1905)
Pinkerton-Hays Lumber Co. v. Pope, 127 So. 2d 441–443 (Fla. 1961)
Pittsburgh Forge & Iron Co. v. Dravo Contracting Co., 272 Pa. 118; 116 A. 147–150 (1922)
Pilie v. National Food Stores of Louisiana, Inc., 245 La. 276–303; 158 So. 2d 162–171 (1963)
Potter v. State, 162 Ind. 213; 70 N.E. 129–131 (1904)
Price v. Yellow Pine Paper Mill Co., 240 S.W. 588–595 (1922)
Pritchard v. Liggett & Meyers Tabacco Co., 295 F. 2d 292–302 (3d Cir. 1961)
Purcell v. St. Paul City R., 48 Minn. 134; 50 N.W. 1034–1035 (1892)
Radwick v. Goldstein, 90 Conn. 701; 98 A. 583–587 (1916)
Rasmussen v. Benson, 135 Neb. 232–251; 280 N.W. 890–898 (1938)
Republic of France v. U.S., 290 F. 2d 395–403 (1961)
Robins Dry Dock & Repair Co. v. Flint, 275 U.S. 303–310 (1927)

Robinson v. Standard Oil Co., 89 Ind. App. 167; 166 N.E. 160-162 (1929)
Rose v. Socony-Vacuum Corp., 54 R.I. 411, 173 A. 627–632 (1934)
Ross v. Hartmann, 139 F. 2d 14–16 (App. D.C. 1943); cert. denied, 321 U.S. 790 (1944)
Ryan v. N.Y. Cent. R., 35 N.Y. 210–217 (1866)
Salmi v. Columbia & N.R.R., 75 Or. 200; 146 P. 819–822 (1915)
Salvitti v. Throppe, 343 Pa. 642; 23 A. 2d 445–447 (1942)
San Antonio & A.P. Ry. v. Behne, 231 S.W. 354–357 (1921)
Schultz v. Brogan, 251 Wis. 390; 29 N.W. 2d 719–723 (1947)
Seith v. Commonwealth Electric Co., 241 Ill. 252; 89 N.E. 425–431 (1909)
Sheptur v. Procter & Gamble Distrib. Co., 261 F. 2d 221–224 (6th Cir. 1958)
Silver Falls Timber Co. v. Eastern & Western Lumber Co., 149 Ore. 126; 40 P. 2d 703–735 (1935)
Sims v. Dixon, 224 Ore. 45; 355 P. 2d 478–480 (1960)
Sinram v. Pennsylvania R.R., 61 F. 2d 767–771 (C.C.A. 2d, 1932)
Siverson v. Weber, 57 Cal. 2d 834; 22 Cal. Rptr. 337, 372 P. 2d 97–100 (1962)
Smith v. Cohen, 116 Pa. Super 395; 176 A. 869–870 (1935)
Smith v. Sharp, 82 Idaho 420; 354 P. 2d 172–182 (1960)
Smith v. Taylor-Button Co., 179 Wis 232; 190 N.W. 999–1000 (1922)
Southern Methodist University v. Clayton, 142 Tex. 179–184; 176 S.W. 2d 749 (1944)
Southern Ry. v. Jackson, 146 Ga. 243; 91 S.E. 28–29 (1916)
Spade v. Lynn & Boston R.R., 168 Mass. 285; 47 N.E. 88–90 (1897); 172 Mass. 488; 52 N.E. 747–748 (1899)
Squires v. Brooks, 44 App. D.C. 320 (1916)
St. Louis-San Francisco Ry. v. Guthrie, 216 Ala. 613–616; 114 So. 215–218 (1927)
Standard Oil Co. of N.J. v. United States, 340 U.S. 54–70 (1950)
Stark v. Lehigh Foundries, Inc., 388 Pa. 1; 130 A. 2d 123–137 (1957)
State v. Whaley, 132 S.E. 6–8 (1926)
State for Use of Joyce v. Hatfield, 197 Md. 249; 78 A. 2d 754–757 (1951)
Stephens v. Mutual Lumber Co., 103 Wash. 1–9; 173 P. 1031–1034 (1918)
Stevens v. Dudley, 56 Vt. 158–169 (1883)
Stevenson v. Kansas City, 187 Kan. 705; 360 P. 2d 1–6 (1961)
Stewart v. Kroger Grocers, 198 Miss. 371; 21 So. 2d 912–914 (1945)
Stone v. Boston & A.R.R., 171 Mass. 536–545; 51 N.E. 1–5 (1898)
Strobel v. Park, 292 Pa. 200; 140 A. 877–880 (1928)
Strong v. Granite Furnitures Co., 77 Utah 292, 294 P. 303–307 (1930)
Sullivan v. Dunham, 161 N.Y. 290; 55 N.E. 923–927; 47 L.R.A. 715, 76 Am. St. Rep. 274 (1900)
Sullivan v. Griffin, 318 Mass. 359; 61 N.E. 2d 300–332 (1945)
Sundquist v. Madison Ry., 197 Wis. 83; 221 N.W. 392–393 (1928)
Terry v. Timberlake, 348 S.W. 2d 919–921 (Ky. 1961)
Texas Co. v. Pecora, 208 Md. 281; 118 A. 2d 377–385 (1955)
Texas & Pacific Ry. v. Bigham, 90 Tex. 223–228; 38 S.W. 162–165 (1896)
Thomas v. Winchester, 6 N.Y. 397–412; 57 Am. Dec. 455–464 (1852)
Thornton v. Weaber, 380 Pa. 590; 112 A. 2d 344–349 (1955)
Tullgren v. Amoskeag Manufacturing Co., 82 N.H. 268–277; 133 A. 4–9 (1926)
Trust v. Arden Farms Co., 50 Cal. 2d 217; 324 P. 2d 583–597 (1958)
Tuttle v. Atlantic City R., 66 N.J.L. 327; 49 A. 450–451 (Sup. Ct. 1901)
Ultramares Corporation v. Touche, 229 App. Div 581, 243 N.Y.S. 179–187 (1st Dep't 1930), rev'd, 255 N.Y. 170–193; 174 N.E. 441–450 (1931)
Uvalde Construction Co. v. Hill, 142 Tex. 19–23; 175 S.W. 2d 247–249 (1943)
Vandermark v. Ford Motor Co., 37 Cal. Rptr. 896, 391 P. 2d 168–172 (1964)
Wagner v. International Railway, 232 N.Y. 176–182; 133 N.E. 437–438 (1921)
Wallace v. Ludwig, 292 Mass. 251; 198 N.E. 159–164 (1935)
Walmsley v. Rural Telephone Ass'n of Delphos, 102 Kan. 139–143; 169 P. 197–199 (1917)
Walsh v. City of Pittsburgh, 379 Pa. 229: 108 A. 2d 769–774 (1954)
Wannebo v. Gates, 227 Minn, 195; 34 N.W. 2d 695–700 (1948)

Watson v. Rinderknecht, 82 Minn. 235–239, 84 N.W. 798 (1901)
Waube v. Warrington, 216 Wis. 603–615; 258 N.W. 497–501 (1935)
Webel v. Yale University, 125 Conn. 515; 7 A. 2d 215–219 (1939)
Wengert v. Lyons, 273 S.W. 143–145 (Kan. City App. 1925)
West v. Cruz, 75 Ariz. 13; 251 P. 2d 311–315 (1952)
West Virginia Central & P. Ry. v. State to Use of Fuller, 96 Md. 652, 666; 54 A. 669, 671–674 (1903)
White v. Lang, 128 Mass. 598; 35 Am. Rep. 402–403 (1880)
White v. Levarn, 93 Vt. 218; 108 A. 564–565 (1918)
Wilson v. Northern Pac. R., 30 N.D. 456; 153 N.W. 429–439 (1915)
Wood v. Pennsylvania R.R., 177 Pa. 306–313; 35 A. 699–702 (1896)
Wood v. Prudential Ins. Co., 212 Minn. 551; 4 N.W. 2d 617–620 (1942)
Wright v. Blakeslee, 102 Conn. 162; 128 A. 113–115 (1925)
Ybarra v. Spangard, 25 Cal. 2d 486, 154 P. 2d 687–691 (1944)

ENGLISCHE ENTSCHEIDUNGEN

Addie & Sons (Collieries), Ltd. v. Dumbreck, (1929) A.C. 358, 45 T.L.R. 267–272
Aldham v. United Dairies (London), Ltd., (1940) 1 K.B. 507–516, (1939) 4 All E.R. Rep. 522–529
The Arpad, (1934) P. 189–236, 152 T.L.R. 521
Best v. Samuel Fox & Co., Ltd., (1952) A.C. 716, (1952) 2 All E.R. 394–401
Blaikie v. British Transport Comm., (1961) S.L.T. 189–194, (1961) S.C. 44–54
Blyth v. Birmingham Waterworks Co., (1856) 11 Exch. 781, 105 R.R. 791–795
Bolton v. Stone, (1951) A.C. 850–869, (1951) 1 All E.R. 1078–1087
Bourhill v. Young, (1943) A.C. 92–121, (1942) 2 All E.R. Rep. 396–411
British Columbia Electric Ry., Ltd. v. Loach, (1916) 1 A.C. 719, 85 L.J.P.C. 23–28
Burden v. Watson, (1961) S.L.T. 67–68
Byrne v. Boadle, (1863) 2 H. & C. 722, 133 R.R. 761–765
Candler v. Crane, Christmas & Co., (1951) 2 K.B. 164–207, (1951) 1 All E.R. 426–450
Cann v. Wilson, (1888) 39 Ch. D. 39–44
Carmarthenshire County Council v. Lewis, (1955) A.C. 549, (1955) 1 All E. R. 565–576
Clark v. Chambers, (1878) 3 Q.B.D. 327–339, 47 L.J.Q.B. 427–434
Cobb v. Great Western Ry., (1894) A.C. 419–428
Cory & Son, Ltd. v. France, Fenwick & Co., Ltd., (1911) 1 K.B. 114–136, 80 L.J.K.B. 341–357
Cutler v. United Dairies (London), Ltd., (1933) 2 K.B. 297–307, 102 L.J.K.B. 663–671
Donoghue v. Stevenson, (1932) A.C. 562–623, (1932) All E.R. Rep. 1–31
Doughty v. Turner Manufacturing Co., Ltd., (1964) 1 Q.B. 518, (1964) 1 All E.R. 98–105
Dulieu v. White & Sons, (1901) 2 K.B. 669, 70 L.J.K.B. 837–845
The Edison, (1933) A.C. 449–469, (1933) All E.R. Rep. 144
Farrugia v. Great Western Ry., (1947) 2 All E.R. 565–568
Fowler v. Lanning, (1959) 1 Q.B. 426–441, (1959) 1 All E.R. 290–298
Glasgow Corporation v. Muir, (1943) A.C. 448–468, (1943) 2 All E.R. 44–54
Gorris v. Scott, (1874) L.R. 9 Exch. 125, 43 L.J. Exch. 92–95
Greenland v. Chaplin, (1850) 5 Exch. 243–248, 19 L.J. Exch. 293–295, 155 E.R. 104–106, 82 R.R. 655–659
Hadley v. Baxendale, (1854) 9 Exch. 341–356, 156 E.R. 145–152, 96 R.R. 742–754
Haley v. London Electricity Board, (1964) 3 All E.R. 185–200
Hall v. Brooklands Auto-Racing Club, (1933) 1 K.B. 205, 101 L.J.K.B. 679–690
Hambrook v. Stokes Brothers, (1925) 1 K.B. 141–165, (1924) All E.R. Rep. 110–120
Haynes v. Harwood, (1935) 1 K.B. 146–168, (1934) All E.R. Rep. 104–112
Heaven v. Pender, (1883) L.R. 11 Q.B.D. 503–517, 52 L.J.Q.B. 702–710
Hedley Byrne & Co., Ltd. v. Heller & Partners, Ltd., (1964) A.C. 465, (1963) 2 All E.R. 575–618

Hughes v. Lord Advocate, (1963) A.C. 837, (1963) I All E.R. 705–716
Hyett v. Great Western Ry., (1948) 1 K.B. 345–348, (1947) 2 All E.R. 264–266
Jones v. Livox Quarries, Ltd., (1952) 2 Q.B. 608–620
King v. Phillips, (1953) 1 Q.B. 429–444, (1953) 1 All E.R. 617–625
Le Lievre v. Gould, (1893) 1 Q.B. 491–505, 62 L.J.Q.B. 353–358
H.M.S. London, (1914) P. 72–83, 83 L.J.P. 74
Lynch v. Nurdin, (1841) 55 R.R. 191–198, 10 L.J.Q.B. 73–76
Minister of Pensions v. Chenell, (1947) K.B. 250, (1946) 2 All E.R. 719–723
Monarch Steamship Co., Ltd. v. Kalshamns Oljefabriker, (1949) A.C. 196, (1949) 1 All E.R. 1–20
Omam v. McIntyre, (1962) S.L.T. 168
Overseas Tankship (U.K.), Ltd. v. Morts Dock & Engineering Co., Ltd., (a) (1958) 1 Ll. L.R. 575–584, (b) (1959) 2 Ll. L.R. 697–711, (c) (1961) A.C. 388, (1961) 1 All E.R. 404–416.
In re an Arbitration Between Polemis and Furness, Withy & Co., Ltd., (1921) 3 K.B. 560–578, (1921) All E.R. Rep. 40–47
Read v. Lyons & Co., (1947) A.C. 156–188, (1946) 2 All E.R. 471–485
Rigby v. Hewitt, (1850) 5 Exch. 240–243, 19 L.J. Exch. 291–292, 155 E.R. 103–104, 82 R.R. 652–655
Roe v.Minister of Health, (1954) 2 Q.B. 66–93, (1954) 2 All E.R. 131–143
Romney Marsh v. Trinity House, (1870) L.R. 5 Exch. 204
Rookes v. Barnard, (1964) 1 All E.R. 367–417
Russell v. McCabe, (1962) N.Z.L.R. 392–406
Rylands v. Fletcher, (1868) L.R. 3 H.L. 330, 37 L.J. Exch. 161–166
Scott v. London & St. Katherine Docks Co., (1865) 3 H. & C. 596–601, 140 R.R. 627–631
Scott v. Shepherd, (1773) 2 Wm. Bl. 892–900, 96 E.R. 525–529
Sharp v. Powell, (1872) L.R. 7 C.P. 253–261, 41 L.J.C.P. 95–99
Smith v. Leech Brain & Co., Ltd., (1962) 2 Q.B. 405–416, (1961) 3 All E.R. 1159–1162
Smith v. London & South Western Ry., (a) (1870) L.R. 5 C.P. 98–107, 39 L.J.C.P. 68–72, (1870) L.R. 6 C.P. 14–23, 40 L.J.C.P. 21–26
Stanley v. Powell, (1891) L.R. 1 O.B. 86, 60 L.J.Q.B. 53–56
Stansbie v. Troman, (1948) 2 K.B. 48–52, (1948) 1 All E.R. 599–601
Summers v. Salford Corporation, (1943) A.C. 283–299
Thurogood v. Van den Berghs, (1951) 2 K.B. 537–555, (1951) 1 All E.R. 682–692
Vaughan v. Menlove, 3 Bing. 468 (1837), 43 R.R. 711–719
Victoria Laundry, Ltd. v. Newman, (1949) 2 K.B. 528–544, (1949) 1 All E.R. 997–1005
Victorian Railway Commissioners v. Coultas, (1888) 13 A.C. 222–226, 57 L.J.P.C. 69–71
The Wagon Mound No. 2 (Miller Steamship Co., Pty., Ltd. v. Overseas Tankship (U.K.), Ltd.; R.W. Miller & Co., Pty:, Ltd. v. Same), (1963) 1 Ll. L.R. 402–436
Ward v. Weeks, (1830) 7 Bing. 211–216, 131 E.R. 81–84
Warren v. Scruttons, Ltd., (1962) 1 Ll. L.R. 497–503
Weld-Blundell v. Stephens, (1920) A.C. 956–1000, 89 L.J. K.B. 705–725
Winterbottom v. Wright, (1842) 10 M. & W. 109, 62 R.R. 534–540
Wise v. Dunning, (1902) 1 K.B. 167, 71 L.J.K.B. 165–173
Woods v. Duncan, (1946) A.C. 401–447, (1946) 1 All E.R. 420

FSC
www.fsc.org
MIX
Papier | Fördert gute Waldnutzung
FSC® C083411

Kolibri 360 GmbH
Ferdinand-Jühlke-Straße 7
99095 Erfurt, Deutschland
produktsicherheit@kolibri360.de